本书由扬州大学出版基金资助出版

U0735144

XIAOXUE YUWEN

KECHENG YU JIAOXUE DAOYIN

小学语文

课程与教学导引

刘华 编著

江苏大学出版社

JIANGSU UNIVERSITY PRESS

镇 江

图书在版编目(CIP)数据

小学语文课程与教学导引 / 刘华编著. —镇江：
江苏大学出版社,2015.2
ISBN 978-7-81130-920-1

Ⅰ.①小… Ⅱ.①刘… Ⅲ.①小学语文课－教学研究
Ⅳ.①G623.202

中国版本图书馆 CIP 数据核字(2015)第 033562 号

小学语文课程与教学导引

编　　著/刘　华
责任编辑/米小鸽
出版发行/江苏大学出版社
地　　址/江苏省镇江市梦溪园巷 30 号(邮编：212003)
电　　话/0511-84446464(传真)
网　　址/http://press.ujs.edu.cn
排　　版/镇江文苑制版印刷有限责任公司
印　　刷/句容市排印厂
经　　销/江苏省新华书店
开　　本/890 mm×1 240 mm　1/32
印　　张/9.5
字　　数/260 千字
版　　次/2015 年 2 月第 1 版　2015 年 2 月第 1 次印刷
书　　号/ISBN 978-7-81130-920-1
定　　价/30.00 元

如有印装质量问题请与本社营销部联系(电话:0511-84440882)

序

在新课程持续、深入推进的背景下,怎样才能尽快成长为一名卓越的小学语文教师?对于"小学语文课程与教学"这门核心专业课程而言,它又如何最大限度地为每位追求卓越的准教师或教师的成长提供必要的营养和历练?这本《小学语文课程与教学导引》对上述问题的回应是引入注目的:它以新颖而科学的体例、实用而透辟的内容,赋予准教师或教师们小学语文教学实践的策略性知识、案例性知识;而这些恰恰是最接近教学实践能力和教学实践智慧的知识样态。获得并运用这样的策略性、案例性知识,或许就是成长为一名卓越小学语文教师的捷途。

这本教材以小学语文教师专业实践中的一项项相对独立的工作为编排线索,逐章阐述一名小学语文教师所面临的课程标准解读、教材分析与使用、教学设计、说课、授课、教学评价、教学研究等一系列工作的要领。这样编排的目的,是力求避免一般的小学语文课程与教学论教材系统性的理论框架及论证体的表达方式——譬如逐章论述小学语文的课程性质、课程标准、教材、基本原则、识字写字教学、阅读教学、习作教学,等等;而对每一领域的教学,又逐一论述其意义、任务、策略、方法、过程,等等。这本教材独辟蹊径地将理论有机融入实践要领的阐述中——"如何实践"成为明线、主线,理论则作为实践的基础或依据,成了暗线、副线。例如,针对教学设计这项重要教学工作,作者提出要具有关于教学原则、教学策略、教学方法、教学模式等一系列知识的准备。像教学原则、教学策略这些抽象的教学理论知识,不再是独立于实践、高高在上的存在,而是获得了实践中的恰当位置;这无疑会启发教师思考:理论如何与实践关联,如何将理论运用于实践。

教学实践是充满智慧和创造的。这不同于仅需运用程序性技能的一般技术工作。因而,这本教材在阐述每一项教学实践工作的要领时,往往借助于教学模式和教学案例。

教学模式以简约的形式表征教学实践活动的基本要素、关键特征及其根本联系。它是教学理论的具体化,也是教学实践的抽象化。借助教学模式,教师可以迅速抓住具体教学情境中的主要矛盾,并准确找到化解主要矛盾的关键。应该说,各种教材及文章中关于小学语文教学模式的论述并不少见。但杂乱、不系统,模式与模式之间交叉、重叠、关系不清是主要弊病。针对这种状况,本教材的作者搜集、整理大量优秀的、有代表性的教学方案或实录,从中概括、抽象相同或相异的要素,最终归纳出精要的几种逻辑上自洽、覆盖全面的教学模式或教学模式群。以小学语文教学阅读教学为例。作者找到两种分类方式——一种是以学生阅读的性质来划分,还有一种是以课文阅读以外要获得的迁移点来划分,最终将小学语文教学阅读教学归纳为问题探究型、体验表现型、阅读方法训练型、主题阅读型、以读促写型等五大教学模式群。每一模式群都有对应的操作流程或操作要领,从而为教师根据学生阅读的性质,根据课文阅读以外的迁移点,迅速有效地设计阅读教学活动提供了真正管用、好用的"钥匙"。

教学模式以外,是优秀的教学案例。这些案例不但具体诠释了教学模式的内涵,而且增添了流程或要领以外属于实践智慧的东西。因而,阅读这些教学案例不但可以帮助理解各种教学模式之确切含义,更可以获得如何创造性地开展教学实践的启发。日本著名教育学家佐藤学认为,教师的实践知识主要是关于教学案例的知识。这些优秀的教学案例,就像一个个优质基因一样,将催生出无限美好的教学境界。

　　这还是一本"学习者友好型"和"教师友好型"教材。它鼓励研究性学习和研究性教学：每章开头都列有"研究性学习任务"和"研究性学习资源"，提示学习者利用这些资源对本章中的重点内容进行自主思考和探究；有些章节穿插"相关知识点链接"和"拓展与思考"——前者提供研究性学习必要的知识基础，后者启发学习者进一步做拓展性研究；每章最后都附有"研究与应用"，所设置的应用性问题或任务都具有相当程度的开放性和研究性。这样编排，会使学习成为真正建构性的——学习者基于自身的经验，审慎思考、深入探索，从而获得真正内化的知识，获得可灵活运用于实践的知识。这样编排，会使学习最终朝向创造性教学实践——学习者借助教学的策略性、案例性知识，以研究的态度对待教学中的真实问题或任务，从而开启教学的创造性实践之门。

潘洪建

2015 年 1 月

（作者系扬州大学基础教育研究所所长、教授、博士生导师）

目录

研究性学习任务

1. 探究现行"义务教育语文课程标准"的研制背景及内容框架。

2. 探究、阐释语文课程的性质及基本理念。

3. 分析义务教育语文课程学段目标与内容设置的整体性与阶段性。

研究性学习资源

中华人民共和国教育部:《基础教育课程改革纲要(试行)》,2001 年

中华人民共和国教育部:《义务教育语文课程标准(2011)》,2011 年

巢宗祺:《语文课程标准解读》,湖北教育出版社,2002 年

刘华:《小学语文课程 60 年(1949—2009)》,吉林出版集团,2011 年

潘洪建,刘华,蔡澄:《课程与教学论基础》,江苏大学出版社,2012 年

第一节 语文课程标准（教学大纲）概述

一、课程标准的含义及作用

课程标准是根据课程计划或课程方案，以纲要形式规定某课程所要实现的目标、所涉及的内容领域等的指导性文件（在新中国成立后的很长一段历史时期，这一指导性文件叫作"教学大纲"，2001年基础教育课程改革以来，又改称为"课程标准"）。它是对单科课程的总体设计，通常包括课程性质、基本理念等的阐释，课程目标、课程内容标准的规定，以及教材编写、教学、评价等工作的建议或指导。

课程标准最为核心的内容是课程目标，是对学生在经过一段时间的学习后应该知道什么和能做什么（what students should know and be able to do）的界定和表述。如我国的《基础教育课程改革纲要（试行）》指出：国家课程标准"应体现国家对不同阶段的学生在知识与技能、过程与方法、情感态度与价值观等方面的基本要求"。课程标准一般由国家或地区的教育主管部门发布，实际上反映了这个国家或地区对学生学习结果的期望，具有权威性和强制性。课程标准通常包括几种具有内在关联的标准，主要有内容标准（划定学习领域）和表现标准（规定学生在某领域应达到的水平）。

正因为课程标准是一个国家或地区对学生学习结果的强制性规定，所以它实质上是该门课程开发与实施主要和直接的依据。纲要就指出：国家课程标准是教材编写、教学、评估和考试命题的依据，是国家管理和评价课程的基础。

对于小学语文教师而言，现行义务教育语文课程标准是开展教学工作最直接、最重要的依据。这主要表现为制订教学目标必须参照课程标准中的总目标和学段目标;设计和开展教学活动必须体现课程标准中的基本理念,灵活采纳课程标准中的"教学建议";进行教学评价必须反映课程标准中"评价建议"的要求。

⇨ 相关知识点链接

课程目标:学生课程学习应达到的结果及其程度要求。课程目标直接受教育目的和培养目标制约,是教育目的和培养目标在一门学科中的具体化。课程目标是指导课程设置、编排、实施和评价的准则,也是课程自身性质和理念的具体体现。

内容标准:课程目标中对学生所学习的内容领域或者行为所指向的对象领域的规定。

表现标准:课程目标中对学生应表现出来的行为的要求,通常以行为目标的形式陈述。

二、新中国成立后小学语文课程标准（教学大纲）的演进

(一) 1950 年《小学语文课程暂行标准（草案）》

该草案是新中国成立后第一部执行时间较长的小学语文课程法规。它首次以课程法规的形式,正式确立了"语文"这一学科名称,以强调口头语言与书面语言学习的统一。

⇨ 相关知识点链接

语文学科名称的含义

叶圣陶说:"什么叫语文?平常说的话叫口头语言,写到纸面上叫书面语言。语就是口头语言,文就是书面语言。把口头语言和书面语言连在一起说,就叫语言。"(《文汇报》1963 年 10 月 15 日)"彼时同人之意,以为口头为'语',书面为'文',文本于语,不可偏指,故合言之。亦见此学科'听''说''读''写'宜并重。诵习课本,练习

作文,固为读写之事,而苟忽于'听''说',不注意训练,则读写之成效亦将减损。"(《答滕万林信》1964年2月1日)

这一草案规定了四项课程目标,包括:

一、使儿童通过以儿童文学为主要形式的普通语体文的学习、理解,能独立、顺利地欣赏民族的大众的文学,阅读通俗的报纸、杂志和科学书籍。

二、使儿童通过说话、写作的研究、练习,能正确地用普通话和语体文表达思想感情。

三、使儿童通过写字的研究、练习,能正确、迅速地书写正书和常用的行书。

四、使儿童通过普通话和语体文并联系各科的学习,能获得初步的自然史底常识,并具有爱国主义思想和国民公德。

这里既有阅读、说话、写作等语言运用能力方面的要求,也有知识获得、思想道德发展等方面的要求,反映了语言作为形式与内容统一体的本质,也反映了特定时代总体的教育目的。此外,该目标系统突出了儿童文学作品的阅读、说话的研究和练习,以及写字的研究与练习,也是值得注意的。不过,该目标系统也比较笼统,没有具体描述阅读理解、说话写作应达到什么样的程度。

在课程目标以外,该草案还包括"教材大纲"与"教学要点"两个部分,分别对课程内容、教材编选和教学方法做出比较详细的规定。其中,"教材大纲"是从阅读、写话、写字等三个方面规定课程内容的。这里之所以用"写话"来指称小学的说话、写作活动,一是强调小学生"写作"的实质是"写话",是用笔"说话";二是强调"文"与"语"的统一,口里"说什么"笔下就"写什么",口里"怎么说"笔下就"怎么写"。

(二)1956年《小学语文教学大纲(草案)》

这部教学大纲是在学习苏联教育理论和经验的热潮中诞生的。李伯棠先生认为它是学习苏联小学阅读教学的理论和经验的产物。崔峦先生认为,它是迄今为止最详尽的一部大纲,也是要求偏高的一部大纲,其中汉语教学更为突出。它朝着语文教学的科学化迈出了可喜的一步,功不可没。

这部大纲比较全面地阐述了小学语文科的教学任务,把提高听说读写能力作为基本任务,而把思想政治、道德、审美等方面的素质发展作为一般任务。

小学语文科的基本任务是发展儿童语言——提高儿童理解语言的能力和运用语言的能力。分开来说:

(一)提高儿童听的能力。能够听懂普通话。听人说话,听人演讲、报告,都能够了解对方的意思,能够抓住要点,能扼要转述。

(二)提高儿童说的能力。能够说普通话。对个人或公众,能够说出自己的意思,口齿清楚,意思明确,有条理,不啰嗦,让人一听就懂。

(三)提高儿童读的能力。能够阅读程度适合的书籍、报刊和文件,了解读物的内容,领会读物的基本思想,并且能够用普通话朗读,能够扼要复述。

(四)提高儿童写的能力。能够写短篇的文章,能够写工作和生活需要用的文件,都写得有内容、有条理。

小学语文还要在发展儿童语言的工作当中完成下面的任务:

1. 树立对社会主义的信心。

2. 树立辩证唯物主义世界观的基础。

3. 培养共产主义道德。

4. 培养爱美的情感和审美的能力。

5. 培养对本族语言的热爱。

这部大纲的一大特色是以汉语和文学分科教学的思想为指导。它将"汉语"(包括语音、词汇、语法、文字和标点符号等五项)提出来,作为与"阅读""作文""写字"并列的教学内容(除第一、二学年与阅读教学合并开课以外,从第三学年起,每周单独设立两节汉语课)。这样安排的目的是进行系统的汉语知识教学,"让儿童认识一些基本的语言规律,自觉地掌握这些规律"。比起以往分散式的、随机式的汉语知识教学,这样的一种课程和教学安排显然对儿童更好、更快地习得语言规律(其实是语言规范)更为有利。但问题是,将汉语课单列出来,同时又要保持它与阅读课、写作课及写字课的有机联系,确保它的实践性,以及对儿童心理的适切性,对于课程的开发者、实施者而言,不啻为一项巨大的挑战。后来的事实表明,难以成功地应对这一挑战,也是汉语、文学分科教学改革推行仅仅两年即告终止的重要原因之一。

(三) 1963 年《全日制小学语文教学大纲 (草案)》

这部大纲针对前一段时期语文教学实践中"把语文课讲成文学课或者政治课"的弊病,强调贯彻"思想内容和语言文字不可分割的原则"——"不应该脱离文章的词句篇章,架空地分析思想内容;也不应该不管文章的思想内容,单纯地讲解词句篇章"。

这部大纲明确指出:语文是"学好各门知识和从事各种工作的基本工具",语文教学的目的就是"教学生正确地理解和运用祖国的语言文字,使他们具有初步的阅读能力和写作能力",即掌握语文这一最基本的工具。具体要求是"使学生认识 3500 个常用汉字;学会汉语拼音,作为识字的辅助工具;掌握常用的词汇;流利地诵读课文,并且能够背诵教师指定的一部分课文;字写得端正;会写一般的记叙文和应用文,语句通顺,注意不写错别字,会用标点符号"。

为了有效达成语文教学"掌握语言工具"的目的,大纲特别强调对学生进行识字、写字、用词、造句和篇章结构等语言基本训练,强调学生通过多读多练完成这些训练,强调"对学生严格要求,树立勤学苦练的风气"。大纲明确要求,"语文教学要进行大量的练习作业,这些练习作业编在课本里,有课文后的练习,有单元后的练习,教师还可以根据学生的具体情况,适当补充"。此外,大纲针对语文教材建设混乱的现象,不仅明确了课本的选材标准,而且统一规定了入选课文的篇目;针对提高人民群众读写能力的紧迫要求,把读写放在突出位置,相对忽视听说能力的培养;等等。这都体现了该大纲务实的特点。不过,在解决一些现实问题的同时,这些提法或做法也引发了另一些问题,如训练的机械化、课本的划一化、听说训练不足等。

(四)1978年《全日制十年制学校小学语文教学大纲(试行草案)》

这部教学大纲是教育事业拨乱反正、语文教学正本清源的结果。整部大纲贯穿了思想教育和语文教学的辩证统一的思想。它开宗明义指出小学语文的学科特点是"思想教育和语文教学的辩证统一",因而,在语文教学中,"教师要在培养学生读写能力的过程中,注意课文的思想内容与表现形式的内在联系,正确地进行思想教育和语文教学"。在阅读部分谈到讲解课文时,提出:"教师要指导学生自觉地通过语言文字,正确理解课文的思想内容;并在理解思想内容的基础上,指导学生逐步学会怎样看书和作文。"在作文部分又指出:"作文是学生思想水平和文字表达能力的具体体现",因而,"作文教学既要培养学生用词造句、布局谋篇的能力,又要培养学生观察事物、分析事物的能力"。

在教学目的上,大纲规定"小学语文教学的目的是培养学生的识字、看书、作文的能力,初步培养准确、鲜明、生动的文风"。具体的教学要求是:

使学生掌握常用汉字,初步打好阅读和写作的基础。1. 学会汉语拼音,以帮助识字和学习普通话;2. 学会常用汉字3000个左右,掌握常用的词汇;3. 学用铅笔、钢笔写字,学习写毛笔字;4. 学会查字典;5. 能听懂普通话,听人讲话能抓住主要意思;6. 能说普通话,能当众说清楚自己的意思;7. 能读懂适合少年儿童阅读的书报,理解主要内容,有初步的分析能力;8. 会写简短的记叙文和常用的应用文,做到思想健康、中心明确、内容具体、条理清楚、语句通顺、书写工整,注意不写错别字,会用常用的标点符号。

这部大纲特别重视在语文教学中发展学生的智力,如观察能力、形象思维能力和逻辑思维能力等。它强调"有感情的朗读能发展学生形象思维的能力","复述可以培养学生的口头表达能力和逻辑思维能力",概括段落大意"实际上就是把整篇课文概括成一个简单的写作提纲",是一种"逻辑训练"。它还要求改进教学方法,启发学生积极思维。如基础训练"要能启发学生思维,引起学生的兴趣,发挥学生的积极性和创造性","要安排一点有关语法、修辞的练习,要有意识地进行逻辑训练";教学时要"废止注入式,采用启发式","发挥学生的主动精神","调动学生学习的积极性和自觉性,启发学生开动脑筋,分析问题,解决问题"。

强调培养自学能力和自学习惯是这部大纲的又一个重要特点。大纲规定,教材应由讲读课文、阅读课文和独立阅读课文三类组成。"对阅读课文,教师只要指导学生怎样阅读,不必费很多时间去讲;对独立阅读的课文,教师要放手让学生自己去阅读,读后适当检查阅读效果。"此外,教师还要重视学生的课外学习,加强课外阅读,鼓励课外习作。在自学习惯的培养方面,大纲指出,"要着重培养使用工具书的习惯,预习和复习的习惯,认真完成作业的习惯,经常看书报和听广播的习惯"。

(五) 1986 年《全日制小学语文教学大纲》

这部大纲是在 1978 年大纲的基础上修订而成的。其修订主要集中于以下方面:明确语文课程的性质;适当降低难度、减轻学生负担;教学要求进一步具体化等。

首先,大纲明确指出:"小学语文是基础教育中的一门重要学科,不仅具有工具性,而且有很强的思想性,对于贯彻教育方针,促进学生德、智、体、美全面发展,适当加强劳动教育,培育有理想、有道德、有文化、有纪律的社会主义公民,提高全民族的思想道德和科学文化素质,建设社会主义物质文明和精神文明,有着重要意义。"这一表述不仅肯定了语文学科的工具性,而且强调其具有很强的思想性,正确反映了语言文字与思想感情的辩证统一关系。

其次,大纲规定小学语文的教学目的是"培养学生的识字、听话、说话、阅读、作文的能力和良好的学习习惯,并在语言文字训练的过程中进行思想品德教育",并从语言文字训练、思想品德教育两个方面具体规定了小学语文教学总的要求。这些规定不仅全面表述了小学语文教学的目的和要求,而且明确了语言文字训练与思想品德教育两者之间相互渗透的关系。

再次,该大纲调整、补充了原来的"各年级的具体教学要求",使之更加全面、明确、具体。它从汉语拼音、识字、写字、查字典、听话、说话、阅读和作文等八个方面具体明确各年级的教学要求,使各年级的要求之间形成既有阶段性又有连续性的、螺旋式上升的梯度。

最后,适当降低识字教学难度。大纲将原来的"学会常用汉字3000个左右"改为"使学生认识常用汉字3000个左右,其中要求掌握2500个左右"。这里"学会"与"掌握"意思相同,都是指达到会读、会认、会写、会用的要求;而"认识"仅达到会读、会认的要求。

(六)1992年《九年义务教育全日制小学语文教学大纲(试行)》

这是基于1986年《义务教育法》制定、颁布的首部小学语文教学大纲。"着眼于民族素质的培养,为提高中华民族的素质切切实实做好基础的工作,是这部大纲最显著的特点。"①

首先,在教学目的上更加全面。该大纲提出的教学目的是:"指导学生正确地理解和运用祖国的语言文字,使学生具有初步的听说读写能力;在听说读写训练的过程中,进行思想政治教育和道德品质教育,发展学生的智力,培养良好的学习习惯。"这里不仅列出了"语言文字训练""思想教育"两方面的目的,还突出了"一般发展"的目的,这是与以往几部大纲不同的地方。不仅如此,在一般发展方面,这部大纲既有发展智力的要求——锻炼观察、思维、想象、记忆的能力,又有非智力因素培养的要求——养成良好的意志品格和学习习惯。

其次,适当降低教学要求。这主要包括:(1)适当减少识字量。1978年大纲要求小学阶段"学会常用汉字3000个左右",1986年大纲规定"认识常用汉字3000个左右,其中要求掌握2500个左右",而这部大纲调整为"学会常用汉字2500个左右"。(2)适当降低作文

---

① 陈国雄,崔峦:《关于〈九年义务教育全日制小学语文教学大纲(试用)〉的说明》,《课程·教材·教法》,1992年第6期。

要求。这部大纲把原来大纲的作文要求"会写简短的记叙文和常用的应用文"改为"能写简单的记叙文","能写常用的应用文"。这样修改,更加明确了小学生作文属于习作、练笔的性质。此外,这部大纲还把作文的具体要求"思想健康,中心明确,内容具体,条理清楚,详略得当,语句通顺",改为"有中心,有条理,内容具体,语句通顺,感情真实,思想健康"。(3)对汉语拼音教学提出有一定弹性的教学要求。基本要求是"能够准确、熟练地拼读音节",较高要求是"有条件的可以逐步做到直呼音节"。

最后,更加具体、明确地规定各年级的教学具体要求。这部大纲从义务教育小学语文的教学目的和教学总要求出发,设计了五年制和六年制小学各年级的教学具体要求。两种学制低年级教学要求大体相同,中高年级略有不同,小学毕业达到的要求是一致的。各年级教学要求,分为"汉语拼音""识字、写字""听话、说话""阅读""作文"五个方面。每个方面列若干条,形成以培养识字、听、说、读、写、观察等能力,以及学习态度、习惯为线索的训练序列。与 1986 年的大纲相比,五年制小学的要求由 39 条增加到 100 条,六年制小学的要求由 47 条增加到 120 条。这样,各年级的教学要求不但表述得更加具体明确、层次分明,也更加系统化、科学化。

三、第八次基础教育课程改革——现行义务教育语文课程标准的研制背景

21 世纪,人类社会进入新的发展阶段。以信息技术为代表的高新科技的迅猛发展,深刻改变了人类社会生活的基本面貌;经济全球化、政治民主化、文化多元化之不可逆转的潮流,给民族、国家乃至每一个社会个体带来了超乎寻常的发展机遇,同时也意味着前所未有的深刻挑战。在这种历史发展的关口,教育必须担负起培养适应未来社会发展需要的具有终身学习的意愿与能力、具有实践能力与创造能力的高素质的新型人才。对照时代的迫切要求,我们现实的教育状况实在堪忧。为了深化教育改革,实现由应试教育向素质教育

的彻底转变,教育部于 1999 年 5 月启动了第八次课程改革,这也是新中国成立以来最大的一次课程改革。2001 年 6 月,通过广泛讨论和反复修改,《基础教育课程改革纲要(试行)》颁布。这是本次课程改革的纲领性文件,对课程改革各方面的工作具有广泛的指导意义。它规定本次课程改革要调整和改革基础教育的课程体系、结构和内容,构建符合素质教育要求的新的基础教育课程体系。具体说来,就是:(1)改变课程过于注重知识传授的倾向,强调形成积极主动的学习态度,使获得基础知识与基本技能的过程同时成为学会学习和形成正确价值观的过程。(2)改变课程结构过于强调学科本位、科目过多和缺乏整合的现状,整体设置九年一贯的课程门类和课时比例,并设置综合课程,以适应不同地区和学生发展的需求,体现课程结构的均衡性、综合性和选择性。(3)改变课程内容"难、繁、偏、旧"和过于注重书本知识的现状,加强课程内容与学生生活、现代社会和科技发展的联系,关注学生的学习兴趣和经验,精选终身学习必备的基础知识和技能。(4)改变课程实施过于强调接受学习、死记硬背、机械训练的现状,倡导学生主动参与、乐于探究、勤于动手,培养学生搜集和处理信息的能力、获取新知识的能力、分析和解决问题的能力,以及交流与合作的能力。(5)改变课程评价过分强调甄别与选拔的功能,发挥评价促进学生发展、教师提高和改进教学实践的功能。(6)改变课程管理过于集中的状况,实行国家、地方、学校三级课程管理,增强课程对地方、学校及学生的适应性。

在课程结构方面,纲要规定:小学阶段以综合课程为主,并设置综合实践活动作为必修课程。对课程标准,纲要要求:(1)课程标准应体现国家对不同阶段的学生在知识与技能、过程与方法、情感态度与价值观等方面的基本要求。(2)制定国家课程标准要依据各门课程的特点,结合具体内容,加强德育工作的针对性、实效性和主动性,对学生进行爱国主义、集体主义和社会主义教育,加强中华民族优良传统、革命传统教育和国防教育,加强思想品质和道德教育,引导学生树立正确的世界观、人生观和价值观;要倡导科学精神、科学态度和科学方法,引导学生创新与实践。(3)义务教育课程标准应适应普及义务教育的要求,让绝大多数学生经过努力都能够达到,体现国家对公民素质的基本要求,着眼于培养学生终身学习的愿望和能力。纲要以上的规定或要求对现行《义务教育语文课程标准》(该标准有2001年实验版和2011年版,两版在内容上稍有不同,本书主要采用2011年的版本)的制定有深刻影响,是我们理解该标准的基础。

第二节　关于语文课程性质的论述

针对语文课程的性质,2011年《义务教育语文课程标准》指出:"语文课程是一门学习语言文字运用的综合性、实践性课程。义务教育阶段的语文课程,应使学生初步学会运用祖国语言文字进行交流沟通,吸收古今中外优秀文化,提高思想文化修养,促进自身精神成长。工具性与人文性的统一,是语文课程的基本特点。"这突破了以往关于语文课程工具性或思想性争论的窠臼,更科学地揭示了语文课程综合性与实践性两大性质。

一、语文课程具有综合性

从20世纪中期开始,我国语文教育界就围绕语文教育中"文道关系"、语文学科思想性或工具性的问题展开了激烈而持久的争论,官方的观点也时而有所变化。如1956年的大纲强调"小学语文科是以社会主义思想教育儿童的强有力工具";而1963年的大纲则指出语文学科是"学好各门知识和从事各种工作的基本工具",是"学生必须首先掌握的最基本的工具"。这两者一个突出语文思想教育的任务和功能,另一个强调语言运用能力培养的任务和功能,侧重点有所不同。而以后的大纲或课程标准则更多强调思想教育和语文教学的辩证统一。再后来,语文学科思想性的侧面更被扩展为人文性。这是因为人们认识到语言文字所负载的内容不但涉及思想政治领域,更包含了古今中外优秀文化的方方面面。于是,从 2001 年课程标准开始,官方的观点调整为"工具性与人文性的统一,是语文课程的基本特点"。

实质上,语言是形式与内容的统一体,言语活动既是语言文字的运用过程,也是信息沟通、知识建构、思想情感表达或领会的过程。前者把语言文字当作工具加以使用,具有工具性;后者是吸收古今中外优秀文化、提高思想文化修养、实现自我精神成长的过程,具有人文性。以发展学生言语活动能力为中心任务、以学生言语活动训练为主要内容的语文课程,必然也要将语言文字运用与信息沟通、知识建构、思想情感表达或领会统一起来,因而必然表现出工具性与人文性统一的基本特点。这就是说,只从单个方面概括语文课程的性质——或工具性,或人文性,都是片面的。语文课程的基本特点是将工具性与人文性统一起来,即具有综合性。

语文课程的综合性意味着,在教学祖国语言文字运用的过程中,必须相机渗透人文教育,必须将祖国语言文字运用与信息沟通、知识建构、思想情感表达或领会联系起来,而不能搞脱离语境的语言知识教授及缺乏交流沟通目的的语言文字训练。语文课程的综合性也意味着,其人文教育必须紧扣祖国语言文字运用教学这个中心,必须与听、说、读、写的知识教学和能力培养紧密结合,而不能把语文课上成思想政治和品德等其他学科的课。

二、语文课程具有实践性

除了综合性,现行课程标准还首次把实践性列为语文课程的性质之一。这一论断是基于对言语活动本质和言语学习规律更深入的认识而做出的。即课标研制者认为,言语行为本质上是运用语言文字进行交流沟通的实践活动(实践活动是旨在改造世界的活动),而不是缺少实践目的、脱离具体语境的听说读写训练,因而语文课程的核心任务是"培养学生的语文实践能力",语文课程的主要内容也应是语文实践,"培养语文实践能力的主要途径也应是语文实践"。即语文课程主要是让学生进行大量的语文实践,让学生"在大量的语文实践中体会、把握运用语文的规律",从而切实提高语文实践能力。这就是语文课程实践性的意涵。

"语文课程具有实践性"的思想贯穿于课标中"基本理念""目标与内容""实施建议"等各个部分,是现行课标的核心精神之一,我们需要深刻理解其内涵,并创造性地构想如何将之运用于语文教育实践。

第三节 关于语文课程的基本理念

理念一词是外来语,根据《辞海》的解释,"柏拉图哲学中的观念通常译为'理念',康德、黑格尔等人的哲学中的观念指理性领域内的概念,有时也译作理念"。现在人们通常用理念指称有着理性思考与亲身体验基础的确信无疑的判断与看法。语文课程的基本理念就是对语文课程基本的理性的判断与看法。现行语文课程标准明确的语文课程的基本理念主要有以下四条:

一、全面提高学生的语文素养

这是对语文课程任务的高度概括。其要点有二:一是"面向全体学生",体现的是义务教育、大众教育的精神;二是"使学生获得基本的语文素养",体现的是素质教育的要求。其中,"语文素养"是实施新课程改革以来才使用的一个概念。其指称的到底是什么,尤其需要我们深入探究。

　　"素养"义同"素质",指完成某种活动所必需的基本条件。语文素养,即主体从事语文活动所必需的基本条件。课标指出:"应激发和培育学生热爱祖国语文的思想感情,引导学生丰富语言积累,培养语感,发展思维,初步掌握学习语文的基本方法,养成良好的学习习惯,具有适应实际生活需要的识字写字能力、阅读能力、写作能力、口语交际能力,正确运用祖国语言文字。语文课程还应通过优秀文化的熏陶感染,促进学生和谐发展,使他们提高思想道德修养和审美情趣,逐步形成良好的个性和健全的人格。"这段话中提到的"热爱祖国语文的思想感情""语言积累""语感""思维""学习语文的基本方法""良好的学习习惯""识字写字能力""阅读能力""写作能力""口语交际能力""思想道德修养和审美情趣""良好的个性和健全的人格"等都属于语文活动的基本条件,即语文素养的组成要素。如果将这些要素加以归类整理,我们可以构造出如图 1-1 所示的语文素养结构模型。

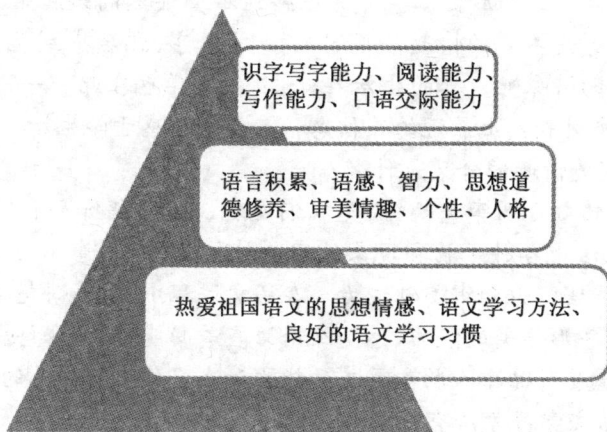

识字写字能力、阅读能力、写作能力、口语交际能力

语言积累、语感、智力、思想道德修养、审美情趣、个性、人格

热爱祖国语文的思想情感、语文学习方法、良好的语文学习习惯

图 1-1　语文素养结构模型

其中,最底层的包括"热爱祖国语文的思想感情""语文学习方法""良好的语文学习习惯",它们决定了学生的语文能力能否持续获得发展,属于语文素养中的形成要素群;中间层包括"语言积累"、"语感"、"智力(包括思维能力、观察能力、记忆能力等一般性的精神能力)"、"思想道德修养和审美情趣"、"良好的个性和健全的人格"等,在听说读写的语言运用活动中它们联合发生作用,属于语文素养中的构成要素群;最上层包括"识字写字能力""阅读能力""写作能力""口语交际能力",是语文素养最直观的表现层。

⇨ 相关知识点链接

1. 语感的含义是什么?

语感是对语言文字的意义和情味的敏锐感受力,是读者将自己的生活经验融合到语言文字上的结果。

"在语感敏锐的人心里,'赤'不但只解作红色,'夜'不但只解作昼的反对吧,'田园'不但只解作种菜的地方,'春雨'不但只解作春天的雨吧。见到'新绿'二字,就会感到希望焕然的造化之工、少年的气概等等说不尽的情趣。见了'落叶'二字,就会感到无常、寂寥等说不尽的诗味吧。真的生活在此,真的文学也在此。"——夏丏尊《我在国文科教授上最近的一信念——传染语感于学生》

2. 审美情趣的含义是什么?

审美情趣也叫审美趣味,是人们发现、感受、评价和欣赏自然界与社会生活中各种事物和现象的审美特征的能力,通常包括审美感受力、审美理解力和审美创造力。在语文课程中,审美情趣主要表现为感受汉字形体美的能力、感受汉语语言美的能力、体会诗歌意境美的能力、感受作品中人物心灵美的能力和在习作中创造美的能力。

3. 语文学习方法有哪些?

学界对语文学习方法的认识不尽相同,其中具有比较广泛影响的是朱作仁教授的观点。他按照语文学习活动的具体形式,把小学语文学习方法具体分为 19 种:查字典;解词;解句、解句群;分段、分层次;归纳段意;概括中心;朗读;默读;背诵;质疑问难;做读书笔记;复习;独立解题;阅读与作文中的审题;立意;围绕中心选材、组材;列写作提纲;自我修改等。这些单项的学习方法还可以细分为子项目。比如概括中心,就有抓中心句概括、抓重点段落概括、从题目入手概括和分层概括等。①

4. 良好的语文学习习惯有哪些? 如何养成?

良好的语文学习习惯很难加以一一罗列,应该说在识字、写字、阅读、习作、口语交际和语文综合性等各领域都有应当养成的良好的学习习惯。不过,这里面也有些特别重要的习惯,需要教师着重加以培养。这包括认真写字的习惯、认真阅读的习惯、阅读时勤动笔的习惯、使用工具书的习惯和课外读书读报的习惯。

习惯的养成需要一个长期的过程,需要不断的训练与强化。一般而言,要培养学生良好的学习习惯,需要注意以下四点:(1)阐明意义,反复教育;(2)点滴抓起,逐步积累;(3)严格训练,持之以恒;(4)言传身教,表扬激励。

二、正确把握语文教育的特点

这是对语文课程实施方式、途径等的总体要求。课标列出了语文教育的三个特点:一是"重视语文课程对学生思想情感所起的熏陶感染作用";二是主要通过语文实践培养学生的语文实践能力;三是"关注汉语言文字的特点对学生识字写字、阅读、写作、口语交际和思维发展等方面的影响"。

需要强调的是,关于第一个特点,重点是把握"熏陶感染"的意涵——因长期浸润而得到同化。这就是说,当我们的语文课程内容有积极正面的价值取向,学生对这些课程内容进行语文学习时,其思想情感会自然而然地受到影响直至同化。从教学的角度看,这个过程的实质是教师引导、指导学生进行语文学习——有关听说读写知

---

① 朱作仁主编:《小学语文教学法原理》,华东师范大学出版社,1988 年。

识的学习和听说读写能力训练,在语文学习的同时思想情感受到潜移默化的影响,而不是偏离语文学习的中心直接进行思想情感教育。

三、积极倡导自主、合作、探究的学习方式

转变学习方式是第八次基础教育课程改革的重点之一。对于语文课程而言,以新的方式开展的学习活动,可以是自主阅读、自由表达,也可以是围绕一定问题的探究性阅读、研究性写作,还可以是围绕一定任务的合作性会话或表演,等等。除此以外,综合性学习这个新开辟出来的语文学习领域,实际上主要以自主、合作和探究的学习方式开展。所以,课标强调"综合性学习既符合语文教育的传统,又具有现代社会的学习特征,有利于学生在感兴趣的自主活动中全面提高语文素养,有利于培养学生主动探究、团结合作、勇于创新的精神,应该积极提倡"。

四、努力建设开放而有活力的语文课程

这条理念有以下两个要点:

一是拓展语文课程的内容,由局限于书本甚至教科书拓展至社会生活中的语文活动,由局限于纯粹的语文学习拓展至跨学科学习活动,由局限于传统的交流方式拓展至现代数字化、网络化交流方式,等等。

二是语文课程的具体目标、课程资源、实施机制应是个性化、多样化的。课程标准规定的只是面向全体学生的基准线,以及大致的实施建议,具体课程目标的确立、课程资源的开发及实施机制的形成,应因地制宜、因校制宜、因人制宜。从这个角度讲,每个学校及教师都需要积极、创造性地参与语文课程的开发活动,而不是被动地、机械地实施课程。

第四节　关于语文课程目标与内容的规定

一、课程总目标

　　课程目标九年一贯整体设计。课程标准先提出了九年义务教育的语文课程"总目标"。

　　1. 在语文学习过程中，培养爱国主义、集体主义、社会主义思想道德和健康的审美情趣，发展个性，培养创新精神和合作精神，逐步形成积极的人生态度和正确的世界观、价值观。

　　2. 认识中华文化的丰厚博大，汲取民族文化智慧。关心当代文化生活，尊重多样文化，吸收人类优秀文化的营养，提高文化品位。

　　3. 培育热爱祖国语言文字的情感，增强学习语文的自信心，养成良好的语文学习习惯，初步掌握学习语文的基本方法。

　　4. 在发展语言能力的同时，发展思维能力，学习科学的思想方法，逐步养成实事求是、崇尚真知的科学态度。

　　5. 能主动进行探究性学习，激发想象力和创造潜能，在实践中学习和运用语文。

　　6. 学会汉语拼音。能说普通话。认识 3500 个左右常用汉字。能正确工整地书写汉字，并有一定的速度。

　　7. 具有独立阅读的能力，学会运用多种阅读方法。有较为丰富的积累和良好的语感，注重情感体验，发展感受和理解的能力。能阅读日常的书报杂志，能初步鉴赏文学作品，丰富自己的精神世界。能借助工具书阅读浅易文言文。背诵优秀诗文 240 篇（段）。九年课外阅读总量应在 400 万字以上。

8. 能具体明确、文从字顺地表达自己的见闻、体验和想法。能根据需要,运用常见的表达方式写作,发展书面语言运用能力。

9. 具有日常口语交际的基本能力,学会倾听、表达与交流,初步学会运用口头语言文明地进行人际沟通和社会交往。

10. 学会使用常用的语文工具书。初步具备搜集和处理信息的能力,积极尝试运用新技术和多种媒体学习语文。

总目标的设计着眼于语文素养的整体提高,包括了知识与能力、过程与方法、情感态度与价值观三个方面的目标。其中,第1、2点属于一般的情感态度与价值观目标;第3点中的"培育热爱祖国语言文字的情感,增强学习语文的自信心"属于语文学科的情感态度与价值观目标;第4点中的"逐步养成实事求是、崇尚真知的科学态度"也属于一般的情感态度与价值观目标。相比以往课标或大纲的这类目标,这里的情感态度与价值观目标范围有所拓展:不但有政治、道德方面的,还有文化品位、科学态度方面的,以及语文学习方面的。关于过程方法目标,主要有第3点中的"养成良好的语文学习习惯,初步掌握学习语文的基本方法"、第4点中的"学习科学的思想方法",以及整个第5点"能主动进行探究性学习,激发想象力和创造潜能,在实践中学习和运用语文"。此外,第7点中的"学会运用多种阅读方法""注重情感体验",第10点中的"积极尝试运用新技术和多种媒体学习语文",也都属于过程方法目标。而剩下的主要是从识字写字、阅读、写作、口语交际、使用工具书和运用技术等方面阐述的知识能力目标。

尽管这三个方面的目标主要是分开来阐述的,但实际上它们"相互渗透,融为一体"。一方面,语文课程人文性与工具性统一的特点,决定了情感态度与价值观目标应该与语文的知识与能力、过程与方法目标紧密结合,"融为一体"地体现于课程内容及教学活动之中。另一方面,语文的知识与能力目标和语文学习的过程与方法目标也应该是紧密联系的。因为恰当的语文学习方法和过程不但能够保证语文知识掌握的效果,而且能够促使语文知识顺利转化为语文能力。因而,教师确立语文知识与能力目标时,也要同时考虑相关的语文学习方法与过程目标,保证结果性目标与过程性目标的统一。

二、课程学段目标与内容

课标按 1—2 年级、3—4 年级、5—6 年级、7—9 年级四个学段,分别提出"学段目标与内容",各个学段相互联系,螺旋上升,最终全面达成总目标,体现语文课程的整体性和阶段性。下面,我们将识字与写字、阅读、写话或习作、口语交际、综合性学习各领域的"目标和内容"加以归类、整理,从而可以清楚地看出每个领域的"目标与内容"都涉及知识能力、过程方法和情感态度价值观等方面,并且各个方面的"目标与内容"随着学段的提高都在逐步提高或扩展。

1. 识字与写字领域的"目标与内容"

其具体包括识字兴趣、识字量、写字能力、识字写字习惯、识字能力等方面,见表 1-1。

表 1-1　识字与写字领域的"目标与内容"

	第一学段	第二学段	第三学段
识字兴趣	喜欢学习汉字,有主动识字、写字的愿望	对学习汉字有浓厚的兴趣	
识字量	认识 1600 个,会写 800 个	累计认识 2500 个,会写 1600 个	累计认识 3000 个,会写 2500 个
写字能力	掌握汉字的基本笔画和常用的偏旁部首,能按笔顺规则用硬笔写字,注意间架结构;初步感受汉字的形体美	能使用硬笔熟练地书写正楷字,做到规范、端正、整洁;用毛笔临摹正楷字帖	硬笔书写楷书,行款整齐,力求美观,有一定的速度;能用毛笔书写楷书,在书写中体会汉字的优美
识字写字习惯	努力养成良好的写字习惯	养成主动识字的习惯;写字姿势正确,有良好的书写习惯	写字姿势正确,有良好的书写习惯

续表

	第一学段	第二学段	第三学段
识字能力	学习独立识字（使用汉语拼音认读汉字，学习音序检字法和部首检字法）	有初步的独立识字能力（会运用音序检字法和部首检字法）	有较强的独立识字能力
拼音知识与能力	学会汉语拼音。能读准声母、韵母、声调和整体认读音节；能准确地拼读音节，正确书写声母、韵母和音节；认识大写字母，熟记《汉语拼音字母表》		

2. 阅读能力领域的"目标与内容"

其具体包括阅读兴趣、阅读方式、阅读方法与能力、阅读能力及过程、阅读习惯、阅读知识、背诵及阅读量等方面，见表1-2。

表1-2 阅读能力领域的"目标与内容"

	第一学段	第二学段	第三学段
阅读兴趣	喜欢阅读，感受阅读的乐趣		
阅读方式	学习用普通话正确、流利、有感情地朗读课文；学习默读	能用普通话正确、流利、有感情地朗读课文；初步学会默读，做到不出声，不指读；学习略读，粗知文章大意	能用普通话正确、流利、有感情地朗读课文；默读速度达到每分钟不少于300字；学习浏览
阅读方法与能力	结合上下文和生活实际了解课文中词句的意思，在阅读中积累词语；借助读物中的图画阅读	能联系上下文理解词句的意思，体会课文中关键词句表达情意的作用；能借助字典、词典和生活积累，理解生词的意义；能初步把握文章的主要内容，体会文章表达的思想感情；能对课文中不理解的地方提出疑问	能联系上下文和自己的积累，推想课文中有关词句的意思，辨别词语的感情色彩，体会其表达效果；在阅读中了解文章的表达顺序，体会作者的思想感情，初步领悟文章的基本表达方法；在交流和讨论中，敢于提出看法，做出自己的判断

续表

	第一学段	第二学段	第三学段
阅读能力及过程	阅读浅近的童话、寓言、故事,向往美好的情境,关心自然和生命,对感兴趣的人物和事件有自己的感受和想法,并乐于与人交流;诵读儿歌、儿童诗和浅近的古诗,展开想象,获得初步的情感体验,感受语言的优美	能复述叙事性作品的大意,初步感受作品中生动的形象和优美的语言,关心作品中人物的命运和喜怒哀乐,与他人交流自己的阅读感受;诵读优秀诗文,注意在诵读过程中体验情感,展开想象,领悟诗文大意	阅读叙事性作品,了解事件梗概,能简单描述自己印象最深的场景、人物、细节,说出自己的喜爱、憎恶、崇敬、向往、同情等感受;阅读诗歌,大体把握诗意,想象诗歌描述的情境,体会作品的情感,受到优秀作品的感染和激励,向往和追求美好的理想;阅读说明性文章,能抓住要点,了解文章的基本说明方法。阅读简单的非连续性文本,能从图文等组合材料中找出有价值的信息
阅读习惯	养成爱护图书的习惯;积累自己喜欢的成语和格言警句	养成读书看报的习惯,收藏图书资料,乐于与同学交流;积累课文中的优美词语、精彩句段,以及在课外阅读和生活中获得的语言材料	诵读优秀诗文,注意通过语调、韵律、节奏等体味作品的内容和情感
阅读知识(标点符号)	认识课文中出现的常用标点符号;在阅读中体会句号、问号、感叹号所表达的不同语气	在理解语句的过程中,体会句号与逗号的不同用法,了解冒号、引号的一般用法	在理解课文的过程中,体会顿号与逗号、分号与句号的不同用法
背诵及阅读量	背诵优秀诗文50篇(段);课外阅读总量不少于5万字	背诵优秀诗文50篇(段);课外阅读总量不少于40万字	背诵优秀诗文60篇(段);课外阅读总量不少于100万字

3. 写话或习作领域的"目标与内容"

其具体包括写作情感态度价值观、写作过程与习惯、写作知识及其运用、写作结果与能力、写作速度与数量等方面,见表1-3。

表 1-3　写话或习作领域的"目标与内容"

	第一学段	第二学段	第三学段
写作情感态度价值观	对写话有兴趣	乐于书面表达,增强习作的自信心;愿意与他人分享习作的快乐	懂得写作是为了自我表达和与人交流
写作过程与习惯	留心周围事物,写自己想说的话,写想象中的事物	观察周围世界,能不拘形式地写下自己的见闻、感受和想象;学习修改习作中有明显错误的词句	养成留心观察周围事物的习惯,有意识地丰富自己的见闻,珍视个人的独特感受,积累习作素材;修改自己的习作,并主动与他人交换修改
写作知识及其运用	在写话中乐于运用阅读和生活中学到的词语;根据表达的需要,学习使用逗号、句号、问号、感叹号	尝试在习作中运用自己平时积累的语言材料,特别是有新鲜感的词句;根据表达的需要,正确使用冒号、引号等标点符号	语句通顺,行款正确,书写规范、整洁;根据表达需要,正确使用常用的标点符号
写作结果与能力		注意把自己觉得新奇有趣或印象最深、最受感动的内容写清楚;能用简短的书信、便条进行交流	能写简单的记实作文和想象作文,内容具体,感情真实;能根据内容表达的需要,分段表述;学写读书笔记,学写常见应用文
写作速度与数量		课内习作每学年 16 次左右	习作要有一定速度;课内习作每学年 16 次左右

4. 口语交际领域的"目标与内容"

其具体包括普通话使用、倾听的态度与能力、表达的态度与能力、交流的态度与价值观等方面,见表 1-4。

表 1-4　口语交际领域的"目标与内容"

	第一学段	第二学段	第三学段
普通话使用	学说普通话,逐步养成讲普通话的习惯	能用普通话交谈	

续表

	第一学段	第二学段	第三学段
倾听的态度与能力	能认真听别人讲话,努力了解讲话的主要内容;听故事、看音像作品,能复述大意和自己感兴趣的情节	学会认真倾听,能就不理解的地方向人请教,就不同的意见与人商讨;听人说话能把握主要内容,并能简要转述	听人说话认真、耐心,能抓住要点,并能简要转述
表达的态度与能力	能较完整地讲述小故事,能简要讲述自己感兴趣的见闻;有表达的自信心,积极参加讨论,敢于发表自己的意见	能清楚明白地讲述见闻,说出自己的感受和想法;讲述故事力求具体生动	表达有条理,语气、语调适当;能根据对象和场合,稍作准备,做简单的发言;乐于参与讨论,敢于发表自己的意见
交流的态度与价值观	与别人交谈,态度自然大方,有礼貌		与人交流能尊重和理解对方;注意语言美,抵制不文明的语言

5. 综合性学习领域的"目标与内容"

具体包括问题探究学习的方法与过程、观察学习的方法与过程、活动学习的方法与过程等方面,见表1-5。

表1-5 综合性学习领域的"目标与内容"

	第一学段	第二学段	第三学段
问题探究学习的方法与过程	对周围事物有好奇心,能就感兴趣的内容提出问题,结合课内外阅读共同讨论	能提出学习和生活中的问题,有目的地搜集资料,共同讨论;在家庭生活、学校生活中,尝试运用语文知识和能力解决简单问题	为解决与学习和生活相关的问题,利用图书馆、网络等信息渠道获取资料,尝试写简单的研究报告;对自己身边的、大家共同关注的问题,或电视、电影中的故事和形象,组织讨论或专题演讲,学习辨别是非、善恶、美丑;初步了解查找资料、运用资料的基本方法
观察学习的方法与过程	结合语文学习,观察大自然,用口头或图文等方式表达自己的观察所得	结合语文学习,观察大自然,观察社会,用书面或口头方式表达自己的观察所得	

	第一学段	第二学段	第三学段
活动学习的方法与过程	热心参加校园、社区活动；结合活动，用口头或图文等方式表达自己的见闻和想法	能在教师的指导下组织有趣味的语文活动，在活动中学习语文，学会合作	策划简单的校园活动和社会活动，对所策划的主题进行讨论和分析，学写活动计划和活动总结

⇨ 研究与应用

1. 选择一个教学案例，通过对它的解释，说明语文课程工具性与人文性相统一的特点。

2. 通过具体的教学案例说明语文教学如何实现学生的自主、合作、探究学习。

3. 从识字写字、阅读、习作、口语交际中任选一个领域的学段目标与内容，将之与以往课程标准或教学大纲的相应领域的目标做比较，找出发生较大改变的地方，并解释为什么做出这样的调整。

4. 选择一个领域的目标，调查小学语文教师对该领域目标的认识和落实情况，对调查结果做出解释或给出建议。

研究性学习任务

1. 比较现行小学语文人教版教科书与苏教版教科书在编写体例上的异同。

2. 探究分析一篇小学语文课文有哪些策略或要领。

研究性学习资源

《义务教育课程标准实验教科书:语文》(一年级上册—六年级下册),人民教育出版社,2011 年

《义务教育课程标准实验教科书:语文》(一年级上册—六年级下册),江苏教育出版社,2011 年

顾黄初,顾振彪:《语文课程与语文教材》,社会科学文献出版社,2001 年

杨九俊:《小学语文教材概说》,南京大学出版社,2000 年

黄厚江:《语文教科书三种组元方式的利弊及其对教学的要求》,http://www.oldq.com.cn/blog/huanghoujiang/200805/86170.html.

第一节　小学语文教科书分析与使用概述

小学语文教科书是小学语文最重要的课程资源。它们直接决定了教学目标与教学内容的确立。小学语文教师需要仔细研究教科书的体例和单元组织方式,分析它们的编写特色和编写意图;也需要认真研究每篇课文的内容与形式,与文本、与编者展开深层次的对话。这是充分利用教科书、挖掘其中语文教育因素的前提。

一、教科书分析的要领

小学语文教师首先需要对所使用的小学语文教科书有整体的了解和分析。教师不但要分析自己执教年级的教科书,把握其体例,还要分析整套教科书,把握其体例上的细微变化,以便更深刻地把握教科书的编写特色和编写意图。

(一)分析的重点是单元的组织方式

语文教科书体例上的特色主要体现在单元的组织方式上。一般而言,语文教科书组织单元的方式主要有文体、能力和主题三种。文体组元就是按照文体的分类组织教科书的单元。既有一般文体的分类,如记叙文单元、说明文单元、议论文单元等,也有文学体裁分类,如童话单元、小说单元、诗歌单元等。能力组元就是将阅读或/与写作能力分解为许多"点"作为单元的中心,以阅读或/与写作能力的提高为线索组织教学单元,如"关键词句的理解""整体把握文章结构"等单元。主题组元就是根据人文主题选编课文、编写习作练习的单元组织方式。这三种单元组织方式都有各自的利与弊。文体组元有利于学生掌握文体特征,获得文体意识,但容易导致读写教学模式化及浅表化,妨碍学生语文能力的进一步提高。能力组元有利于语文能力培养落到实处,但也存在限制语文教学空间及难以系统化的问题。主题组元有利于人文教育整体氛围的形成,但容易助长忽视语言运用能力培养的取向。

正因为单纯的某一种单元组织方式各有利弊,所以当前的语文教科书往往不再单纯以某一种方式组织单元,而是以更为灵活的方式组元或者混合使用多种组元方式。比如,现行的人民教育出版社出版的小学语文教科书主要围绕人文主题组织单元,但同时兼用文体组元和能力组元的方式——有专门的说明文单元、童话单元、神话传说等;高年级教科书的单元除了围绕人文主题编写以外,大多也有一个能力训练点。再如,现行的江苏教育出版社出版的小学语文教科书,其单元的课文编写有时在内容上有一定联系,有时在形式上有一定联系,有时则没有;单元练习有的与前面的课文有一定联系,有的则没有。

需要注意的是,对于单元内的联系,有些教科书通过单元标题或单元导语等加以提示,有些教科书则没有类似的提示。前者的代表如人教版教科书,后者的代表如苏教版教科书。就后者而言,教师的解读与利用教科书的自由度大了,但难度也大了——教师要善于发现单元内课文与课文的关联性,以及课文与单元练习的关联性,以使教学成为一个不断生成、彼此联结的过程。

（二）分析要注意范文系统、练习系统等的纵向联系

作为语文教师,要善于通过不同年级、不同学段范文系统、练习系统等的比较,更准确地把握各年级、各学段语文教学的侧重点。就范文系统而言,可以比较不同年级、不同学段所选编课文的文体,发现其中的变化规律,把握各年级、各学段所偏重的文体或者所强调的文体特征;也可以比较不同年级、不同学段所选编同一题材或主题课文在内容或形式上的不同,注意体现教学的梯度性。就练习系统而言,既可以分别研究同册、同年级教科书中语言运用训练前后的关联性、口语交际训练前后的关联性和习作训练前后的关联性,也可以分

别研究不同年级、不同学段语言运用训练、口语交际训练和习作训练等纵向上的递进性。这有利于教师准确把握每个练习的训练点,针对语文能力的各个方面进行由易到难、循序渐进的训练。

二、课文分析的要领

对课文进行分析,是开展教学设计极其重要的准备工作;课文分析的质量极大地影响着教学设计的质量。教学目标的制订、教学重难点的确立、教学内容的确定都直接取决于教师自身从课文中读出了什么。

(一) 分析的核心是课文如何通过形式表现内容

课文分析的核心不在于它写了什么,而在于它是怎么写的,即如何通过形式表现特定的思想情感内容。这是由语文课程工具性与人文性统一的基本特点决定的。在语文阅读课教学中,教师不是止于使学生读懂课文,知道课文写了什么,受到人文方面的教育,更要使学生积累课文的语言,领会课文的写法,逐渐学会运用汉语言文字这个工具。这就需要教师在分析课文时把重点放在把握课文是怎么用语言形式表达思想情感内容上。比如,品味课文重点词句所表达的思想情感,分析课文的体裁特点、表达方式、表现手法、语言特色等与思想情感的联系,等等。

(二) 根据单元导语、课前导读分析课文

一些版本的小学语文教科书(如人教版小学语文教科书)编写了单元导语和课前导读。这些材料不仅对学生学习有直接指导的价值,也是教师分析单篇课文的重要依据。这些导语或导读不仅提示课文的主题或主要内容,而且对课文的表达方式、表现方法也有涉及。教师可以根据这些提示重点分析课文是怎样采用这些方式、方法表现相关主题或内容的。

(三) 参考课后练习及单元练习分析课文

课后练习及单元练习往往对教师的课文分析具有重要的提示和参考价值。比如,课后要求辨析、理解或品味的词句,往往是课文遣

词造句的独特之处和表情达意的重点所在,因而也应当成为教师课文分析的重要对象。再如,课后的一些小练笔,往往暗示了课文独特、重要的写法,因而也应当是教师课文分析的重点。

(四)结合单元的其他课文或教科书的同类型课文分析课文

编者把几篇课文编入同一单元,往往是因为它们存在一定联系。注意思考单元课文之间的同中之异或者异中之同,有利于教师把握单篇课文的分析方向。比如,苏教版三年级上册的第 7 单元编写了《军神》《掌声》《金子》等三篇课文。它们都是记人叙事的文章。尽管文章的主题并不相同,但表现主题的方式却有相似性——题目既是故事中出现的实实在在的事物,也蕴含了文章深刻的主题思想。"军神"是沃克医生赞誉刘伯承之辞,其丰富意涵正是文章的主题之所在。"掌声"是激励小英演讲乃至其以后人生的关键事物,其丰富意涵也是文章的主题之所在。同样,在《金子》这篇课文中,"金子"的意涵也是丰富复杂的:彼得明明没有找到金子,却说自己是"唯一找到真金的人",可见这里用的不是本义,而是引申义、比喻义,其丰富意涵是文章的主题之所在。通过比较,教师把握住这些课文的共通点,会把分析课文的焦点放在理解题目丰富的意涵及相关构思的巧妙之处上。

整套教科书同类型课文的比较,也有利于教师更好地把握所分析课文的特点。比如,苏教版四年级下册的《说勤奋》与五年级下册的《谈礼貌》都是关于某品质重要性的议论文。文章的结构及论证方法多有相似之处,只是后者的中心论点由分论点支撑,所举事例多用以引出与论证各分论点,这与前者直接用几个事例论证中心论点有所不同。在分析这两篇课文时,教师须把握住这些相似与相异点。

(五)分析课文有助于对阅读过程和方法进行反思

教师分析课文与一般读者阅读分析课文应有一个显著的差异,那就是需要有意识地反思自己阅读分析课文的过程和方法。教师在阅读分析课文之中与之后,需要反思"我是怎样获得这一阅读理解或体验的","我的理解或体验借助了什么阅读方法,克服了什么困难或障碍"。这不但是教师监控自己的阅读活动、提高阅读有效性的要求,更是随后教师设计教学活动、实施教学活动的基础。譬如,教师反思发现,对课文情境的把握主要借助于诵读与想象,就会在教学设计时注意安排学生诵读与引导学生想象。

三、教科书的使用要领

(一) 创造性地使用教科书

在充分理解教科书的内容,把握其编写特色和编写意图的基础上,教师教学时应当创造性地使用教科书,而不是一成不变地执行编者的意图,原封不动地教教科书的内容。教师需要根据学生的实际情况对教科书的内容加以增、删、并、调、换等改造。

对于语文课程而言,尤其需要教师创造性地使用教科书。这是因为对于每篇课文、每个习作训练,甚至每个单元,教学什么语文知识,训练什么语文能力,即确立什么样的语文教学目标与教学内容都是有很大弹性的。叶圣陶说过:"语文教材无非是个例子,凭这个例子要使学生能够举一反三,练成阅读和作文的熟练技能。"①他所说的语文教材主要指范文部分,以一篇范文作为例子,教学什么阅读方法或什么写作方法,确实是可以有很大不同的。同样,对于同一个习作任务,也可以教学不同的写作知识、写作方法和写作技能。总之,语文教科书作为例子的特点,更需要语文教师创造性地使用教科书——从教科书中创造性地"提炼"教学内容。这也是新课程改革中我们强调"用教材教"而不是"教教材"的本质所在。

⇨ 相关知识点链接

课程实施的三种取向包括忠实取向、相互调适取向、创生取向。

忠实取向,即课程实施准确理解设计者的意图,按部就班、不折不扣地操作,以便达到预期目标。

---

① 叶圣陶:《叶圣陶教育文集》第3卷,人民教育出版社,1994年。

相互调适取向,即课程方案与学校情境相互适应。一方面,为适应学校情境和学生特点,对课程计划(方案)进行调整;另一方面,实际情境为适应课程计划而发生改变。

创生取向,即课程实施成为教师与学生创造的过程,已经设计好的教材仅仅是一种资源或背景,还需要教师与学生在具体情境中不断地生成、丰富。

(二)教学生用好教科书

现在的教科书作为学材的特点表现得越来越明显。有些版本的教科书从叙述方式上就是直接面对学生的。如人教版的小学语文教科书,从单元导语、课前导读、课文中的阅读提示,到课后练习、单元练习,都是以"我们""我"为主语,从学生的角度表述的。教师要指导学生自主地与教科书编者对话,学会读懂教科书的各个组成部分,包括目录、注释、单元导语、课前导读、课文中的阅读提示、练习的提示和要求等,进而有效获取信息,准确把握学习要求。

第二节　人教版小学语文教科书分析

一、人教版教科书的整体编排

该套教科书由六个年级共 12 册组成。一年级上册开篇是"入学教育",该板块以图画的形式呈现尊敬老师、团结同学、上课积极参与和认真读写等入学的基本教育内容。接下来是一个专门的拼音教学单元。然后是两个识字单元和四个课文单元。这些单元除了识字教材或课文以外,都有一个单元练习——"语文园地"及一个口语交际练习。教科书的最后是两张生字表①与一张汉字笔画名称表。

一年级下册和二年级上册的构成相同,主体都是八个识字与课文混编的单元。这些单元除了识字教材和课文以外,都有一个综合性的单元练习——"语文园地"。八个单元以外是五六篇选读课文及两张生字表。其中,一以贯之的选读课文有利于扩展学生的阅读面,培养学生的阅读兴趣和自读能力,同时也丰富了教师的教学资源,增加了教师选择教学内容的自由度。

二年级下册到四年级下册的五本教科书的变化主要在于,以纯课文单元替代原来的识字与课文混编单元。这意味着二年级下学期将不再以集中识字的方式识字,而是完全以随课文分散识字的方式识字。

五、六年级的四本教科书的变化主要有:第一,每个单元课文后面增加了"词语盘点"的部分。该部分包含"读读写写""读读记记"两个栏目,列出了相应单元课文中要求会写、会背的词语。第二,单元练习由"语文园地"改为"口语交际·习作"与"回顾·拓展"这两个部分。其中,"回顾·拓展"中的"交流平台"强调学生对单元学习的自我反思及心得体会交流,这体现了对高年级反思性学习的要求。此外,六年级下册删去了选读课文的部分,而加上了古诗词背诵和综合复习两个部分。

这套教科书的单元前导语、课后练习及语文园地都采用第一人称的叙述方式,如"一些词语和故事能使我们受到启发,让我们认真读一读吧!""我会读""我会说""我会写""我会拼""我会演""读了课文,我有了一些不懂的问题想和大家讨论""我要把喜欢的句子抄下来"……这样的叙述方式非常亲切、自然,能够激发学生自主学习的积极性,使学生感到自己真正成了学习的主人。

---

① 这两张生字表分别是要求会认的生字表与要求会认会写的生字表。多认少写的两张生字表的编排方式一直持续到五年级下册,直至六年级的两册书才只编排一张生字表。

二、单元编排特色与意图

（一）主要以专题的形式组织单元，使单元成为有机整体

人教版小学语文教科书除一年级上册以外，各单元都以专题的形式组织。这些专题大多是人文性的，比如低年级的"走进春天""温暖的家""关爱别人""感受传统文化"，中年级的"丰富多彩的生活""发现秘密""感受生命的美好"，高年级的"读书""生活的启示""动物的感情世界""热爱祖国"。值得重视的是，到了中高年级，专题更多地体现了人文性与工具性统一的特点，即不但围绕特定人文专题编排课文及语文学习活动，而且要求使用相应的阅读方法或语文学习方法。例如，三年级上册第一组是按照"丰富多彩的生活"的人文专题组织的。其单元导语是：

我们的生活像七彩的图画：在教室里读书，在操场上游戏；去科技馆参观，去少年宫演出；到小河边钓鱼摸虾，到树林里采集标本……在快乐的生活里，我们一天天长大。让我们走进课文，去感受生活的丰富多彩。

其后编选了四篇描述儿童丰富多彩生活的课文——《我们的民族小学》《金色的草地》《爬天都峰》《槐乡的孩子》。同时，在课后练习和单元练习中布置了相关专题的语文学习活动——"记录一次课余生活"的综合性学习、"交流自己课余生活"的口语交际和"写一写自己的课余生活"的习作。

再如五年级上册第二组的课文和语文学习活动不但围绕"思念家乡"的人文专题组织，而且贯穿了"体会作者表达的感情以及表达感情的方法"的阅读方法和写作方法学习的要求。其中，《梅花魂》一课的练习有"有感情地朗读课文，想一想课文通过哪几件事表达了祖父对祖国的思念之情"，也有"找出祖父喜爱梅花的句子读一读，体会这些句子对祖父的思乡之情有什么好处"。单元练习中要求学生以"二十年后回故乡"为内容写一篇习作，并运用课文中表达感情的方法。

以专题的形式组织单元,可以使整个单元构成一个强大的人文教育场,更好地发挥语文熏陶感染的人文教育作用。同时,可以使学生的听、说、读、写活动,以及语文综合性学习活动相互联系、彼此促进。尤其在单元既有共同的人文主题、又有学习方法的统一要求的情况下,单元促进语文学习活动的整体效应会更加明显。

(二) 拼音单元编排特色与意图

将汉语拼音的学习与识字和儿歌诵读结合起来,既体现了教学目标的整体性,又增强了汉语拼音学习的趣味性。以第四课《d、t、n、l》为例。教材安排了意境优美的情境图。在画面中,有长着庄稼的田野,有田野边撒着欢儿的马儿、兔儿,还有相应位置的汉字"土地""大米""马""兔"。接着,教材还编排了由郑春华作品改写的儿歌《轻轻地》:"小兔小兔轻轻跑/小狗小狗慢慢跑/要是踩疼了小草/我就不跟你们好。"这样的编排,让学生不仅学了拼音,而且认了汉字,同时还吟诵了儿歌,三者彼此配合、相得益彰。

(三) 识字教材编排特色与意图

人教版识字教材,主要是有一定意义联系的韵文,如合辙押韵的成语歌、词组歌、新三字经、对子歌、谜语、谚语、数量词编成的韵语和拍手歌等。比如一年级上册第一篇识字教材《一去二三里》就巧妙地把要教的十个数字连缀成了一首有一定意境的数字歌:

> 一去二三里,
> 烟村四五家。
> 亭台六七座,
> 八九十枝花。

再如一年级下册的"识字6"将一些量词和名词组合成一幅幅多彩的图画,既描绘了祖国的美好景物,也表现了新时代儿童的幸福生活,可以让学生在有意义的语境中识字、学词,学数量词的搭配。

> 一只海鸥,一片沙滩,
> 一艘军舰,一条帆船。

一畦秧苗,一块稻田,
一方鱼塘,一座果园。

一道小溪,一孔石桥,
一竿翠竹,一群飞鸟。

一面队旗,一把铜号,
一群"红领巾",一片欢笑。

　　又如二年级上册"识字4"列出了一些成语,它们背后隐藏着有趣的成语故事,连起来表达了一定的意义。

尺有所短　寸有所长
取长补短　相得益彰

管中窥豹　坐井观天
一叶障目　不见泰山

拔苗助长　徒劳无功
瓜熟蒂落　水到渠成

　　教材编写者不仅在课后练习中提示学生找一些成语故事读一读,而且紧接着编排了《坐井观天》的成语故事课文。这种编排方式不但创造了识字、学词的语境,激发了学生识字、学词的兴趣,提高了学生识字、学词的效率,而且能有效拓展学生的阅读面,激发学生的阅读兴趣,从而起到识字、学词、阅读相互促进、相得益彰的效果。

　　识字教材的编写除了重视语境创造和易读易诵外,还注重反映识字和写字的规律。以识字规律来说,有些识字教材直接反映了象形、会意、指事、形声等造字规律。如一年级上册的《口耳手》以文图配合的方式例举了象形字的造字规律,《日月明》则以韵文的形式反映了会意字的造字规律。而就写字规律来说,教材编写也是别具匠心的。一年级上册要求写100个笔画最简单的字,每课的三四个字在笔画或笔顺上遵循一定的的共同点。例如：第一次写字，要求写的字是"一、二、三"，练习横画；第二次要求写的字是"十、木、禾"，练习竖、撇、捺三个笔画。从一年级下册开始，要求写的字都是构词率较高的字，而且每课写的几个字大多在结构上遵循一定的规律。例如：《春雨的色彩》一课中，要求写的字是"你、们、红、绿、花、草"，每两个字同偏旁；《小白兔和小灰兔》一课中，要求写的字是"拉、把、给、活、种、吃"，都是左窄右宽的字。这样安排，既便于教师分类指导，又便于学生掌握写字规律。

应该说一、二年级的四册课本都围绕着识字这个重点任务展开：除了专门的识字教材，课文的编排也都强调识字这个重点。一、二年级的课后练习，一般有写字、认字、词语搭配、读词、组词和说话等方面的练习。这些练习重在巩固生字的认读和书写，拓展词汇量，训练数量词和叠词等的搭配，训练使用特定句式，等等。其主要取材于前面的识字材料或课文，同时又注重联系学生的生活经验，引导学生在生活中识字。当然，课文的课后练习除了这些字词句的练习，还多了朗读、背诵、表演和理解课文等练习。而一、二年级的单元练习强调引导学生发现造字构词的规律以及在生活中自主识字。"我的发现"栏目大多列出形声字、多义字、反义词、把字句与被字句等，引导学生发现其中的规律。"展示台"则引导学生从同学姓名、书报、歌词等生活资源中自主识字。此外，单元练习还有积累词语、警句、儿歌等的要求及口语交际训练的内容。

（四）课文单元编排特色与意图

第一学段选编的课文大多是儿童本位的儿童文学作品——儿童诗、童话、寓言、儿童故事等。它们都蕴含积极的教育意义，但不是居高临下地进行教训，而是表现儿童的生活、儿童眼中的世界和儿童特有的心理，从而引发儿童同情共感，起到潜移默化的教育作用。例如，一年级下册的《看电视》是一首儿童诗，以儿童的口吻叙述了家庭成员看电视相互谦让的生活场景，语言浅易而蕴涵丰富，贴近儿童的日常生活问题，对儿童具有很大的启发教育意义。再如，二年级下册的《泉水》是一首优美的散文诗,它以拟人的手法表现了泉水一路流过,慷慨而快乐地给予山里的姐姐、杜鹃花、果树和画眉鸟所需要的东西这一品质,巧妙地传达了"关爱别人"的主题思想,契合儿童的审美心理。第一学段课文的课后练习及单元练习主要围绕识字的任务设置,上文识字教材部分已有阐述,这里不再赘述。

第二学段选编的课文在内容上有所加深、拓展。有的单元选编的是"保护环境"主题的课文,有的单元选编的是"热爱生命"主题的课文;有的单元选编的是关于中华传统文化的课文,有的单元选编的是关于大自然启示的课文,有的单元选编的是关于如何观察、发现的课文。显然,这些主题或题材适合于求知视野更广、思维更活跃的第二学段学生。第二学段的课文在表现形式上也更为复杂和多样:增加了说明文、应用文;记叙类文章描写更为细腻、叙事更为曲折;除了儿童诗、童话、寓言等文学体裁以外,还增加了科幻故事、科学小品文、神话、传说等文体。

第二学段的课后练习或课前导读①主要有朗读、背诵和复述课文,交流阅读感受和体会,理解重点词句和段落,品味有表现力的字词句,把握课文的主要内容或主题思想,积累语言,进行续写、扩写、改写等小练笔。而单元练习则主要有"口语交际""习作""我的发现""日积月累""宽带网""展示台""成语故事""趣味语文"等栏目。其中,"我的发现"主要是列出本单元课文中一些有关联的语言现象,引导学生发现其中的语言规律。"宽带网"主要是引导学生拓展语文学习的空间,进一步了解、学习与单元专题有关的信息或材料。

第三学段选编单元,除了注意课文内容的相关性,更注重它们在表达方式和表现方法上的一致性或可比性。比如,五年级第二组选编的课文不仅在内容上都是与"怀念和赞美故乡"有关的,而且在表

---

① 对于一些学生自读为主的课文,编者没有编写课后练习,而是编写了课前导读,既提示阅读课文的内容、激发阅读兴趣,也提出阅读要求、指导阅读方法,在一定程度上起到替代练习的作用。

现方法上有共同点——通过景物或事情表现感情,据此编者提出了统一的单元学习要求——"要用心体会作者表达的感情,并想想作者的感情是通过哪些景物或事情表达出来的"。再如,六年级上册第一组选编的都是与"拥抱大自然"有关的课文,这些课文不但有对大自然景物的细致描绘,更有由之引发的联想和想象。因而,该单元导语提出"要注意体会作者是怎样细心观察大自然的,有哪些独特的感受;还要体会作者是怎样联想和想象,表达这种独特感受的"。第三学段选编的课文除了在内容上继续拓展、加深以外,文体也进一步多样化,如抒情散文、小说、剧本、相声、访谈等。还要注意的是,编者还以节选、改写、缩写等方式将《史记》《三国演义》《西游记》《红楼梦》《水浒传》《鲁滨孙漂流记》《汤姆·索亚历险记》等中外文学名著引进这一学段的教科书,以引发学生阅读名著的兴趣。此外,这一学段也编入了几篇篇幅短小、语言浅显的文言文。

(五)综合性学习教材编排特色与意图

人教版教材在综合性学习的编排上极具特色:整套教材系统安排了语文综合性学习内容,且各学段的编排方式各不相同,体现了学段差异。其各学段的语文综合性学习编排次数及呈现方式见表2-1。

表2-1　人教版教材各学段的语文综合性学习编排次数及呈现方式

学段	出现次数	呈现方式	学习时间
第一学段	每组都有但不标明,跟语文实践活动不做明确区分	课文后有建议,在语文园地的"展示台"交流	课外活动,课内交流
第二学段	每学期两次	在精读课文后布置,在语文园地的"展示台"交流	课外活动,课内交流
第三学段	每学期两次:一"大"一"小"	"大":有一组集中安排,以活动建议为主,阅读材料为辅;"小":在精读课文后布置,在语文园地的"展示台"交流	课内外一体化

在第一学段,每个课文单元都安排带有综合性的语文活动,但不标明,跟语文实践活动不做明确区分。在第二学段,是将综合性学习

贯穿于一般的课文单元中:往往在第一篇课文学习之后,布置综合性学习的任务;在第二或第三篇的课文学习以后,再以"综合性学习提示"的栏目对学生综合性学习的过程加以督促和指导;最后,在单元练习中,通过"口语交际""习作""展示台"等栏目,要求学生以口语交际、习作、作品或活动等方式展示自己的综合性学习成果与收获。而到了第三学段,除了这种穿插于课文单元的综合性学习以外,每册课本还增加了一个专门的综合性学习单元。这四个单元分别是"遨游汉字王国""走进信息世界""轻叩诗歌的大门""难忘小学生活"。它们的编写不同于以前以课文为主体,将综合性学习的要求和过程贯穿于单元课文阅读和口语交际、习作等活动之中的方式,而是以综合性学习为核心,布置两三个活动任务,提出它们的活动建议,同时提供相关的阅读材料。这两类语文综合性学习的主题及编排方式比较详见表2-2。

表2-2　两类语文综合性学习的主题及编排方式比较

教材册次	"小"综合性学习主题	编排特点及实施要求	"大"综合性学习主题		编排特点及实施要求
五年级上册	感受读书的快乐	先在该组的导语中点出,再在第一篇课文的后面做具体布置,最后在语文园地中交流展示。	遨游汉字王国	有趣的汉字	编排方式完全改变以往教材的编法,突破了以课文为主体的单元结构,改为围绕专题、任务驱动、活动贯穿始终的编排方式。每次综合性学习有两个板块,原则上一星期完成一个板块的学习。
				我爱你,汉字	
五年级下册	语言的艺术	教师要抓好三个环节:一是通过布置,使学生明确任务,知道要做什么、怎么做;二是在学生自行开展活动的过程中,教师要时时关心,了解活动开展的情况,及时表扬好的做法,帮助解决遇到的困难;三是采用多种形式,充分展示交流,语文园地中的口语交际、习作、展示台都是展示交流的形式。	走进信息时代	信息传递改变着我们的生活	每个板块分"活动建议"和"阅读材料"两部分。"活动建议"是主体部分,采用任务驱动的方式。"阅读材料"是活动参考材料,不要当作课文来教。
				利用信息写简单的研究报告	
六年级上册	祖国在我心中		轻扣诗歌的大门	诗海拾贝	除学习的专题和必选的阅读材料要落实外,学习的具体内容、方法步骤、学习成果的呈现等,师生有相当大的自主权。
				与诗同行	
六年级下册			难忘小学生活	成长足迹	
				依依惜别	

三、 课文分析示例

【示例1】

一年级下册《小蝌蚪找妈妈》

这是一篇充满童真童趣的童话,也是一篇传递自然科学知识的科普作品。

它通篇采用拟人的手法,以小蝌蚪找妈妈为主要情节,合乎儿童的审美接受心理,能够激发儿童的阅读兴趣,引起儿童的情感共鸣。其中,小蝌蚪似乎就是一个个活泼可爱、有点冒失的儿童形象。他们"大大的脑袋,灰黑色的身子,甩着长长的尾巴,快活地游来游去";他们看见海龟"四条腿,宽嘴巴",就"连忙追上去,叫着'妈妈,妈妈!'";找到青蛙妈妈后,"他们后腿一蹬,向前一跳,蹦到了荷叶上"。这些描写既合乎小蝌蚪的物性,又赋予了小蝌蚪儿童的性情。

通过这个童话故事,作者向小朋友传递了相关的科学知识,包括蝌蚪与青蛙之间的关系,蝌蚪变成青蛙的生长过程。比如,课文中关于蝌蚪变成青蛙的生长过程:"过了几天,长出两条后腿";又"过了几天,长出两条前腿";再"过了几天,尾巴变短";最后,"不知什么时候,尾巴不见了"。清晰明白,简洁生动。

整个单元的课文都属于浅易的科普作品,只是表现形式上不尽相同。《棉花姑娘》《地球爷爷的手》及这篇《小蝌蚪找妈妈》都采用童话的形式传递科学知识;而《兰兰过桥》《火车的故事》则采用童年故事的形式。前者是拟人性、幻想性的,后者则是写实性、生活化的。

通过朗读,特别是角色扮演性的、表演性的朗读,可以激发想象,从而很好地把握情节及人物形象的特点;随后,借助默读时的圈点勾画,可以更好地理清故事的情节脉络,特别是小蝌蚪成长过程中的身体变化。

【示例2】

四年级下册《夜莺的歌声》

这是一篇情节曲折、扣人心弦的战争小说。与一般战争小说不同的是，主人公是一个智勇双全，与敌人巧妙周旋，将敌人诱进伏击圈的小英雄——"小夜莺"。这个人物形象的塑造是伴随着情节的推动进行的。

首先，小说开头出现的是战斗后化为一片废墟的村庄和打破这片沉寂的夜莺的歌声。小主人公就是以他"夜莺的歌声"出场，并以他"夜莺的歌声"吸引了德国人。在与德国人打交道的过程中，"小夜莺"表现得就像一个普通的无知的乡村孩子。他给德国人带路，一边走，一边玩——有时候学夜莺唱，有时候学杜鹃叫。他说，"刚刚一开火"，"大家都喊：'野兽来了，野兽来了！'——就都跑了"。他以为德国人说的游击队是一种蘑菇……然而，当情节继续发展，镜头切换到树林深处——游击队员从鸟叫声中听出了隐含的情报，这才透露出小男孩的非常使命。果然，接下来是一场漂亮的伏击战，而小男孩在战斗打响之前已经机敏地脱身了。小说最后，场景又回到了废墟的村庄，小男孩又坐在岔路口唱出夜莺的歌声。到这里为止，小男孩的身份才真正显现出来——他应该是个小小的游击队员，专门诱骗、迷惑敌人，协助游击队打仗；他的性格特征也才显现出来——勇敢、机敏、沉着、爱憎分明……

作为短篇小说，《夜莺的歌声》情节设计巧妙、充满悬念、引人入胜；同时，人物塑造立体、生动、可信。无论是小主人公的机智、勇敢，还是德国军官的凶狠、狡猾和愚蠢，都刻画得入木三分，令人印象深刻。

对于这样一篇小说，分角色朗读、表演，可以使读者更好地透过人物的言行把握他们鲜明的性格；而读后的批注，则可以使读者更好地把握情节设计的巧妙及人物形象刻画的生动之处。

【示例3】

六年级上册《山中访友》

这是一篇优美的写景抒情散文。"山中访友"的题目及开头两节让人以为作者真的是拜访一位居住在山中的朋友。而读到下面的文字"那座古桥,是我要拜访的第一个老朋友","每一棵树都是我的知己","这山里的一切,哪个不是我的朋友?"读者才恍然大悟,作者拜访的原来是自然界的朋友。而古桥、树木、山泉、溪流、瀑布、悬崖、白云、云雀、落花、落叶、石头、雷阵雨和岩石等山中的景物确实是有生命、有情义的,它们与作者相互爱慕、相互怜惜、相互理解,怎么能说不是真正的朋友呢?把去山中游玩、观赏说成、写成山中访友,由之表现山中景物的情味及生命力,表现"我"对山中景物深沉的欣赏、喜爱之情,表现这种人与自然彼此融合、和谐相处的境界,这正是文章构思的独特巧妙之处。

行文之中,作者通过大量的联想和想象,很好地表现了景物的情味和生命力,以及"我"与景物融合无间的状态。比如写古桥:"你如一位德高望重的老人,在这涧水上站了几百年了吧? 你把多少人渡过对岸,滚滚河水流向远方,你弓着腰,俯身凝望着那水中的人影、鱼影、月影。岁月悠悠,波光明灭,泡沫聚散,唯有你依然如旧。"这是把古桥想象成一位老人,想象他在几百年里所凝望的、经历的岁月沧桑。再如,不直接写树木,而把自己想象成一棵树:"我脚下长出的根须,深深扎进泥土和岩层;头发长成树冠,胳膊变成树枝,血液变成树的汁液,在年轮里旋转、流淌。"这里面传递的是"我"和树木亲密无间的感情,表现的是天人合一的境界。作者写山中的景物,无论是鸟儿、露珠,还是山泉、溪流、瀑布、悬崖、白云、云雀,无一不是赋予它们人的生命和情感,与它们进行情感的交流、心灵的共振。直至写落花、落叶、石头,作者更是由它们联想到"大自然""生命""时间"这些抽象的理念,从中感受到"大自然的芬芳清香""生命的奥秘"和"时间隆隆的回声"。

散文的语言清新、自然、优美,往往寥寥几笔就勾勒出美好的画面,透露出作者真切的情味。文章开头写道:"走出门,就与微风撞了个满怀,风中含着露水和栀子花的气息。早晨,好清爽!"清爽的是微风,是早晨,也是心情! 融情于景的写法非常自然。再看文章结尾:"雨停了,幽谷里传来几声犬吠,云岭上掠过一群归鸟。我该回家了。我轻轻地挥手,告别山里的朋友,带回了满怀的好心情、好记忆,还带回一路月色。"倦鸟归林、山中月色这些美好的画面,与"我"无限满足的好心情两相契合、情景交融。

对这篇美文,可通过有感情的朗读,去深切地体味所描写景物及所抒发感情的美好,同时品味、感受语言的优美。当然,批注、讨论也有利于体会文章构思之巧妙、语言之诗意。

第三节　苏教版小学语文教科书分析

一、苏教版教科书的整体编排

该套教科书由六个年级共 12 册组成。每册教科书开头都安排了"培养良好的学习习惯"的内容,以图片的方式呈现,将小学生应该养成的听、说、读、写的习惯生动而又直观地展示给学生。这些习惯包括保持正确的读写姿势、爱惜学习用品、认真写字、专心听讲、积极发言、勤于朗读背诵、乐于课外阅读、勤查字典、读报、写日记、收集信息、整理资料,以及多种渠道学语文等方面的内容。每册的良好学习习惯培养,可以作为教学目标和教学内容贯穿于相应学期的始终。此外,每册教科书最后都有"生字表",逐课列出本册所有要求会认及会写的汉字。

就每册教科书的主体而言,其构成因学段或年级稍有不同。一、二年级的四册教科书由识字单元和课文单元构成（一年级上册还有一个拼音单元）。三、四年级的四册教科书全部是课文单元。五、六年级的四册教科书除课文单元以外，还加上了一个"学和做"单元（分别是"说名道姓""节约用水""读报和剪报""我的成长册"），显示了编者加强高年级语文综合性学习的意图。

二、 单元编排特色与意图

（一） 拼音单元编排特色与意图

首先，为了增强汉语拼音学习的趣味性，降低学生学习的难度，教科书安排了帮助学生学习声母、韵母的情境图和语境歌。把学习拼音字母寓于故事之中，并辅以朗朗上口的语境歌，化难为易，寓学于玩，既增加了学习的情趣，又渗透了文化素质的教育。例如《b、p、m、f》一课，安排了四部分内容：一幅情境图、一组表音表形图、书写示例和拼读练习。情境图的意思是说，小朋友跟着爸爸上山看大佛，爸爸教育孩子要爱护大佛。教材配有一首语境歌："爸爸带我爬山坡，爬上山坡看大佛，大喇叭里正广播，爱护大佛不要摸。"教学时可以看看图画，讲讲故事，读读儿歌，让学生轻松学会四个字母，并在愉快的体验中受到爱护文物的教育。

其次，为了有效解决学拼音与学汉字相脱节的矛盾，该教科书在学习程序上采取了学拼音、识字"双线并进"的编排方法，将最常用的 80 个汉字（大多是独体字）分成五组，分别安排在五个拼音单元中，每组 16 个字，四字一顿，合辙押韵，每字均配有精美图示。例如："人口手足，舌牙耳目；金木水火，山石田土。"这样编排，意在让学生学会并掌握在老师的指导下独立识字和借助拼音识字两种方法，尽量做到先认字，多认字；同时，通过拼读字音又巩固了拼音，从而收到拼、识相互促进的协同效应。学生在开始时认识了这些部首字，就为他们今后进一步识字、查字典打下了基础。

（二） 识字单元的编排特色与意图

苏教版识字教材主要有两类。一类是"词串课文"。由一个个相对独立又相互关联的词语组成。这些词语都是一定情境中的事物或活动,组合起来就构成了一幅幅画面或一个个场景。例如二年级上册"识字6"的课文:

> 骏马/秋风/塞北
>
> 杏花/春雨/江南
>
> 椰树/骄阳/海岛
>
> 牦牛/冰雪/高原

四行结构相同的词语,连起来加以合理想象,就是祖国南北四种典型地貌上的四幅经典风景画,给人以强烈的审美感受,颇具几分马致远《天净沙·秋思》的神韵。再如一年级上册"识字2"的课文:

> 太阳/闹钟/小鸟
>
> 穿衣/下床/起早
>
> 刷牙/洗脸/早餐
>
> 上学/升旗/做操

第一行词语连起来勾勒了清晨的景象,后三行词语则是起床、上学等一系列动词,让人自然联想到小学生早上充满朝气、忙碌而快乐的生活画面。这些词串课文都配上了相应插图,能够更好地激发学生的想象和联想。总之,苏教版创造性地编写的词串课文既便于学生在情境中识字,也有利于培养学生的想象能力,熏陶学生的审美趣味;教师还可以利用它来训练学生的说话能力和朗读能力。

另一类识字教材是突出构字规律的课文。它们通常是构字规律+语境儿歌的组合型教材。即呈现课文生字时先以直观的方式提示它们的构字规律,然后提供应用这几个生字的语境儿歌。例如一年级下册"识字4":先以转盘的形式显示声旁"也"可以分别与形旁"亻""氵""马""土"组合,再呈现组合而成的生字及由生字组成的词语,最后再提供一首字谜歌"有马能行千里,有土能种庄稼,有人不是你我,有水能养鱼虾"——该儿歌既以字谜的形式隐含了要教的几个生字,又形象地指出了形声字形旁表义的构字规律。

识字单元的练习一般由"看清笔顺""写好铅笔字""学用字词

句""读读背背""口语交际"等栏目构成。其中,"看清笔顺"不吝篇幅地展示了本单元生字的书写笔顺,显示了重视写字基础训练的编写意图。"学用字词句"往往旨在讲解识字方法的运用及生字词的使用和句式的运用。如一年级下册练习 1 的"学用字词句"包括三个部分:第一部分让学生利用拼音认读所学课程的名称"品德与生活""语文""数学""体育""音乐""美术"并描红;第二部分引导学生制作课程表,以巩固新学习的生字词;第三部分要求学生将一段含有以上课程名称的对话加上标点并朗读,以学习生词的实际运用。"读读背背"主要是一些成语、古诗词,以丰富学生的语言积累。

(三) 课文单元的编排特色与意图

第一学段的课文大多由篇幅短小、浅近的儿歌、儿童诗、童话、寓言、故事、古诗等构成。它们以浅显简洁的语言、简单的结构传递生活或自然常识及社会文化观念。其中部分课文虽然浅显简单,却想象奇特、构思巧妙,充满童真童趣,具有相当强的艺术性。例如,一年级下册课文 2"雨点":

> 雨点落进池塘里,
> 在池塘里睡觉。
> 雨点落进小溪里,
> 在小溪里散步。
> 雨点落进江河里,
> 在江河里奔跑。
> 雨点落进海洋里,
> 在海洋里跳跃。

诗歌以"睡觉""散步""奔跑""跳跃"等动词刻画了雨点落进不同水体中的状态,既生动形象、富有童趣,又符合各种水体的特征,富有画面感。这一学段课文后的练习大多是朗读、背诵及生字描红(用铅笔),反映了编者强调低年级学习朗读、积累语言及写字基本训练,而淡化对课文内容与形式进行理解分析的意图。这与课程标准对第一学段的阅读要求是一致的。

　　第一学段课文单元的练习与识字单元的练习基本相同,都由"看清笔顺""写好铅笔字""学用字词句""读读背背""做做读读""口语交际"等栏目构成,此处不再赘述。

　　第二学段的课文较之第一学段的课文篇幅明显加长,大多是结构更为复杂、表达方式更为多样的叙事性作品。比如三年级下册中的课文17《你必须把这条鱼放掉》是一篇比较复杂的叙事性作品:在叙事中穿插大量的心理描写、动作描写和对话描写,以形象地表现人物性格及作品深刻的主题思想。此外,第二学段还有相当一部分结构清晰、写法规范的写景性文章和说明性文章。这些文章有利于学生掌握不同体裁文章常规的章法和写法。第二学段课文后的练习不但包括朗读、背诵及生字描红(用钢笔)等项目,还增加了诸如复述课文、词语积累、词语品味、造句、仿写句子或段落、重点词句理解、要点把握和理解、拓展性信息收集、说话训练、练笔等项目。这些练习都取材于课文,有的重在引导学生丰富语言积累;有的重在词句训练;有的是引导学生深入理解课文,使之掌握阅读方法,提高阅读理解能力;有的是引导学生感悟课文的写法,进而模仿入体,提高写作能力;有的是拓展学生的知识面,培养学生的信息收集整理能力。其中,尤其有特色的是说话和写作练习。它们的编写灵活多样,包括补充性说话或练笔(即针对课文略写的内容加以补充、想象,如三年级上册《蒲公英》的练习4:"假如你是太阳公公,会怎样劝告那两颗想落到沙漠里、湖泊里的小种子?")、体验性说话或练笔(即阅读课文后由课文所涉及事件或人物所引发的感受和体验,如四年级上册《虎门销烟》练习4:"以'我站在林则徐塑像前'为题,写一段话。")、拓展性说话或练笔(即围绕与课文内容相关的某话题的说话或写作练习,如四年级上册《李时珍夜宿古寺》的练习4:"中药是我国宝贵的遗产,你知道哪些中药? 说说这些中药的药效。"再如三年级下册《长城和运河》的练习5:"你知道我们的祖先还创造了哪些人间奇迹? 分别说说它们的奇异景象。")等不同形式。它们引导学生进入创造性阅读的层次,更有利于激发学生的主动性,锻炼其说话和写作的能力。

第二学段的单元除了阅读课文,还增加了"习作"板块。一般而言,"习作"板块与课文并没有紧密联系。这部分的编写特色主要有两点。一是布置写作任务时,注意联系学生的生活实际和心理需要,同时尽量减少限制,从而激发学生的写作兴趣,鼓励学生自由写作——写自己感兴趣的事,写自己想说的话。二是提供写作范例。编者往往结合写作任务,提供相应的学生习作,供学生揣摩、借鉴。

第二学段的单元练习主要由"处处留心"、"写好钢笔字"、"读读背背"、"口语交际"(或"说说写写")、"学写毛笔字"等栏目组成。其中,"处处留心"栏目有的重在通过语言学习或语言运用的现象启发、引导学生发现语文学习的方法或者语言运用的规律。例如,三年级上册单元练习2的"处处留心"先是列出该单元一篇课文中"漾"字的两种字典解释,要求学生从中选出确切的解释;然后列出课外读物中的几个句子,要求学生查字典确定其中加点字的解释;最后指明"根据上下文确定字词的意思"是一种重要的学习方法,要求学生用这种方法预习新课文中的生字词。有的则重在拓宽语文学习空间,丰富学生的语言积累,引导学生的语言实践。如四年级下册练习3要求学生先诵读《三国演义》中"关云长温酒斩华雄"的片断,然后讲讲所列成语的三国故事。再如这册书的练习4要求学生读读所列的中药名称,然后阅读一种中成药的说明书,回答奶奶有关用药的问题。

第三学段选文上主要有两大变化。一是所选择的记叙文往往有较复杂的表现手法和较深刻的主题,其中一些文学性较强的作品尤其如此。像五年级下册选编冰心的叙事性散文《只拣儿童多行处》以春天花儿的怒放隐喻儿童的蓬勃成长,是象征手法的自然运用。再如同册中的《司马迁发愤写〈史记〉》不仅仅表现司马迁发愤著书的精神,还含有他对人生价值、生死选择的深刻思考。又如《爱之链》《水》《祖父的园子》等。二是增加说明文、议论文的分量。前者如《火星——地球的"孪生兄弟"》《克隆之谜》《海洋——21世纪的希望》《秦兵马俑》等,后者如《滴水穿石的启示》《谈礼貌》《学与问》《学会合作》等。与第二学段课文后的练习相比,第三学段的练习也有两个变化。一是不再单纯要求抄写、积累词语,而是强调词语深刻而微妙意涵或意味的推断、辨析、品味;二是注重引导学生把握与借鉴课文表达方法或说明方法、章法结构、表达顺序等。如《烟台的海》练习4:"课文是按照什么顺序描写烟台的海上景观的? 请你当一回小导游,介绍一下某一季节烟台的海。"

　　第三学段的单元练习主要由"语文与生活"、"诵读与欣赏"(或"诵读与积累""诵读与感悟")、"写好钢笔字"、"口语交际"(或"想想说说")、"学写毛笔字"等栏目组成。其中,"语文与生活"引导学生关注一些特殊的语言现象,如歇后语、轻声字、戏曲语言,或者指导学生学习一些具体的语言运用方法,如根据字义改错别字、把事物写具体、通过朗读修改作文等。值得注意的是,这一栏目很注重通过趣味性的语文活动让学生学习和运用语文知识,获得语文技能。比如,让学生模仿"开心辞典"的形式进行近义词的辨析与使用;再如,引导学生编写字谜,以之复习和运用汉字的造字规律。

　　第三学段有些课文单元还增加了"我读书·我快乐"的栏目。该栏目介绍与单元课文相关的一部著作(包括《伊索寓言集》《上下五千年》《鲁滨孙漂流记》《西游记》),鼓励、指导学生以恰当的方法阅读这部著作。

　　(四) "学和做"单元的编排特色与意图

　　第三学段的每册课本都编排了一个语文综合性学习单元——"学和做"单元,共四个单元。这四个单元分别以"说名道姓""节约用水""读报和剪报""我的成长册"为主题,巧妙地整合了语文知识和其他学科知识学习,学校生活、社会生活、科学调查等活动,阅读、写作、口语交际等语文实践活动,体现了综合性学习强调综合性、实践性的要求。

三、课文分析示例

【示例1】

一年级下册《雨点》

这是一首简短而优美的儿童诗。它以雨点为核心意象,勾勒了雨点落进不同水体里的情态,非常形象生动。

诗歌由四组相同形式的句子"雨点落进××里,在××里……"构成,句式整齐、节奏分明,同时也突出了雨点落进池塘、小溪、江河、海洋里的不同情态——睡觉、散步、奔跑和跳跃。这四个拟人的词语不但把雨点的姿态写得生动形象、富有情趣,特别适合儿童理解和欣赏,而且侧面烘托了池塘静谧、小溪蜿蜒、江河奔腾、海洋激荡的不同景象,引人遐想。

这篇课文所在单元都是写景的美文,特别是上一篇《春笋》、下一篇《小池塘》都采用了拟人的表现手法,因而透过描写想象优美的景色及品味拟人手法的运用,应该是这些课文阅读的共同要求。

在阅读过程与方法上,这首儿童诗特别适合表情朗读和诵读——在表情朗读中品味词语,想象情境;在诵读中积累语言,培养语感。

【示例2】

三年级下册《"你必须把这条鱼放掉"》

这是一篇典范的记叙文。文章记叙了汤姆难得地钓到一条很大的鲈鱼,却因为没到钓鲈鱼的规定时间,而在爸爸的坚决要求下放掉它的故事。故事的情节紧凑而曲折,同时含有深刻的道德意蕴。

文章大量采用细致的心理描写、动作描写、语言描写及景物描写,对于人物塑造和主题表现具有重要作用。对主人公汤姆钓鱼动作的描写,钓到鱼以及后来放掉鱼的心理活动的描写,不但推动了情节的发展,更突出了汤姆听从爸爸教诲、拒绝诱惑、遵守规定的受教育过程,很好地强化了作品的主题。比如,课后练习4中的几句话。"汤姆小心翼翼地把鱼竿拖出水面,哇!一条他从未见过的大鲈鱼!"形象地写出了汤姆钓到大鲈鱼时的兴奋之情。"'孩子,你必须把这条鱼放掉!''为什么?'汤姆很不情愿地嚷起来。"其中的"嚷"生动地刻画出汤姆对爸爸放掉鱼的指令的抗拒。"他只好慢吞吞地从大鲈鱼的嘴唇上取下鱼钩,把鱼放回水中。"其中的"慢吞吞"折射出汤姆极不情愿的心理。"汤姆叹了口气,心想:我这辈子再也钓不到这么大的鱼了。"写出了汤姆放掉鱼以后非常惋惜的心态。这些心理描写连起来看,真实地反映一个孩子放弃自己喜爱之物的内心挣扎过程,而这一过程的艰难其实侧面烘托了拒绝诱惑、遵守规定的难能可贵。再如,对爸爸的语言描写。一句是以"低沉的声音"说出的"孩子,你必须把这条鱼放掉!""低沉的声音"及"必须"的祈使句式充分显示了爸爸要求孩子遵守规定的坚决态度。一句是以"斩钉截铁的口气"说出的"不管有没有人看见,我们都应该遵守规定"。这个无限制条件从句生动显示了道德的自律本质,画龙点睛般地深化了文章的主题。此外,文章多处出现了月下湖面的景物描写。它们渲染了故事发生的静谧环境,而且暗示了"没有人看见"这一关键条件,增加了情节发展的可信性。

最后一段既巧妙地由回忆过渡到现实,也含蓄指出了那晚爸爸教育的重大意义。由"铭刻""回响"等词,可以看出放鱼事件对汤姆的思想乃至人生都产生了深刻影响。这也是文章发人深省的地方。

对这样一篇记叙文,整体感知阶段需要准确把握住故事的主要内容及情节的发展过程;精读阶段需要细致品味文章中的语言描写、动作描写、心理描写及景物描写,体会它们在表情达意、深化主题方面的重要作用。

【示例3】

六年级下册《学会合作》

这是一篇典范的议论文。文章以与学生读者对话的口吻谈论有关合作的话题,自然亲切,脉络清晰。首先,开门见山说明写作目的,引出"合作"这一话题;然后概括地指出合作无处不在;随后回答"什么是合作",以及"为什么要合作"的问题;再后,以大量篇幅回答"怎么才能卓有成效地合作"的问题;最后,呼吁学生读者学会合作。文章多处使用了主题句,清楚显示了所在段落的中心意思。如第二段的最后一句"总之,无论你从事什么职业,也无论你在何时何地,都离不开与别人的合作",就总结了该段的中心意思。再如,第四段的第一句"怎么才能卓有成效地合作",就以设问句的形式,自然引出了以下三段的主要内容。

这篇议论文主要采用举例论证的方法。有些例子是概括性的。如第二自然段先概写"我们任何人在这个世界上都不是孤立存在的,都要和周围的人发生各种各样的关系",然后以"你是××"的句式,举例说明学生、工人、军人都要与人合作,最后得出结论"无论你从事什么职业,也无论你在何时何地,都离不开与别人的合作"。还有些例子是具体的。如第五段非常详细地叙述了一个实验,以论证有效合作必须"心里想着别人,心里想着集体,有自我牺牲精神"这个极其重要又容易被人忽视的条件。

阅读这篇课文,应该抓住其中的标志性语言,分析理解文章整体的结构脉络;应该扣住文体特点,分析探究文章所使用的论证方法;同时,应该揣摩文章的结构章法和语言风格,学习演讲词的写法。

⇨ 研究与应用

1. 试着具体分析现行某版本小学语文教科书的任一单元,看看它是如何将听、说、读、写联系起来的,又是如何将课内学习与课外学习联系起来的。

2. 试着具体分析现行某版本小学语文教科书的任一课文,想一想编者为什么要在这里选编这篇课文。

3. 从现行某版本小学语文教科书中找一篇改编的课文,将之与原版或其他版本的文本做比较,想一想编者为什么要这样改或者这样改好不好。

研究性学习任务

　　1. 探究教学设计与一般所说的备课有哪些不同，以及小学语文设计需要哪些知识准备。

　　2. 探究小学语文识字写字教学的主要模式。

　　3. 探究小学语文阅读教学的主要模式。

研究性学习资源

　　盛力群：《现代教学设计论》，浙江教育出版社，2010 年

　　周庆元：《语文教学设计论》，广西教育出版社，1996 年

　　张秋玲：《语文教学设计——优化与重构》，教育科学出版社，2012 年

　　夏家发：《小学语文教学设计与案例研究》，科学出版社，2012 年

　　吴忠豪：《语文教育研究大系·小学语文卷》，上海教育出版社，2007 年

　　杨九俊，姚烺强：《小学语文新课程教学示例与导引》，南京大学出版社，2005 年

第一节　小学语文教学设计概观及知识准备

一、小学语文教学设计概观

学界对教学设计内涵的界定不尽相同。何克抗综合史密斯和雷根、加涅、乌美娜的观点，将教学设计界定为："运用系统方法，将学习理论与教学理论的原理转换成对教学目标（或教学目的）、教学条件、教学方法、教学评价等教学环节进行具体计划的系统化过程。"[①] 杨开城、李文光概括一些权威的定义，认为"教学设计是运用系统方法分析教学问题和确定教学目标，建立解决教学问题的策略方案、试行解决方案、评价试行结果和对方案进行修改的过程"。[②] 这两种定义的共同之处是，都认为教学设计是对教学各环节的系统规划。不同的是前者强调教学设计是学习理论与教学理论原理的应用；后者则强调教学设计是教学问题的分析、解决过程。实际上，这两者并不矛盾：教学设计应该是运用学习理论与教学理论的原理，解决具体的教学问题的过程。

综合以上观点，结合小学语文学科的具体情况，笔者将小学语文教学设计定义为：运用小学语文学习理论与教学理论的原理，以系统的方法解决具体的小学语文教学问题，具体规划小学语文教

---

① 何克抗：《也论"教学设计"与教学论——与李秉德先生商榷》，《电化教育研究》，2001 年第 4 期。

② 杨开城，李文光：《现代教学设计的理论体系构想》，http://www.edu.cn/20020416/3025055_3.shtml。

学目标、教学内容、教学条件、教学方法、教学活动过程和教学评价等的过程。

⇨ **拓展与思考**

教学设计与备课有什么区别与联系？

下面,我们拟从小学语文教学设计的单位、元素、依据等角度对小学语文教学设计进行深入、细致的说明。了解这些知识,是教师理性地从事小学语文教学设计的基础。

（一）**小学语文教学设计的单位**

就严格意义上的教学设计而言,小学语文教学设计的单位既可以大到一个单元的教学,也可以是一篇课文、一次习作或一次综合性学习活动等的教学设计,甚至可以小到一节课的教学设计。因为不管是一个单元,还是一篇课文、一节课,我们都可以、也需要制订具体明确的教学目标和教学活动计划。而再往宏观上看,如整个学期甚至整个课程的教学安排,一般不会具体到每一项教学目标和每一个教学活动,因而不属于真正意义上的教学设计。

这三个单位的教学设计实质上构成了由总到分的三个层次:单元教学设计—课文、习作、口语交际、综合性学习教学设计—课时教学设计(如果是综合性学习单元,则是单元教学设计—课时教学设计的二层结构)。总分结构要求教学设计是一个先总后分的过程。即先进行单元的整体设计,再进行具体的课文阅读、习作、口语交际等的设计,最后进行课时教学设计。在单元教学设计阶段,对每篇课文、习作、口语交际教学的目标、主要活动和时间,都要根据单元整体目标和活动做出合理分配;在课文、习作、口语交际教学设计阶段,也应该对所用课时及每个课时的目标、主要活动做出大致安排。这就是说整体设计时要有局部意识。反过来,在局部设计时,一定要在整体框架内,要本着单元目标,要联系单元其他部分的活动安排。这就是局部设计时的整体意识。

（二）小学语文教学设计的元素

教学设计是对教学活动的设计。教学活动是一种师生双边的实践活动，可以将之分解为目标、内容、条件（材料）、方法、过程等五个元素进行设计。

目标在活动中虽然不是显在的、有形的，但却是根本的、起决定作用的。设计教学目标是教学设计的首要环节，其他教学元素的设计都应当围绕着教学目标这一核心。

内容是教学活动的对象。教学根本上是教师指导学生学习特定内容的活动。因而，教学内容设计是教学设计的重要部分。教学哪些内容、教学内容如何组织是教学内容设计所要解决的主要问题。对于语文学科来说，由于教科书以选文和练习为主，往往并不明确指出要教学哪些语文知识（包括策略性、方法性知识），这就对教师确定和选择教学内容提出了更高、更多要求。即相对于其他学科，语文学科教学内容设计的任务尤其艰巨。

条件（材料）指教学活动顺利开展所需的条件，包括教学场所、时间、设备、人员、教具、学习材料等。教学设计一方面要考虑教学所面临的刚性的限制性条件，如场所、时间等，以之为前提安排恰当、可行的教学活动；另一方面可以积极开发教具、学习材料等发展性条件，以优化教学活动，提高教学活动的效率。

方法即教学活动的方式和方法，是对教学活动的共时性描述，从活动主体的角度，可以将教学方法分为教的方式和方法、学的方式和方法、教学互动的方式和方法等三大类。

过程即教学活动的过程，是对教学活动的历时性描述，包括几个前后相继的教学活动及每个教学活动前后相继的环节。

在这几个元素中，内容、方法与过程紧密结合，从不同维度描述同一个教学活动；教学设计时可以分开来陈述，但实质上应该综合起来构想。这是一个新手教师要特别注意的：千万不能教条化地书写这些条目，导致内容是内容、方法是方法、过程是过程，三者没有统一于一体。

此外，还要注意的是，教学设计需要运用系统方法。即把教学看成各要素相互关联的有机整体，设计任何一个元素都要综合考虑其他各个元素，同时，也会影响其他元素的设计，影响整个系统的建构和运行。一般而言，教学设计追求的是整个系统的优化，追求的是目标、条件、内容、方法、过程在系统中都显得适切、适当、适合，而不是片面追求某个元素的理想化，如教学条件先进、使用现代媒体，或者教学方法新颖、强调学生自主探究。

（三）小学语文教学设计的依据

一些学者认为教学设计应以教学理论与学习理论的原理为依据。笔者认为，教学理论应该反映学习理论的研究成果，将学习理论的研究成果包含于自身，因而可以简单地说，教学设计应以教学理论的原理为依据。另外，教学理论的原理性知识往往表述为教学原则和教学策略。因而，小学语文教学设计的依据由抽象到具体主要有：一般性的教学原则与教学策略，语文学科的教学原则与教学策略，具体的特定领域的小学语文教学原则与教学策略，如识字教学原则与策略、阅读教学原则与策略、习作教学原则与策略、口语交际教学原则与策略、综合性学习教学原则与策略等。

下面仅列举一般性的教学原则与教学策略，以及语文学科的教学原则与教学策略。特定领域的教学原则与教学策略留待下面章节阐述特定领域教学设计时再详述。

1. 一般性的教学原则与教学策略

（1）教师主导与学生主体相结合原则。在课堂教学活动中，教师通常在活动目标的确定、活动内容和形式的安排、活动的组织管理上起领导作用，这样才能保证班级授课制下课堂教学有序、高效地进行。不过，教师的领导、主导必须充分尊重学生的主体地位，发挥学生作为主体的主动性、自觉性、创造性，以最终实现教学的育人目标。表面上看，教师的主导似乎与学生的主体性发挥存在一定的矛盾，但实际上，事物是在矛盾中向前发展的。教师主导恰恰是为了更好地发挥和培养学生的主体性。教师主导与学生主体必须在矛盾中实现统一,这正是教学工作的挑战性所在。

(2)因材施教原则。一层意思是依据学生的实际情况,包括各个年龄层次学生的特点、各个班级学生的特点,直至每个学生的特点,施行相应的教育;另一层意思是根据不同教学内容的难易程度、概括程度及其他方面的性质,采用不同的教学方法,运用不同的教学手段。

(3)反馈原则。指教学作为师生之间的交流互动活动,必须依赖于持续不断、有效准确的信息反馈。反馈一旦受阻或失真,教学就会出现问题。教学反馈主要有两大类:一是教师及时获得学生学习状况和效果的反馈,如知道学生对自己讲解的接受、理解程度;二是学生及时了解自己学习的状况和结果,如知道自己解决问题的过程和结果是否正确或合理。

2. 语文学科的教学原则与教学策略

(1)语言运用训练与人文教育相结合的原则。这是由语文学科工具性与人文性统一的基本特点决定的。其内涵是在听、说、读、写的语言运用训练中注意发挥课程内容对学生思想情感所起的熏陶感染作用。既不要脱离语言形式的教学进行空泛的人文教育,也要避免搞脱离语境的语言知识教学和无意义的字词句篇训练。

(2)在语文实践中掌握语文能力的原则。培养学生的语文实践能力是语文课程的核心任务。而培养这种实践能力的主要途径也应该是语文实践。这意味着:一方面,语文教学应提供大量的语文实践机会,让学生多读多写、日积月累;另一方面,语文教学应该引导学生在大量的语文实践中体会、把握运用语文的规律,从而举一反三,获得语文实践能力。

(3)培养语文能力与发展智力相结合的原则。智力是一般性的精神能力,包括注意力、记忆力、观察力、思维力、想象力等。智力与语文能力是一般与特殊的关系。培养语文能力可以从发展智力上着手,如教学习作时,教给学生观察的方法,发展学生的观察能力;反过来,科学地训练语文能力也可以促进学生智力的发展,如训练学生理清文章的思路,有利于培养和提高学生的逻辑思维能力。

（4）听、说、读、写能力培养紧密联系、相互促进的原则。这是由听、说、读、写能力具有内在联系的客观规律决定的。一方面，"语言输入""听读与语言输出""说写"紧密联系。语言输出以语言输入为前提，语言输出反过来又促进语言输入。另一方面，"口头言语""听说与书面言语""读写"也是紧密联系的。口头言语有助于书面言语，书面言语反过来也会促进口头言语。这就要求语文教学要注意听、说、读、写能力的综合培养，要注意听、说、读、写能力培养的紧密联系，使它们相互促进、协调发展。实践中一些行之有效的教学方法，如读写结合的教学方法、由说到写的教学方法、阅读教学中的综合训练法，都是这一原则的具体运用。

（5）兼顾课外语文学习，课内与课外相联系的原则。生活中语文实践无处不在，而这些都可加以利用，使之成为语文学习的机会。这一客观事实决定了语文教学不能局限于课内，而要由课内延伸、拓展到课外。贯彻这一原则，一方面，教师设计课内教学时要注意联系课外语文实践的需要，做到课内指导课外，实现"得法于课内，得益于课外"；另一方面，教师要采取家校联系、个别辅导、学生社团活动等途径对学生的课外语文学习活动做出专门安排和指导。

⇨ **拓展与思考**

1. 对上述教学原则和策略，你怎样理解？对贯彻这些原则和策略，你有什么想法？

2. 你认为还有哪些教学原则和策略非常重要，是教学或语文教学必须遵循的？

二、小学语文教学设计的知识准备

由上面对小学语文教学设计的元素和依据等的介绍，我们可以发现进行小学语文教学设计必须拥有相关的知识储备。

（一）关于小学语文课程目标的知识

教师必须非常熟悉与准确把握现行语文课程标准所规定的小学

各学段、各领域的课程目标,因为这是根据具体教学内容与特定学生群体制订恰当的教学目标的前提。一般而言,教学目标是课程目标的具体化。有关小学语文课程目标的知识,就是教学目标设计必备的知识之一。

（二）小学语文学科知识

拥有扎实、丰富的小学语文学科知识储备是小学语文教学内容设计的前提。小学语文学科知识主要有字、词、句、篇、语、修、逻、文等陈述性知识,以及听、说、读、写的程序性、策略性知识。其中,听、说、读、写的程序性、策略性知识具有很强的情境性,教师往往需要从具体的文章读写任务或口语交际任务中提炼这些知识,设计成教学内容。拥有、运用（或创生）这类知识实质上是语文学科能力的具体体现。

（三）有关小学语文教学方法的知识

有关小学语文教学方法的知识是设计教学活动直接的资源。这些知识包括小学语文各领域——识字、阅读、习作、口语交际、综合性学习常用的教学方法,各种教学方法的适用范围、优缺点,等等。

（四）有关小学语文教学模式的知识

教学模式（也称作课型）规定了指向特定教学目标的教学流程或主要教学环节,对教学过程的设计具有重要的指导或启发意义。在小学语文的理论与实践探索中,人们已经总结出了许多行之有效的识字、阅读、习作、口语交际等领域的教学模式。教师根据设定的小学语文教学目标,从知识储备中调用相应的教学模式,往往有助于快速设计出科学合理的小学语文教学活动过程。

（五）有关小学语文教学原则与策略的知识

小学语文教学原则与策略（也包括一般性教学原则与策略）是小学语文教学设计的依据。教师只有深刻理解和掌握小学语文教学原则与策略的知识,才能对教学目标、教学内容、教学方法与教学过程等做出合理审慎的选择与设置。

教学设计是综合运用上述知识,解决具体的教学问题的过程。

其间,这些知识储备是做好教学设计的前提条件。但仅有知识是不够的,还需要具备运用知识解决问题的能力。而这种能力的形成,需要借助于大量的教学实践及对教学实践的反思。因此,下面的章节将在阐释各领域教学设计相关知识的基础上,提供一些经典的教学设计案例及对它们的分析、反思,以助于读者教学问题解决能力的形成。

⇨ **拓展阅读**

下面是于永正老师关于自己怎么备课的经验,这些经验对我们积累素材、精心设计自己的教学方案会有很大的启发借鉴意义。

我这样备课

于永正

关于备课的重要性不必说了。反正不备课,或者备得不充分,我是不敢进课堂的。下面,我就说说自己的做法和体会。

观点一:备课不等于写教案

备课包含钻研教材、搜集信息、了解学生、考虑教学思路和教学方法、写教案等。写教案只是备课的最后一个环节——把研究教材等方面的所思所得,把教学的目的要求、重点难点、教学过程和方法及搜集到的有关教学的信息记录下来,是"备忘录"——供课前翻阅,以便把课上好。

观点二:隐性备课最重要

我把备课分为隐性和显性两部分。如果说写教案是显性的,那么,钻研教材、查阅材料、搜集信息、了解学生、思考教法则是隐性的了。

第一步:钻研教材。一篇课文摆在案头,先做什么?先理解字词句在课文中的意思,边读边画出生字、新词及含义深刻的句子。随着悟性的提高,有些关键词语,写得精彩之处,以及课文的重点、难点,也会很快抓住。抓住了,便做上记号。

第二步:朗读课文。正确、流利、有感情地朗读四五遍。这是钻研教材、语文备课重要的环节。朗读是活的,是跃出纸外的,赋予了作品生命力。备课时,我力求把课文读"活"。如我朗读《小稻秧脱险记》,小朋友听了无不手舞足蹈。朗读好了,钻研教材就成功了一大半。师生朗读得精彩的课堂,必然是充满生机的、充满灵性的、富有情趣的课堂。

备"朗读",一是多读,用心揣摩课文的意境、思想感情(包含课文人物的思想感情)。二是多听别人朗读,听录音。平时,我特别喜欢听广播电台的小说朗读、诗歌朗诵,这对提高我的朗读能力大有裨益。三是提高自己的艺术修养。

第三步:正确领会作者遣词造句、谋篇布局的意图。教材中所选文章都是精品,语言运用得精确、活泼就更不用说了。对于作者推敲、锤炼文字的匠心,一定要细心琢磨、体会。

每篇课文都有不同的谋篇布局方法,对谋篇布局方法也要把握好,以便引导学生去感悟、去学习、去运用。老师领悟得深,学生才能领悟得深,甚至在老师的引导下超常发挥。否则,培养学生的阅读能力(包含鉴赏能力)就会成为一句空话。

第四步:认真思考课后练习题的要求,有的要先做一做。例如,要求学生背诵的部分(或全文),我先背下来;要求学生正确、流利、有感情地朗读的课文,我先努力去做。

如《水上飞机》一课,要求学生用"究竟"造句。课文中是这样写的:"小海鸥决心去问个究竟。"这里"究竟"当"结果"讲,即看个明白,看个结果。但词典里讲,"究竟"还当"追问"讲,"因有疑问,而追问"。如:"这种冰箱究竟省不省电?"我弄明白了之后,心里一亮,便有了底儿了。于是每个不同解释我都造了几个句子,这就取得了指导造句的发言权。但我造句的目的,绝不是让学生抄袭以应付考试,那样做,就把孩子教"死"了。

此外,隐性备课还包括查阅材料。书到用时方恨少。在备《圆明园的毁灭》时,我专门翻看了《中国通史》中有关鸦片战争的章节;教《海洋——21世纪的盼望》,我在网上搜集了不少有关海洋方面的资料(如潮汐发电站等),受益匪浅。

记得苏霍姆林斯基听了一位历史老师讲课,很感动,问他是什么时候备课的,这位老师答复说:"备了一辈子。"一个好的教师,随时随地都要为备课做准备。

观点三:要思考教法

在思考教法的时候,必然"备学生""备学法"。上边说了,课文钻研好了,教法往往也随之有了。

教师即使在教学前没有找到什么好的教学方法,只要朗读好了,读出文章的妙处和味道来了,也能把课上得有滋有味、有声有色。

有人请教一位台湾地区的教授怎样教语文,该教授说:"跟我读。"这话真是说到根本上了。

观点四:教案必定要写

隐形实际上并不隐形,它指的是在写教案之前的准备工作。其中当然包含无形的思考。但我以为,备课中最为重要的环节是显性备课。所谓显性备课指的是写教案。教案一定要写,但不要拘泥于形式。我所记下的东西都是重要的东西,以防忘却。这相当于"作战计划"。教学目标要记,过程要记,关键词语的处理及体会要记,老师要讲的重要的话要记;要求学生回答的问题,要求学生写的片段、造的句子,我先写一写,造一造;重要的参考资料也写下来。我以前书写较工整,为的是在校长检查时能得到好评。现在写得较随意,底线是自己必须能看懂。有些课文考虑得比较周密,我只写个大体教学过程。对已经教过数次的课文,我只写新的体会、新的处理方法。

我还喜欢在课本上写"教案",美其名曰"备课于书"。我把隐形备课称为"备课于心"。我是每课都想"出新"的人,想每课都让学生喜欢,所以更多的是"备课于心"和"备课于书"。教案往往只写个过程,更细微的东西在书上。

总之,备课要从自己的实际出发,从方便教学出发。

观点五:讨论与自读尤为重要

钻研教材时,我喜欢和同事讨论。同事间的讨论(特别是上公开课),很有作用,有时会使我豁然开朗,自己久思不得其解的问题,往往会被别人一句话点破。听别人上课,也有助于对教材的把握,即使别人上得不成功,也至少能帮助你熟悉教材。我的好多教学方法,都是在听别人的课的时候想出来的。

人教版小学语文课本第八册有一篇课文叫《全神贯注》,我读了一遍,就被罗丹全神贯注的精神所感动。我又读了两遍后,教法一下子就产生了:我打算一开始就把文章最后奥地利作家茨威格说的两句话"那天下午,我在罗丹工作室里学到的,比多年在学校里学到的还要多"提出来讲。

这一课,我备课的时间不过一个小时,教案写得很简单,只是个过程,重点记下了要抓的关键词语,记下了指导朗读的方法,以及自己读了之后写下的"名言"。虽然教案写好了,而且自己也较为满意,但出于习惯,我又查找了有关罗丹和茨威格的资料,这些东西虽然上课不一定用得上,但作为老师很有必要了解一下。

我之所以举这个课例,为的是想具体说明我到底是怎样"隐性备课"和"显性备课"的。

写到这里,关于备课的话题似乎可以画个句号了。但意犹未尽,我就写"教后记"(即写所谓的"反思")说几句话。我把我在徐州市民主路小学的《教学反思集》上的题词抄录下来,作为文章的结束:

"写教学反思实际上是对自己的备课及实施的总结。认真写三年教案的人,不一定成为优秀教师;但认真写三年教学反思的人,必定成为有思想的教师,说不定还能写出一个专家来。"①

---

① 于永正:《我这样备课》,《福建论坛》,2009 年第 1 期。

第二节　小学语文识字、写字教学设计

一、小学语文识字教学策略

（一）识写分开，多认少写

识字与写字分开是我国传统识字写字教学的宝贵经验。我国开始有专门用于识字和写字的教材的时间不迟于汉魏六朝时期。当时识字教材用的是《千字文》和《急就篇》，而写字则从"上大人孔乙己"开始。识字和写字分开至少有两点好处：对于识字而言，可以不受写字牵累，保持较快的速度；对于写字而言，可以更加突显写字规律，让学生从基本的笔画写起，打好写字基本功。在 20 世纪颁发的语文教学大纲中，识字与写字的要求是同步的，一、二年级识字量因此一般只有 1000 个左右。这么少的识字量既不能满足儿童阅读、写作的欲望，也不能适应低年级儿童识字的欲望。2001 年以后颁发、使用的课标区分出"认识"和"学会"两种要求，并提出"多认少写"的要求：第一学段要求认识 1600 个，会写 800 个；到第二学段，要求累计认识 2500 个，会写 1600 个；到第三学段，要求累计认识 3000 个，会写 2500 个。

这就要求教学设计时明确"会认"与"会写"两种不同的教学目标，对只要会认的字，坚决不进行写字教学。

（二）自主识字，开放识字

自主识字策略就是识字教学中尽量创造条件让学生自行选择、确定要识的字；利用各种识字工具和识字方法自行识字，而不是完全由教师决定要识哪些字，以及完全由教师教授这些字如何读、是什么意思、怎么写、怎么用。

开放识字策略指不仅要求学生识教科书上的字、利用教科书识字,而且引导学生识日常生活中的字、识课外读物中的字,利用生活中的资源识字。

⇨ **拓展与思考**

1. 有哪些常用的识字工具及识字方法?
2. 日常生活中的识字资源有哪些? 如何利用它们?

(三) 引导学生发现汉字的规律

汉字的字音、字形、字义之间是有规律性联系的。掌握这些规律,有利于识字效率的提高。这些规律主要体现在象形、指事、形声、会意四种造字方法上。教师在教学设计时,要重点引导学生发现所学汉字音、形、义之间的规律性联系,掌握象形字、指事字、形声字、会意字等不同类型汉字的构字特点。

(四) 根据汉字和学生特点,突出教学重点

这条策略指对生字音、形、义的教学不是平均着力,而是突出学生难以掌握或容易弄错的。譬如,对于江淮方言区的学生,遇到有平、翘舌音的生字时,可以突出字音教学;对于形似字,则可以突出字形教学。又如,对于已经熟练掌握拼读及字形分析方法的高年级学生而言,识字教学的重点往往由以前的字音、字形转为字义。

(五) 多种感官识字,寓识字于游戏之中

识字教学设计的活动要尽量让学生做到口到、眼到、耳到、心到、手到,即仔细观察字形,认认读读,认真听老师的讲解和同学的发音,用心想想记记,并动手写一写。既不能只看不读、只看不写或只听不读、只听不写,也不能只读不记或只写不想。识字的关键在于用心,同时多种感官参与。

识字教学,特别是针对低年级学生的识字教学应尽量游戏化、趣味化。这是由小学生的身心特点决定的。实践表明,设计竞赛性的

或情节性的识字游戏,可以极大地激发学生的识字兴趣,提高识字的效率。

二、小学语文识字教学方法

（一）字音教学方法

字音教学的主要任务是使学生读准字音,进而在头脑中建立字音与字形的联系并加以巩固;所采用的教学方法主要有示范法、练习法和比较法等。

示范法指教师自己（也可指定某学生）拼读生字,给出生字正确、标准的读音,作为学生模仿学习的对象。

练习法指让学生自主拼读或直呼生字读音,并通过他人或自我反馈使读音趋于正确、标准的教学方法。

比较法指教学音近字、多音字等容易读错的字的读音时,将不同字的字音加以比较,以把握其间的细微差别,从而准确地掌握所学生字的读音的方法。比如"北京"中"京"与"天津"中"津"的比较,"和平"中"和"与"暖和"中"和"的比较。

（二）字形教学方法

字形教学的主要任务在于帮助学生准确掌握字形并牢固记忆字形。其常见的方法如下:

（1）笔画变化法。即在熟字的基础上对笔画加以增减或变形,以学得生字的方法。比如"王"加一点,变成"主";再如,将"开"字的第一横加以变形,变成"升"。

（2）笔画分析法。一般在初学写字时使用。教学时,教师可以和学生一起一边唱笔画名称一边书空。如"人"——"撇、捺"。在分析合体字时,有些笔画不组成部件,也要数笔画。如"吭"——右上方是"点、横"。

（3）部件分析法。学合体字时,一般不用笔画分析,而是将独体字、偏旁部首作为部件进行分析。如"数"——左右结构,左上是"米",左下是"女",右边是"反文旁"。

（4）图解识字法。即利用图画（简笔画、贴画等）帮助识记字形的一种方法。此方法主要适用于象形字。用此法识字，既有趣，又能培养学生的想象力。如"日""月""水""火""山""石""田""土"等最简单的象形字，都是实物的象形，笔画简单，与图画接近。教师可以自己画，也可以让学生画这些字的简笔画，以帮助识记字形，并感受象形字的构字特点。

（5）猜谜识字法。即利用编谜语和猜谜语的方法，帮助学生识记字形的一种方法。此方法适用于间架结构相对比较简单，每个部件之间有一定联系的汉字。通过猜谜语来巩固已学的知识，既可调动积极性，又可以培养学生的逻辑思维能力。如："一口咬掉牛尾巴"（告），"一点一横，叉叉顶门"（文），等等。

（6）编儿歌或顺口溜识字法。即利用编儿歌或顺口溜来帮助学生识记字形的一种方法。如："一个人，他姓王，口袋里装着两块糖"（金），"一人胆子大，敢把大王压"（全），"两个小儿土上坐"（坐），"两人为从"，"三人为众"，"三木为森"，"不正为歪"，"小土为尘"，"上小下大为尖"。

（7）编故事识字法。即把汉字的几个部件利用故事巧妙地联系起来，帮助学生识记字形的一种方法。此方法适用于识记字形复杂的字。如："灭"字（发生火灾时，用水去浇灭）、"游"字（有一个戴着泳帽的小孩子正在方形的泳池里游泳）、"左"字（左边的人在认真工作）、"右"字（右边的人在大口吃东西）。

（8）构字法分析法。即指导学生根据生字的造字方法分析其字形特点，从而识记字形的方法。比如，对于象形字"日""月""水""田"等，可以指导学生将字形与实物加以对照；对于指事字"刃""上""下"等，可以指导学生还原其造字的思维过程；对于会意字"林""森"等，可以指导学生分析若干部件组合的意义；对于形声字"请""情""清"等，可以指导学生利用其形旁表义、声旁表音的规律识记。

（三）字义教学方法

字义教学的任务是教会学生了解字（词）的意思，逐步会用。其中，了解字（词）的意思主要指掌握字（词）在课文的语言环境里的意思，因而字义教学主要以"连词解义，依文解字"为原则。具体而言，字义教学的主要方法如下：

（1）直观法。通过实物、图片、模型、动画、视频、形体动作等，让学生直接感知生字词所指的对象，从而了解字词含义的方法。如看塔图或观塔理解"塔"义，通过动作演示理解"追"和"迎"的区别。

（2）举例法。对某些比较抽象的字词不做注释，而是用举例的方法，从实际运用方面理解，如不去解释什么叫"关心"，而是举例说明谁关心谁、是怎么关心的。

（3）组词造句法。用组词造句的方法帮助了解字词的含义，这也是从实际运用方面理解字词含义，

（4）注释法。用通俗易懂的语句对字词做出解释。常常以字典、词典的解释做参考。在使用注释法时，要正确把握"精确度"。如"祖国"一词，斯霞老师经过与学生共同讨论，解释为"我们自己的国家"，其中"我们自己的"这一定语十分精当、简单，对"国家"并没有展开，带有模糊性。这样的解释反倒是符合学生实际的。

三、小学语文写字教学策略

（一）重视培养习惯

写字教学重在培养学生良好的写字习惯。郭沫若曾说："总要把字写得合乎规范，比较端正、干净、容易认。这样养成习惯有好处，能够使人细心，容易集中意志，善于体贴人。草草了事，粗枝大叶，独断独行，是容易误事的，练习写字可逐渐免除这些毛病。"良好的写字习惯主要有：

（1）正确使用文具，细心保管好和爱护书写工具的习惯。

（2）认真写字的习惯。包括正确的书写姿势和握笔姿势；书写前要看清楚，想明白；写字时要专心，不粗心；写字后要检查正误，辨别优劣。

（3）坚持不懈的学习习惯。写字贵在坚持。要做到天天练字，

持之以恒,逐步提高。

（4）讲究卫生的习惯。教育学生不用舌头舔笔尖,不滥用橡皮,不用唾液擦写错的字,经常保持手指、纸张和课桌的整洁卫生。

（二）遵循儿童写字心理规律

根据语文教学心理学研究,学生书写学习大致可分为三个阶段:（1）要素阶段。学生主要注意写字的诸要素,如坐的姿势、执笔的方法、练习本放的位置及字本身的组成因素,一笔一画地写。这时学生还没有能力顾及整个字各部分之间的结构比例关系。（2）结构阶段。能注意整个字的结构,逐个地书写。这时不是看一笔,写一笔,而是通观整个字的布局,了然于目。在这一阶段上,对所要写的字属于哪一种结构,能心中有数,意识很清楚。（3）连贯书写阶段。这时书写比较流畅,书写技能已达到自动化,一气就能写整个句子,甚至几个句子,写字时能照顾到字与字之间的排列是否整齐,间隔是否适中,大小是否匀称。低年级的小学生大多处于第一和第二两个阶段,到中高年级以后,才逐步过渡到第三阶段。因此,写字教学设计应该先教学生练习正确的写字姿势和执笔姿势;再练习书写横竖撇捺等基本笔画,同时结合写字练习,认识笔画形体、名称,掌握笔顺规则,学会使用田字格;最后过渡到利用专门的写字教材,进行循序渐进的写字学习。

遵循由简单到复杂的学习心理规律,写字教学的顺序应该是:先写独体字,后写合体字;先练习结构简单的字、搭配匀称整齐的字,后写结构复杂、搭配不太匀称、不太整齐的字。

硬笔字练习的方式应该先临写,再抄写,然后听写、默写,逐步提高要求。

毛笔字练习的方式应该先描红,再仿影,然后临写,逐步提高要求。

（三）重视写字基本功的训练

写字的基本功包括基本笔画书写、基本笔顺掌握和把握汉字的间架结构三个方面。写字教学的首要任务是使学生写好基本笔画,做到横平竖直,打好汉字书写的基础。写字教学的另一项重要任务是使学生掌握汉字书写的基本笔顺。基本笔顺的指导既要结合识字教学进行,又要在写字时加以提醒。写字教学还要使学生掌握汉字的间架结构(即汉字的各个部分之间相互配合的一定比例)。要使学生的字写得匀称端正、疏密得当,就要让学生掌握一些结构的规律。如写独体字时,中横要长,中竖要短;写上下结构、上中下结构的字,要横长竖短;写左右结构、左中右结构的字要横短竖长。此外,还有左少上升,右少下降,等等。

(四) 重视示范和指导

教学写字,教师的示范作用很重要。教师首先要练就一手规范的字,能用钢笔、圆珠笔、毛笔、粉笔进行范写。无论作为写字教学中的范字书写,还是课堂板书,或批改作业时写字,都要做到字迹清楚、正确、端正、工整。只有这样,才能起到示范作用。在重视示范的同时,还要重视指导作用。要结合范字,讲清要领,指导学生掌握每个字的笔画、笔顺、间架结构,了解每个字各组成部分的位置及比例关系;对难写或易错的笔画要加以指导,以引起学生的注意;对写字的姿势,执笔、运笔的方法,书写的格式及文具使用方法都要交代清楚。特别是在低年级开始写字时,每一笔都要讲清要领,边讲边范写。范写时,动作要慢一点,范字位置要高一些,字要放大一些,要让全班学生都能看清楚。学生写字时,教师要巡回检查、个别指导。

(五) 经常练习,持之以恒

写字是一种技能。技能只有通过一定的练习次数才能形成。因此,学生在掌握写字要领之后,还需要反复练习,在练中学,在练习中逐步掌握书写规律。要课内练,课外练。还要练得精,即对练习的内容要有所选择,对练习的方法要加以指导,对练习的时间要加以分配。研究表明,分散的练习胜于集中练习。练习的次数要多,但每次练习的时间不宜过长。有人根据学生的不同年龄阶段给出每次写字练习的参考时间(见表3-1)。

表 3-1　各年龄段写字时间参考

年龄（岁）	6 ~ 7	7 ~ 10	10 ~ 12
练习时间（分钟）	5	10	15

四、小学语文写字教学方法

（一）观察法

即指导学生观察字形，加深对字形的整体印象，了解字形各个部分的位置，培养学生的观察能力的教学方法。教师要指导学生仔细观察每个字的构字特点及在田字格中的位置，并指导观察字形结构，如独体字占田字格的部位，上下结构、左右结构的字各部分的比例，半包围、全包围结构的字所处的位置，笔画的变化，等等。

（二）示范演示法

即教师在黑板的田字格中展示写字的全过程的教学方法。教师边演示边讲述：这个字是什么结构，第一笔在田字格的哪个部位落笔，每一笔画的名称、运笔方法及笔顺等。如教写"人"字，要讲清楚："人"是个独体字，第一笔是"撇"，应在田字格竖中线上中部落笔，先向右按，然后向左下格中部撇出；第二笔是"捺"，在田字格横线上部靠"撇"的地方落笔，向右下格中部运笔，稍作停顿，然后向右平捺出锋，做到"撇"中有尖、"捺"中有角，点画分轻重。示范指导要突出重点、难点，如横、竖的长短与直斜，撇、捺的平斜与长短，点的向背与大小。

（三）操作练习法

即学生的写字练习。练习法一般在教师示范指导后使用。练习时，教师应当提醒学生注意自己坐姿、握笔的姿势及方法，纠正学生不正确的姿势和方法。教师还要巡回指导，随时提醒学生每个字每一笔在田字格中的位置和运笔方法、与上一个笔画的间距，其长短如何、整个字的结构特点及各部分的比例。

（四）总结评价法

总结评价可以给学生写字练习以客观反馈,对学生提高写字水平、提高写字兴趣有重要作用。总结评价要具体,如不要笼统地说"写得好","写得正确",而要具体地评价"某同学写字点画到位","某个字写得结构严谨",等等。此外,评价还应具有及时性、鼓励性。

五、小学语文识字写字教学模式

（一）情境识字教学模式

情境识字教学模式主要用于由内容相关的一连串词语组成的识字教材。这些词语尽管并不构成一个个意思完整的句子,但连在一起,却暗示了一个情境、几幅画面。例如下面案例 3-1 中人教版一年级下册"识字 1"由几个与春天风物有关的成语组成,创设了一个春回大地、万物复苏的美好情境;案例 3-2 中苏教版二年级下册的"识字 5"由四组与冬天物候有关的词语构成,创设了一幅幅冬天的风景画或风物图。情境识字教学模式就是要利用好识字教材本身暗示的情境,使学生在有意义的语言环境中轻松、愉快地识字、学词、说话,进而增加知识积累,获得审美体验。

情境识字教学的主要教学流程及教学策略如下:

第一,用语言、图画、视频、音乐等手段创设教材内容所暗示的情境,进而引出所要学习的词语(如让学生说说图画展示了什么景物,教师相机呈现有关生字词)。这样做可以激发学生的学习兴趣,也有利于学生整体把握生字词的含义。

第二,字音和字形教学。采用多种方式方法引导学生读准字音、认清字形,在头脑里建立音形之间的巩固联系。

第三,结合词串形成的语境,进一步开展字义、词义教学,以及相关的知识教学和说话、朗读训练。这个环节的教学具有很强的综合性,即把字词理解与相关科学或生活知识教授、说话训练、朗读训练等巧妙地结合起来,而之所以能够实现这样的综合,是由于在一个统一的语境之下。比如下面的案例3-2中,对每一组词语,教师都注重营造相应的有意义的语境,在语境中教学难解的词语的意思,同时引导学生说说相关情景,通过朗读想象与表现相关情景。

第四,写字教学。一般在识字课的最后十分钟,可以安排写字教学环节。通过指导学生观察、教师示范、学生练习等方法教学生字及相关偏旁的书写。

【案例3-1】

人教版一年级下册"识字1"教学设计①

课文:

春回大地　万物复苏
柳绿花红　莺歌燕舞
冰雪融化　泉水丁冬
百花齐放　百鸟争鸣

教学目标:

1. 认识"万""复"等13个生字。会写"万""丁"等5个字。认识"欠字旁"。

2. 能主动积累有关春天的词语。

3. 留心观察周围事物,丰富自己的见闻和感受。

教学方法:

主要有直观法、部件分析法、图解识字法、编故事识字法、组词法、观察法、示范演示法和操作练习法。

教学用具:

准备词语卡片、课件。

---

① 根据卢静教学设计改写,http://www.pep.com.cn/xiaoyu/jiaoshi/tbjx/sheji/sj_1/11/201008/t20100823_701570.htm.

教学课时：

根据学情定 1～2 课时。

教学过程：

第一课时

一、引入

小朋友们，我们知道一年有四季——春夏秋冬，我认为其中最美的要数春天啦，现在就让我们一起走进美丽的春天吧！（放课件：春天的音乐和图片，最后一幅用课文的插图）

二、看图感受春天的美并学词识字。

1. 看图认识并朗读词语

（1）请小朋友用"春天到了"作为开头，把你看到的、听到的告诉大家。教师根据学生说话内容相机引出词语，读词语。如：学生说到有关燕子的内容，就引出"莺歌燕舞"；说到花开，引出"百花齐放"；说到草绿，引出"春回大地"；教师出示"百鸟争鸣"，让学生说说读这个词语的时候，自己好像看到了什么、听到了什么。教师指导轻轻地读"泉水丁冬"……

（2）你还知道哪些描写春天的词语？鼓励学生从课外书上收集描写春天的词语。

（3）描写春天的这些词语你喜欢吗？把你喜欢的词语读一读、记下来。

（4）小朋友们，春天带给我们无限的希望，让我们齐读这些词语来歌颂美好的春天吧！

2. 学习生字

在这八个词语里有今天要学习的 13 个生字（放课件）。

（1）音难字：请小朋友自由读一读这些字，你觉得哪些字的音要特别注意，待会儿请你提出来。交流：你要提醒其他小朋友注意哪些字的音，为什么？读音难字，教师注意点拨、示范。

（2）从字形上看，你觉得哪些字笔画多，很难记？

① 学生提出形难字。

② 教师着重引导学生记"舞""柳"。（动作记"舞"，"舞就像一个在跳舞的人，最长的一横像伸展的手臂，下面的横撇像抬起的右脚，最后一竖像站立的左脚。简笔画理解"柳"，相机扩词：柳树、柳枝、柳叶。）

③ 学生分小组讨论记忆其他字。

④ 交流：你能记住哪个字？你是怎么记住的？（学生记"歌"字时，引导认识"欠字旁"）

（3）去掉生字的注音，打乱顺序读生字。

三、书写生字

学生读小标题：我能写好这些字（万、丁、百）。

（1）读一读，口头扩词。

（2）请大家仔细观察这三个字在田字格中的占位，你认为每个字的哪些笔画最关键？

（3）教师范写，学生评价。

（4）学生在音乐声中书写。教师巡视指导。

（5）展示、评价。（视频展示台）

第二课时（略）

重温词语、生字；生字扩词练习；正确书写"齐""冬"二字；画一画"我眼里的春天"。

【案例 3-2】

苏教版"识字 5"教学设计

课文：

寒流　　大雪　　北风

蜡梅　　翠竹　　苍松

蟒蛇　　蚂蚁　　刺猬

滑雪　　溜冰　　跳绳

教学目标：

1. 认识本课八个生字,正确、美观地书写"蜡""梅""翠"。

2. 用"有的……有的……"说一段话。

3. 正确、流利地朗读韵文。

4. 认识冬天的气候特征、不畏严寒生长的植物、在洞中过冬的动物及冬季的体育运动和相应的词语。

教学方法：

主要有直观法、注释法、综合训练法、朗读法、示范演示法和练习法。

教学过程：

一、导入

1. 小朋友,春夏秋冬四个季节你最喜欢哪个季节? 为什么?

2. (出示挂图)今天,我们就一起到冰天雪地的野外去玩玩,说说你们看到了什么?

二、看图识字学词

1. 大家刚才说的就是"识字5"的内容。看,这些词你认识吗? (带拼音的韵文)

2. 学生自读韵文,读准字音。

3. 指名学生当小老师,说说哪个字音要读准。评价。再指名读。

4. 齐读。

5. 去拼音读。"开火车"读。

6. 游戏:小小邮递员。

(出示背景图)看,冬爷爷来了,他带来了好多封信,想要小朋友当当小小邮递员,为他送信,谁愿意呢?

发生词卡,学生把词卡贴到相应的图片旁。(评价后齐读)

[这一环节以邮递员送信的形式激发了学生学习的积极性,并在游戏轻松、欢乐的气氛中巩固了词语的读音,加深了学生的印象。]

三、感情朗读,理解词义

1. 冬天到了,天气怎样? 你是从哪儿看出来的?

(1) 引导学生看图说话。

(2) 出示相应的事物。

(3) 看看雪下得怎么样,风吹在身上怎样? 指导读好词语。

(4) 是啊,北风呼呼地刮起来了,鹅毛大雪下起来了,气温一下子下降了,让人感到特别冷。为什么会有这种现象出现呢?

对,这是因为北方来了一股强冷空气,这种强冷空气就叫"寒流"。出示词卡"寒流",齐读两遍。

(5) 齐读三个词。

2. 在冰天雪地里,你看到了哪些植物?

(1) 指名说,你们喜欢他们吗? 那就好好读读这三个词,好好欣赏一下它们吧!

(2) 自己读词。

(3) 指名读,评价哪个词读得最好。

(4) 这么冷的天,这三种植物依然挺立在茫茫雪地里,多坚强呀! 你佩服它们吗?

男女生读,齐读。

(5) 这三种植物不仅你们喜欢,还有很多人佩服它们,还给它们起了一个好听的名字,叫"岁寒三友"。齐读。

(6) 冬天除了它们,你还知道哪些植物也不怕冷?

3. 植物们不怕冷,可小动物却早早地躲进洞里去了,看(出示图片)它们是谁呀? 它们在干什么呀? (指导说话)

(1) 谁有本领读好这三个词? 指名读。

(2) 小动物躲在洞里多舒服呀,我们可不要去吵醒它们。

(3) 女生读,齐读。

4. 小动物们怕冷,你们怕不怕? 看,小朋友在雪地里干什么呀?

(1) 指名说,出示相应的词卡。谁能用"有的……有的……有的……"说一说?

（2）你最喜欢哪种运动？读好这三个词。

（3）南方很少见到这么大的雪,那我们能干些什么？

（4）那你们能用读来表达对冬天的喜欢吗？

［在教学生字词的过程中,教师始终围绕学生的生活实际,结合学生的生活经验,指导学生读好每个词,并在教学过程中多次穿插说话练习,以求锻炼学生的语言表达能力。］

5. 出示全部的词,请小朋友自己再好好地、一行一行地读读词语,你们有什么新发现吗？

（1）指名说(一行词表示一个意思)。

（2）用自己喜欢的方式读。

（3）指名读。挑战读。齐读。

［让学生自己去读、去发现,有利于学生更好地掌握词义。］

四、课后延伸,读读儿歌、写生字

小朋友学得真不错,老师奖给你们一份特殊的礼物,要不要？（出示儿歌——蜡梅花）

1. 自己借助拼音读一读。

2. 指名读。齐读。

3. 你喜欢蜡梅花吗？那我们就一起把它的名字写下来吧！

4. 把书打开,读读课后的笔顺表,再描一描。

5. 指名说,示范写,生临写。

［以儿歌吸引学生的学习欲望,不仅可以增强学生的拼读能力,还丰富了学生的课外阅读,并从中引出“蜡”“梅”二字,乘机教学生字的书写,可谓一举多得。］

（二）归类识字教学模式

这种教学模式充分利用归类识字教材的编排特点,引导学生掌握象形、会意、指事、形声等造字规律,并根据这些规律更快速、更准确地识字。

其主要教学流程及教学策略如下：

第一,引导学生初步认识生字,同时直观地认识生字的构字特点。这其实是充分利用教材及深入开发相关资源的过程。比如,下面的案例3-3中,针对每一个象形字,教师都向学生提供"图—古汉字—生字"的教学资料,让学生既初步认识所学生字,又直观地看到该生字作为象形字的形成本质及演变过程。再如,案例3-4中,针对一组青字旁形声字,教师利用教材的识字转盘,让学生用青字旁与六个偏旁部首组合,认识六个生字。这同样既可以初步认识生字,又直观地把握了形声字的构字特点。

第二,指导学生根据汉字构字特点识记生字。对于象形字,可以指导学生根据其表征事物的图形,识记字形;对于形声字,可以引导学生根据其意思,区分、识记其表义的偏旁。比如案例3-4中,教师设计了选字填空练习,意在引导学生根据字义选择相应偏旁的字填空。对于指事字、会意字,则可以引导学生根据字义把握、识记字形。

第三,利用游戏、儿歌等形式,或者采用组词、造句等方法,引导学生进一步巩固音形之间的联系,深化对字义的理解,形成生字的实际运用能力。

第四,总结规律或方法,拓展延伸。帮助学生总结生字的造字规律或者识记方法,进而要求学生运用这些规律或方法认识同类的其他生字。比如案例3-3中教师要求学生用刚刚学到的"想东西的形象记字形"的方法快速学习"牛""龟""果""弓""瓜""眉"等课外的象形字;案例3-4中教师引导学生归纳出这组形声字的构字规律"都有'青'字旁,所以读的时候它们都是后鼻韵母ing",而"六个字的部首都不同,所以它们的意思也就不相同了"。

第五,写字教学。一般在识字课的最后十分钟,可以安排写字教学环节。通过指导学生观察、教师示范、学生练习等方法教学生字及相关偏旁的书写。

【案例3-3】

人教版一年级上册"口耳目"教学设计①

课文

口　耳　目
羊　鸟　兔
日　月　火
木　禾　竹

教学目标：

1. 认识本课 12 个生字，会写"十""木""禾"及其基本笔画。

2. 掌握借助事物形状识记字形的方法。

3. 了解象形字的造字特点，并借之学习其他象形字。

教学方法：

主要有组词造句法、笔画变化法、朗读法、构字法分析法、示范演示法和操作练习法。

教学用具：

准备课件、田字格纸和生字卡片，学生准备尺子和笔画卡片，调试电脑及展示平台。

教学过程：

第一课时

活动内容	教师活动	学生活动
一、导入	创设情景，蓝猫鼓励大家学好生字。	看、听、想。

---

① 根据张健琴教学设计方案改写，http://www.pep.com.cn/xiaoyu/jiaoshi/tbjx/she-ji/sj/13/201008/t20100823_700129.htm.

续表

活动内容	教师活动	学生活动
二、认读 12 个生字 （一）学习"目"字	1. 课件："目"字的演变： （图）这是什么？（古时候的字）这像什么？经过几千年的变化，变成了"目"的样子。（谁会读？） 　你们想想："目"是怎么变过来的？ 2. "目"就是指眼睛。我们就可以想眼睛的样子来记"目"字。 3. 再读三遍。	观察，齐答。 个别读，齐读，指名答。 齐读。
（二）半扶半放，学习"鸟"字	指导用同样方法学习"鸟"字。	同上。
（三）指导自学	1. 课件："日"字的演变，谁会读？ 2. 你用什么办法记住"日"字？	个别读，齐读。 指名答，齐读。
（四）小结学法，同桌自学交流	1. 想东西的形象记汉字。 2. 用这种方法学习其他九个汉字。（课件：九个字的图—古汉字—生字逐个出示。） 3. 老师巡视指导。	分小组学习：我是怎样记住这些字的？
（五）汇报，反复认读	1. 卡片出示汉字。 2. 用喜欢的字组个词、造句。 3. 指导分小组学习：发一套生字卡片。 4. 巡视。个别读（一遍）。	个别说。 一人读，三人听。 要求：读准字音，人人过关。 "开火车"读，齐读。
三、课中游戏（也是复习）	1. 游戏："一指就中"（课件：图和字都同时出现），顺序：口、目、耳、目、耳、口。 2. 加加减减：（课件 8）"日加一笔""日减一笔""木加一笔"变成什么字？（相应出示：目、口、禾。） 3. 跟我学：（课件）小鸟小鸟飞，小兔小兔跳，小羊小羊咩咩叫。（录音范读。） 同学们读得真好听，我还想再听一遍。 4. 猜一猜：（课件：彩图——日、月、火。） 5. 我会连。（课件：P48 的题目） （展示学生答案）你做的和他的一样吗？ 谁认识这些字？请你读？ 老师没有教，你怎么会读？ 我们用同样的方法，以最快的速度学习这几个字："牛""龟""果""弓""瓜""眉"。（课件展示演变过程：图—古汉字—现在的字。） 读得好的奖"笑脸"。 请都学会的当"小老师"带读。	学生大声读出这个字，并指脸上相应的部位。 个别说，齐读。 学生听一遍后齐读，自编动作。 再读。 指名答，齐读生字三遍。 学生在书上连线，边连线边试着读一读。 对答案，不一样的请赶快更正。 个别读。 讲学法，齐读。 学会哪个读哪个。 齐读。

活动内容	教师活动	学生活动
四、小结	课件:蓝猫说,同学们,通过刚才的游戏,我发现我们班的小朋友非常爱动脑筋,和我一样聪明可爱! 哈哈哈! 　　后面,还有更精彩的活动等着我们呢! 下节课见!	

第二课时

一、复习 (注:加框的字为生字,下划线的字为应注拼音的字)	1. 导入:上节课,同学们的表现让蓝猫竖起了大拇指,希望这节课继续努力。 　　2. 听故事,找生字。 　　故事里藏着上节课认识的12个生字宝宝,请你把它们找出来。 　　课件、录音(小娃娃说):十月一日,我和爸爸、妈妈一起去乡下玩。乡下真美呀! 禾苗乐弯了腰,小鸟在竹林中唱歌,羊儿在山坡上吃草。我抱着小兔子坐在木凳上。小兔子耳朵长长的,眼睛像火红的宝石,口里不停地吃着萝卜。我轻轻地摸着它白白的毛,它用温柔的目光望着我,好像在说:"欢迎你!" 　　3. 游戏: 　　我大(老师大声带读)—— 　　我小(老师小声带读)—— 　　卡片出示12个生字。 　　4. 生字宝宝藏起来了(卡片放背后),等它出来时,我们要大声叫出它的名字。 　　卡片逐张抽出。	听、看、找。 　　指名答,课件相应的将找出的字变颜色。 　　——我小(小声跟读)。 　　——我大(大声跟读)。 　　齐读三遍。
二、写字 (一)拼字游戏(准备彩色纸条笔画三组)。 (二)指导写字。	(一) 　　1. 认识笔画:板书"丨、丿、乀"。 　　2. 教师拼出:十(强调:先横后竖)。 　　3. (逐个出示两组笔画条)谁会拼? 强调:先横后竖,先撇后捺。 (二) 　　1. 这三个字怎么写才漂亮? (课件:三个字在田字格中) 　　2. 指导写,教师巡视。 　　3. 展示作业。 　　4. 同学们还有别的意见吗? 　　5. 小结。	观察、齐读、跟着老师书空。 　　两名学生上台拼:木、禾。其他学生观察。 　　个别说,互相补充。 　　学生练写自评:哪个字最漂亮? 哪一笔最漂亮? 　　其他同学评。

续表

| 三、总结 | 1. 课件录音:蓝猫鼓励大家。
2. 奖励大家听蓝猫之歌(点播课件)。 | 听歌下课。 |

【案例 3-4】

苏教版一年级下册语文"识字 8"教学设计[①]

课文:

清　清洁　请　请坐

晴　晴天　情　事情

睛　眼睛　蜻　蜻蜓

天气晴,池水清。

小蜻蜓,大眼睛。

飞来飞去捉蚊虫。

教材简析:

本课采用形声字归类的方法识字。教材分为两部分:第一部分利用转盘图,显示基本字"青"换上不同的偏旁可组成"请""清""情""晴""蜻""睛"等字,揭示了这组形声字的构字规律。"转盘图"下面是这组字和它们组成的词语。第二部分是一首儿歌和插

① http://www. diyifanwen. com/jiaoan/xiaoxueyinianjiyuwenjiaoan/1352023464113699
5_4. htm.

图,为学生理解字词提供了语言环境。插图再现了儿歌的内容,给人以美的享受,又有利于帮助学生理解儿歌。

设计理念:

根据低年级孩子年龄小、有意注意不能持久、形象思维占优势的特点,采用情境教学法,充分利用多媒体、识字转盘、插图等资源,创设故事或游戏情境,激发学生的求知欲,调动学生的学习兴趣,让学生在活泼有趣的课堂氛围中快乐识字,培养学生自主、合作、探究的学习方式。

教学目标:

1. 学会由基本字"青"换上不同的偏旁组成的一组形声字,认识两个新偏旁。

2. 初步了解形声字的特点,增强根据造字规律识字的能力。

3. 结合语境,自主辨析,灵活识记,理解字义,发展观察力和思维、表达能力。

4. 能正确美观地书写"清""晴""睛""请""情""蜻"。

教具准备:

准备生字卡片、转盘、课件。

教学过程:

一、温故知新,认识新部首

1. 老师这儿有一个大转盘,上面有许多部首,你认识他们吗?（指名认读）

2. 这两个用红色标注的是新部首,谁认识?（竖心旁、目字旁）

二、故事激趣,认识形声字

1. 师:有一个字娃娃能与上面的六个部首都成为好朋友,这个字娃娃就是——"青"（指名读,齐读）,现在,周老师就给这个青娃娃整理行装,我们一起和青娃娃出去找朋友,小朋友睁大眼睛。（老师边说边转动转盘）

你看到青娃娃和谁交朋友了?

2. 指名交流,并以多种形式读准字音。（指名,"开火车"读,齐读）

（板书：清、晴、睛、请、情、蜻）

3. 师：青娃娃和这六个部首都交了朋友，这六个朋友就是我们今天要学的六个生字，我们再一起来认一认，读一读。（齐读）

（设计意图：《课标》指出："语文教学应激发学生的学习兴趣。"低年级学生天性好动、注意力很难集中，所以在教学一开始，便为学生创设一个具有吸引力的故事场景，通过青娃娃找朋友的故事，吸引学生的注意力，让学生在轻松愉快的氛围中进入新课的学习。这种故事情境法，既提高了学生的学习兴趣，又有助于学生掌握新字，收到了事半功倍的效果。）

三、创设情境，灵活识记

1. 师：小朋友读得真好！（课件）太阳公公也忍不住跑出来听你们读书，瞧！它听了以后，朝你们眯眯笑呢！两朵白云在天空飘呀飘，多么好的天气呀！小朋友，你能看着图，联系句子想一想，从上面六个字中，选一个填入句子中吗？

今天是个大（　）天。

（1）指名交流，你能说说为什么选"日"字旁的晴吗？

（2）师："日"就是太阳，让我们想想太阳公公的笑脸，记住这个"晴"字。

（3）范读指导："晴——晴天——今天是个大晴天。"

（4）谁来学着老师的样子读一读。（指名，齐读）

2. 过渡：小朋友读得真好！老师决定在这么好的天气里带你们一起到小池塘边去看看！（课件）

池塘里的水真（　）呀！

（1）指名交流，能说说你的理由吗？我们来看他说得对不对？

（2）引导理解："清水"——是啊！池塘里的鱼儿我们都可以看得清清楚楚，这样的水我们就把它叫作"清水"。

（3）你能把这句话读好吗？（指名，齐读）

3. 过渡：（课件）小池塘这么清，这么美，小蜻蜓也赶来了！瞧！真是两只可爱的小蜻蜓，谁来跟它打声招呼？（引导学生口语交际训练）

小(　)蜓长着一对大眼(　)。

（1）你选哪个呢？

（2）谁和他选的是一样的,帮他说说理由？

（3）就地取材,加深理解:

我们一起来看,小蜻蜓的头上长着一对(大眼睛),好像我们班的 37 位小朋友也都长了一对明亮的大眼睛,你们眨一下,给老师看看。一边眨一边要记住哦! 眼睛是"目"字旁。

（4）谁能把这个词语读好,指导读好轻声"睛"。（"开火车"读好轻声）

4. 过渡:看见小池塘这么热闹,小青蛙也忍不住跑来了。（课件）

青蛙(　)好朋友来做客。

（1）指名交流。

（2）如果你是这只小青蛙,你打算请谁到你家玩？ 那你怎么对×××说呢？（指名）

（3）指导理解:是啊! 如果你不把你邀请他的意思说出来,×××又怎么会知道你在邀请他呢？ 所以我们应该用"言"字旁。

（4）结合生活,灵活运用:

老师告诉你们一个秘密,这个"请"是一个神奇的字,他能给别人送去温暖和幸福。现在,我是你们的妈妈,下班回到家又累又渴,请你用上这个神奇的字,对我说一句话。（引导学生口语交际训练）

5. 过渡:那么多的好朋友都来到青蛙家做客,所以,青蛙——（课件）

青蛙的心(　)真好呀!

（1）指名交流。

（2）指导理解:是呀! 能和伙伴一起玩,青蛙的心情当然特别好。"心情"——所以我们应该用竖心旁的"情"。

（3）谁愿意做一只快乐的小青蛙读读这句话。（指名,男女读,齐读）

6. 通过大家的努力呀,我们把今天学的六个字都填入了句子中。现在,请小朋友们自己再把这五句话连起来读一读,记一记我们填进去的六个字。

(设计意图:为了维持学生的学习兴趣,我在教学中运用多媒体创设了一个个形象直观的识字情境,以"看图选字,填入句子"的形式加深了学生对字义的理解。期间,我还积极创设了两个简单的口语交际的情境,"跟小蜻蜓打招呼"和"用神奇的'请'字说一句话",有效地进行了语文基本技能的训练,培养了学生的思维能力和说话能力,增加了学生的语言积累。)

四、师生互动,轻松识记

1. 如果没有这五句话,这六个字你还认识吗? 我来考考你们。

(1)我们先一起来认一认,读一读。(学生去拼音认读,老师动作演示帮助识记)

(2)我做你猜——老师动作演示,学生猜字说部首。

2. 小朋友真厉害,现在我不给你们提示了,你们自己来读。("开火车"认读)

3. 再请一组坐得端正的同学读。("开火车"读,并相机组词)

如:"清"——除了"清水",你还能给他找找朋友吗?

"请"——你能用这个神奇的字,再找几个朋友吗?

"晴"——读到这个字,你就想到了谁?

"情"——他的朋友也有不少。

4. 小朋友真厉害! 我们一起再来认一认,读一读。

(设计意图:教育学家卡罗琳说过,"孩子们的工作就是游戏,在游戏中激发他们的思维,是他们最愿意接受的",因此,根据儿童的心理特点和年龄特点,我设计了"我做你猜"的游戏,帮助学生牢固地掌握生字的读音、字形和字义。)

五、自主探究,发现规律

1. 小朋友真聪明! 现在我们再来仔细看看这六个字,你发现了什么?

学生自由交流:

（1）都是左右结构,写的时候都应注意左窄右宽。

（2）都是后鼻韵母 ing,只是声调不同。

（3）右边都是"青",左边的部首不同。

（4）除"睛"的声母是 j,其他声母都是 q。

2. 老师小结:

是啊! 这六个字都含有一个字娃娃,就是"青",所以读的时候它们都是后鼻韵母 ing,但是我们仔细看,就可以发现这六个字的部首都不同,所以他们的意思也就不相同了,我们一定要注意区分。

（设计意图:在初步掌握生字的基础上,引导学生自主观察,比较分析,发现形声字的特点,教师适时点拨。这种自主探究的学习方式正是"新课标"所提倡的,它充分激发了学生的主动意识,提高了学生的学习能力。）

六、趣味游戏,快乐识记

（一）朗读巩固

1. 现在,请小朋友把书翻到第 79 页,把第 79 页上为这六个字组的词语自己读一读。

2. 六个词语中,有两个词语有轻声。现在,请你读给同桌听,请同桌听你读得准不准。

3. 我们一起来读给老师听。

（二）游戏巩固

1. 激趣参与:刚才我发现,有的小朋友已经偷偷地把书翻到了第 80 页,他们发现了一幅美丽的图画。现在,请你们把书合上。瞧! 这就是那幅美丽的图画。今天我们学的这六个生字,现在都非常调皮,都跑到这幅画里,找了一个角落躲了起来。现在,请你们把它找出来,说一句话?

2. 师生互动,示范游戏:指名学生看图说一句话,教师领读找到的生字和词。

生:小蜻蜓长着一对大眼睛。

3. 生生互动,参与游戏:

（1）谁也能像我们这样，说一句话，转动大转盘呢？先跟你的同桌玩玩这个游戏，待会儿我请你上来。

（2）积极上台参加游戏。（指名参与游戏，老师及时给予鼓励或指导）

（设计意图：充分利用"插图"这一现有资源，创设游戏情境，通过"看图说句话转转盘"再次激发学生的表现欲，把学生的情绪调动起来，活跃课堂氛围，有效地培养了学生的观察能力和表达能力，从而达到巩固识字的目的。）

七、指导书写，巩固识记

1. 过渡：要想把这些字记得牢，我们还得动笔写一写，我们先写两个带有新部首的字。（晴、情）

2. 我们再来和他俩打声招呼。（学生认读）

3. 说说你是怎么记"情"的？有什么温馨小提示送给大家？

4. 示范写带有新偏旁的字，讲述注意要点：

竖心旁是一个新部首，所以一定要看好老师的笔顺，竖心旁写在田字格左半格，左点、右点比左点略高，竖要紧靠着右点，右边的青，三横要靠拢。

5. 请学生描一个，写一个"情"。

6. 同法教"晴"。

7. 学生描红、临写，老师巡视指导。

（设计意图：学生自主学习，老师适当点拨、评价。通过互动交流，学生激情更加饱满，学习更为主动，气氛融洽、热烈，写字教学快乐、扎实，体现了课改精神。）

八、走向生活，乐趣无穷

回去与你的爸爸妈妈一起玩玩刚才的游戏。

（设计意图：家长是孩子的第一任老师，家庭是一种不可替代的教育资源。在充满温馨的家庭氛围中，这样的作业轻松有趣，学生乐做。这既增进了亲子间的情感交流，体现了"家校共育"的原则，又达到了巩固识字、训练口语交际的目的。）

第三节　小学语文阅读教学设计

一、小学语文阅读教学策略

（一）意文兼顾策略

意文兼顾策略是语文课程工具性与人文性统一特点在阅读教学领域的具体体现。其中，"意"指的是文章表达的思想、情感、道德、文化等，简言之，就是文章的思想内容；"文"指的是文章的语言形式。所谓"意文兼顾"，就是教学时不仅让学生从书面语言中获取思想、情感、道德、文化等信息，也让学生认识课文是如何运用语言来负载信息的，从中内化语言材料，掌握语言表达技巧，积累语言感性经验，提高语文能力。这是语文阅读教学与一般的文章阅读最大的不同之处。后者往往是"披文得意""得意忘言"的过程，即只需要透过文字把握其表达的意蕴，而不是既要把握意蕴又要内化语言材料、领悟表达技巧的"意文兼顾"过程。

意文兼顾策略反映在阅读教学流程上，就是张志公先生所说的"要带学生在课文中走一个来回"。教师先引导学生借助文字形式的表层，把握文章传达的意蕴，体会文章蕴含的情感，这是"披文得意""走进课文"的过程；然后在此基础上，进一步引导学生思考、体悟文章的文字形式是如何传达其情感意蕴的，这是"因意缘文"的过程，也是"走出课文"的过程。

当然，意文兼顾策略主要用于精读课文的教学上。对于略读课文、浏览文章而言，其目的主要在于获取信息，而不是学习语言文字的运用，因而不需要运用意文兼顾策略。

（二）强化阅读方法策略

不管是"意"，还是"文"，都是阅读的结果。阅读教学不仅应该重视这些结果的获得，更应重视这些结果获得的过程和方法。阅读方法具有普遍的可迁移性，是阅读能力的重要构成因素，应该成为阅读教学的重要内容。不过，迄今为止，学界对到底有哪些阅读方法，还缺少明确、统一的认识。笔者认为，阅读方法其实是被读者，特别是熟练读者广泛使用而行之有效的策略性知识，只是由于它们具有内隐性和个人性特征，对它们的研究和认识显得比较缺乏，因而往往需要教师在教学设计时予以提炼和概括。一般而言，从阅读方法所针对的文本对象来划分，阅读方法有字词理解的方法、语言品味的方法和结构脉络把握的方法三类；从阅读方法所追求的阅读效果来划分，阅读方法有主动阅读的方法（如提问、预测、复述、批注等方法）、精读的方法、诵读的方法、速读的方法、浏览或略读的方法等。此外，还有处于反省认知水平的监控理解的方法。上述每一类阅读方法都包含若干具体的阅读方法和阅读技巧。如主动阅读的方法就有提问、预测、复述、批注等方法，而提问、预测、复述、批注等方法又包含更具体的方法或技巧。教师需要根据阅读课程目标、阅读材料及学生的水平，提炼具体的方法和技巧，作为阅读教学的重要内容。

（三）平等对话策略

现行语文课标指出："阅读教学是学生、教师、教科书编者、文本之间对话的过程。"可以说，对话是处理阅读教学中学生、教师、教科书编者、文本等多主体之间关系的最佳方式。对话相对于独白、告知，它是多主体的相互交流过程；对话也相对于教授、教导、教训，它强调多主体之间关系的平等。在对话中，每一个主体都在表达，都在被理解（被自己理解、被他人理解）；也都在倾听，都在理解（理解他人、理解自己）。通过表达与倾听，对话最终要实现的不是一方说服另一方，而是理解的加深、提升或拓展，是多主体"视阈的融合"。

首先，在阅读教学中，学生、教师、教科书编者都应作为读者与文本进行交流对话。解释学、接受美学及读者反应理论认为，读者不是消极被动地接受文本传达的内容或刺激，而是以自己的"前见"（已有知识、经验等）或"期待"（阅读期待）主动地、创造性地理解作品。其间，作品的意义得以实现，读者的精神也得以敞开。这便是一种平等的、在彼此中得到澄明的对话了。这种对话关系意味着教师要与文本直接对话，获得自己对文本的独特理解和体会，而不是隔着教学参考书去读课文或者迷信专家的权威解读。这种对话关系更意味着教师要尊重学生阅读文本的主体地位，把文本阅读的主动权交还给学生。不但课前预习、课堂教学要给学生的自主自由阅读留出足够的时间和空间，而且任何教学互动都应以学生的阅读感受与体会、而不是教师自己的阅读感受与体会为中心，教学评价也应尊重学生阅读的独特体验、个性化解读及创造性解读。

其次，在阅读教学中，学生、教师也应是平等的对话主体。教师更多的是理解学生对文本的独特体会，进而引导学生的体会加深、提升或扩展，而不是用自己的解释强行代替学生的体会或解释。这里，教师的"引导"是通过对话实现的，是借助对学生的理解及促进学生的理解实现的。如果不是真正俯下身来理解学生，不是在学生原有理解的基础上予以点拨、提示、指导，就只能算直接教授甚至灌输了。

最后，阅读教学的对话主旨在于实现学生对文本理解或体会的加深、提升或拓展。学生确实是与文本对话的主体，但这不意味着学生对文本所有的理解和体会都是可接受的（可理解，不等于可接受）；相反，学生与文本的最初对话往往存在诸多不合理、不深入、不全面之处。这些不合理、不深入、不全面之处的存在，正是以后的教学互动存在的理由，也是教学互动所应着力之处。

（四）感性与理性并重策略

阅读既是感受、体验、欣赏的感性活动过程，也是分析、理解、评价的理性活动过程。前者要求透过文本进入作品表现的情境，感受语言的美妙；进入人物的内心世界，与之同情共感。后者要求分析和理解作品表达的主题思想，分析和把握文章的思路，分析和评价语言表达的技巧。前者是"入得其内"，是感性的；而后者则是"出得其外",是理性的。完整的阅读活动应该包括这两个过程,完整的阅读能力也应该包括这两个方面的能力。

现行语文课标指出:"阅读教学应注重培养学生感受、理解、欣赏和评价的能力。这种综合能力的培养,各学段可以有所侧重,但不应把它们机械地割裂开来。"从各学段的阅读课程目标可以看出,低年级更多强调感受与欣赏,中高年级则逐步增加阅读的理性成分。这体现的是"各学段有所侧重"的原则。另一方面,先感受再理解,理解后更深地感受;先欣赏再评价,评价后更好地欣赏;教学设计要尽量两者并重,使感性的感受、欣赏与理性的理解、评价结合、统一起来。片面地只重理解、评价的阅读教学会流于乏味、枯燥、琐碎;片面地只重感受、欣赏的阅读教学也会有浮于表面、难以深入之虞。

(五)扩大阅读面策略

现行语文课标要求阅读教学"重视培养学生广泛的阅读兴趣,扩大阅读面,增加阅读量,提高阅读品位"。为此,课堂阅读教学一方面要努力提供丰富的课堂阅读材料或资源,尽可能扩大课堂阅读的容量。即由所教单篇课文拓展、延伸开去,或者寻找主题相同的阅读材料,让学生进行主题阅读;或者寻找写法相似的文章,让学生进行迁移阅读,触类旁通,学会读同一类型的作品;或者寻找题材相近的作品,让学生进行比较阅读,体会不同作者独运的匠心。另一方面,课堂阅读教学还要注意由课内向课外拓展、延伸,引导和指导学生的课外阅读活动。如由节选、改编性的课文引导学生课外阅读原著。在课堂教学设计时,把课外阅读兴趣的激发与课外阅读方法的指导巧妙地融合进来。

二、小学语文阅读教学方法

小学语文阅读教学既采用一些所有学科普遍适用的教学方法,如讲授法、谈话法/问答法、讨论法,也采用一些具有语文学科特色的教学方法,如串讲法、诵读法或朗读指导法、讲读法。

（一）串讲法

"串"是连接、贯穿，"讲"是教师的讲解。串讲法就是教师按照课文的结构顺序，逐字、逐句、逐段地讲解学生不易理解的词语，并贯穿上下文、疏通语句文意的教学方法。如下面《将相和》的教学片断：

师："负荆请罪"是什么意思呢？（指着插图）"负"是背着，"荆"是荆条，"请罪"是请求处分。大家想想，廉颇这个白发苍苍的老人，跪着向人承认错误，多不容易！蔺相如记不记仇哇？

生：不记。

师：将和相和好了，这就是将相和。①

串讲法是我国传统语文教育最常用的教学方法，也被现在的文言文教学经常使用。当然，现代文中比较复杂、难以理解的语句也可以采用这种方法教学。传统上，串讲法一般是教师讲、学生听，学生的主动性发挥不够。在强调学生自主学习的背景下，教师可以改造传统的串讲法，组织、引导学生自行串讲难解的语句，随后给予及时反馈。

（二）诵读法或朗读指导法

诵读法是基本的传统语文教育方法，包括朗读和背诵，强调的是学生自读自悟。如古人所说，书读百遍，其义自见。朗读指导法则更多地体现现代教学的特色，即强调教师对学生朗读的指导——点拨朗读技巧或课文蕴含的思想情感，以促使学生朗读入情入境，"用恰当的语气语调朗读，表现自己对作者及其作品情感态度的理解"。②

诵读法或朗读指导法在实际使用中，需要注意以下几点：

（1）读要有目的。每次朗读都要有明确的目的和任务，或读准字音、读通句子；或读出感情、读出意境；或边读边记，熟读成诵。不能让学生漫无目的地傻读。

---

① 吴忠豪：《小学语文课程与教学论》，北京师范大学出版社，2008 年，第275 页。
② 教育部：《义务教育语文课程标准(2011 年版)》。

（2）读要有层次。朗读的要求应该随着学生对课文熟悉程度的加深，逐步提高要求。就拿有感情地朗读来说，可以由低到高、循序渐进地分为若干层次：首先是边读边想象作品表现的情境；随后是重点注意语音、语气、语调的处理，以更好地表现所体会到的情感态度；然后是适当地加上表情、动作，以更好地表现作品意蕴；最后是丢掉课本，在充分内化作品语言的基础上进行自由的表演朗读。

（3）读要有重点。通常，对于一篇课文的朗读来说，既要关注整体，防止东读一句、西读一句，只见树木，不见森林；也要避免从头到尾平均用力。因而，在整体熟读的基础上，重点指导学生读好课文的重点段落，就是一种比较明智的做法。

（4）朗读指导要具体、有针对性。朗读指导要想取得实效，需要不落空泛、笼统的窠臼，比如不能仅仅笼统地要求读出感情。教师应当根据学生及教材的实际情况，给予具体的、有针对性的朗读指导。如想使学生读出感情，可以针对学生朗读技巧缺乏的状况，教授、演示如何处理好自己朗读的语气、语调；也可以针对学生对课文内容理解不深的状况，点拨重点词句的意蕴或情味。

以下《要下雨了》教学设计片断主要采用诵读法。教师设计时注意了学生朗读的目的性和层次性，指导也有一定的针对性。

（一）略

（二）初读课文，整体感知

让学生以自己喜欢的方式自读课文，遇到不认识的字可以借助汉语拼音、请教同学和老师等办法读准字音。

（三）由扶到放，认读生字

（四）感情朗读，体会感悟

1. 学生有选择地自读。

2. 请学生朗读自己喜欢的部分。相机指导，比如，学生读得到位时，教师可以指着动物图片说："你读得真好，看，小白兔向你招手微笑。"学生读得不到位时，教师也可以指着图片说："小白兔有些不高兴，它想，自己是蹦蹦跳跳、活泼可爱的，你们怎么读得一点也不活泼呀？"

（五）角色朗读，深化体验

1. 学生在小组里分角色朗读课文。教师随机指导。

2. 请学生上台分角色读。①

（三）讲读法

讲读法是新中国小学语文学科普遍采用的教学方法。1956 年、1963 年、1978 年、1986 年的小学语文教学大纲都对阅读教学采用讲读法做出过明确要求或指导。如 1956 年的《小学语文教学大纲（草案）》明确指出"阅读教学的进行采取讲读法"，并对不同课文如何进行讲读做出具体阐述。对于文学作品，在准备谈话之后，"一般开头就读整篇作品，以求对作品有初步的全面的领会"，"读完整篇作品之后，作一次简短的谈话，提出一些综合的问题，考察儿童对作品内容是否已经得到一般的了解，感情上态度上有了怎么样的反应"；然后，逐段分析阅读，"对每一段的要点提出问题，并可使儿童复述每一段的内容，使初步的领会更确切，更深入"。对于教学科学知识的文章，一般采取从部分到整体的方式。在启发性谈话之后，"由儿童先读第一段，读完之后，教师提出一些问题，引导儿童研究这一段的内容，有时还可以找出这一段里含有中心意思的句子，概括这一段的内容。有时可以由教师作一些为理解内容所必需的补充说明"。逐段分析阅读之后，再就全文做出概括和总结。从以上阐述中不难看出，讲读法的实质是师生围绕课文的谈话、讲解、问答与课文朗读的有机结合。因而，讲读法可算是比较适合语文学科的、功能全面的综合性教学方法。

人们对于讲读法的认识经历了一个过程：一开始人们机械地将之分割为教师讲与学生读两个部分，后来则认识到不管是讲还是读，都应该是师生互动、共同参与的过程。如下面《掌声》一课的教学设计片断：

---

① 吴忠豪：《小学语文课程与教学论》，北京师范大学出版社，2008 年，第286 – 287 页。

前后对照,感受变化

1. 品读第一节,感受"忧郁"

讨论:英子到底是什么样的小姑娘,请同学们读一读

[出示]上小学的时候,我们班有位叫英子的同学。她很文静,总是默默地坐在教室的一角。上课前她总是早早地就来到教室,下课后,她又总是最后一个离开。因为她得过小儿麻痹症,腿脚落下了残疾,不愿让别人看到她走路的姿势。

① 从这段文字中,你读出了一个怎样的英子? 为什么?

② 理解"默默地"。读"默默地"一词,你的脑海中出现怎样的画面?

③ 老师给大家提供一个小小的信息:英子,上课前总是早早地就来到教室,下课后又总是最后一个离开。你们要边读边想,这信息说明什么?

④ "落下了残疾"是什么意思? 这场可怕的灾难留给英子的仅仅是残疾吗?

(出示填空,完成填空,并以自己的感受朗读第一小节)

它还留给了英子(　　　　);这场可怕的灾难让英子失去了(　　　　)。

⑤ 英子想去操场上玩,想去舞蹈房跳舞,想去林荫道上散步……可是,身体的残疾使她的心蒙上了阴影,她不愿意和同学们说话,不愿让别人看见她走路的姿势。那么忧郁的英子,我们如何用朗读表达出来?(齐读)

2. 品读第二小节,体会"开朗"

(1) 她忧郁的眼神、孤独的背影深深地刺痛了我们的眼睛。请带着痛惜的语气再来读第一小节。

(2) 你喜欢忧郁的英子吗?

(3) 一个人失去了自信,就如鸟儿折断了美丽的翅膀,享受不了五彩缤纷的生活! 此时此刻,你最希望看到英子什么?

(4) 一群善良的孩子,你们的愿望实现了,请看文字——

　　[出示]从那以后，英子就像变了一个人似的，不再像以前那么忧郁了。她和同学一起游戏说笑，甚至在一次联欢会上，还让同学教她跳舞。

　　①点名读。（请一个同学来读这段话，其余同学思考：你又看到了一个怎样的英子？）

　　②交流。（自信、充满笑容的孩子）（板书"开朗"）

　　③真替英子的变化感到高兴，让我们再一次高兴地来读读这一自然段吧。

　　片断中师生热烈互动，一起读读讲讲，讲读紧密配合，不但加深了学生对课文的理解，也促进了学生对课文语言的积累。

（四）语言品味法

　　这种方法就是引导学生揣摩、品味课文的重点词句，领悟其意蕴和表达技巧。品味语言实质上是读者利用相关经验，进行联想、想象，在头脑中再造作品所表现情境的过程。教学中可以提示相关经验，引导学生的联想、想象。比如，对于《荷花》一课中"白荷花在这些大圆盘之间冒出来"中"冒"字的品味，就可以提示学生结合"我们游泳时，从水里冒出来"的经验，想象白荷花从挨挨挤挤的大圆盘之间冒出来的景象，从而感受到"冒"字所蕴含的白荷花生机勃勃生长、开放的意味，以及满池碧绿荷叶中白荷花挺立绽放的美丽图景。

　　除了直接要求联想、想象，教师也可以让学生进行词句增、删、调、换的比较，间接地促进联想、想象和情境再造。比如，教学《曼谷的小象》一课，对其中描写小玲表情时多次使用的"笑眯眯"一词，可要求学生将之与结构相同、意义相近的词——笑哈哈、笑呵呵、笑嘻嘻等进行比较，看看哪一个更适合；由之引导学生感受小玲热情友善、含蓄端庄的美好形象。要注意的是，不但可以引导学生比较不同语言的不同表达效果，也可以引导学生比较相同语言的不同表达效果。比如，窦桂梅老师执教《丑小鸭》一课，给学生呈现了原译文中的三个片断，引导学生比较三个相同的"啄"所表现的不同的意味。

　　师：这三个片段描写鸭子欺负丑小鸭都用了一个"啄"字。与课文中的"啄"相比,说说译文中哪些"啄"让你感受得更具体?

生:我觉得第一个"啄"能够让我感觉到丑小鸭被啄的滋味很难受。你看这只鸭子啄丑小鸭是在颈上啄,那个地方羽毛最少。还有,啄丑小鸭的理由也写出来了,感觉很具体。

生:我觉得第二个"啄"更让人感觉丑小鸭可怜。"处处挨啄",就是说走到哪里都被啄。(教师及时点评,表扬该学生读书细心,抓住了"处处")

生:还有片段三中,"鸭儿们啄他"。这就是说,不只是一只鸭子,是一群鸭子都啄他……

师:好在鸭妈妈疼爱他。课文没有具体描述。原译文是这样写的——(略)

师:这里重复用了一个"啄",和前面的"啄"一样吗?(学生纷纷举手)把你的理解,送到下面的句式中去。(出示两个句式,学生填空)

(1)于是马上就有一只鸭子飞过去,在他的颈上(   )啄了一下。(学生填"狠狠地")

(2)于是鸭妈妈在他的颈上(   )啄了一下,把他的羽毛理了理。(学生填"温柔地")

师:说得不错,前面用"狠狠地",后面用"温柔地"也可以,如果讲究一点对仗,看看还可以填什么?

生:填"轻轻地"感觉更好一些。(生读)于是鸭妈妈在他的颈上(轻轻地)啄了一下,把他的羽毛理了理。

师:这同一个"啄",带给你的感受一样吗?

生:不一样。第一个"啄"感觉是疼的,体现的是其他鸭子对丑小鸭的讨厌。第二个"啄"感觉是舒服的,体现的是鸭妈妈对丑小鸭的"疼爱"。

师:一个"啄"字,却让我们有不同的感觉,从中体会到了不同的感情。在原译文中,这感觉不像课文一样是直接告诉我们的,作者是把它"藏"在"啄"里的。看似用词简单、重复,但内涵却是——

生：挺深的。

师：也可以说是"丰富"的。下面就把你们品味的丰富内涵送到"啄"里去，再次感觉"啄"的不同。

（学生再读刚才的两句话，富有动作和表情。读得很形象，很有味道。）

（五）直观法

阅读教学中的直观法主要指利用实物、音响、图片、影像等资料，复现课文内容或课文相关背景，以帮助学生形成直观形象、提高学习课文的兴趣、深入理解课文内容的教学方法。例如，有教师在教学《梅兰芳学艺》一课时，先给学生欣赏了梅兰芳的京剧演唱片断及演出剧照，既让学生直观地了解梅兰芳其人及高超的艺术水平，又自然引出梅兰芳如何学习以至获得如此大的艺术成就的问题，激发了学生探索、学习课文的兴趣。又如，有教师教学《观潮》一课时，播放了钱塘江涨潮的录像，帮助学生理解课文所描写的一开始"白线很快移来，逐渐拉长，变粗，横贯江面"，随后"浪潮越来越近，犹如千万匹白色战马齐头并进，浩浩荡荡地飞奔而来"的景象。

在阅读教学中使用直观法应该有度，不能把课文所描写、说明的都转换成形象呈现给学生，因为这会抑制学生自身的文字解码能力和联想和想象能力的发挥。一般而言，直观法应该用在课文内容远离学生经验、学生难以凭借自己的经验联想、想象课文内容的情况之下。使用直观法时，也不需要追求原原本本、毫无遗漏地再现课文内容，而只要部分地、艺术地呈现即可，以给学生的创造性联想和想象留下空间。

（六）表演法

表演法就是让学生（有时教师也参与其中）表演课文内容，以促使其感受语言的含义，从而深入或者创造性地理解和掌握课文的教学方法。这种教学方法有利于提高学生阅读的质量，培养学生的阅读理解能力和审美创造能力。

阅读教学中的表演有复现性的，其目的主要是引导学生深入品味语言,入情入境。如有教师教学《小猴子下山》时,设计了学生表演的环节——让学生到讲台上表演小猴子"掰玉米""捧桃子""抱西瓜""扛着往前走"等一系列动作,这样可以促使学生感受、领悟每个动词使用的准确性。阅读教学中的表演也有创造性的,其目的不但是促使学生理解和掌握课文内容,更是锻炼学生的创造性表现能力和想象能力。较为常见的如:要求学生表演课文中的一段对话,其中可以创造性地加上表情、动作等;要求学生将课文所写的故事改编成课本剧(改编时,教师可以给予具体指导或者帮助)加以表演。下面《颐和园》(游记)一课的教学设计方案就是要求学生将一篇游记改编成导游词,进行创造性表演的例子。

模拟旅游活动:

请一位同学充当导游,其他同学充当旅游团成员。

1. "导游"(戴上旅游帽,拿上无线扩音话筒和一面三角小红旗):把课文改编成导游词,指着投影屏幕上依次出现的颐和园景点,向旅游团做介绍。

2. "旅游团成员"向"导游"提问,"导游"解答。如果"导游"答不出来,也可请老师或其他同学帮助解答。

全班同学针对"导游"及"旅游团成员"的语言实践活动给出评价和改进建议。

(七) 复述法

复述法是要求学生在理解课文内容和记忆课文语言材料的基础上,自己组织语言,叙述课文内容的一种阅读教学方法。这种方法不但可以促进学生把握课文脉络、掌握课文内容、积累课文的语言材料,而且能有效锻炼学生的口头表达能力及思维能力。复述主要有详细复述、简要复述、片段复述、创造性复述四种。详细复述是用接近课文的语言,将课文的内容原原本本、尽量没有遗漏地呈现出来。它有利于课文语言的内化,也能促进对课文内容的理解和掌握。简要复述是对原文内容做概括性的口头叙述。它要求删繁就简,把握课文的基本结构和主要内容,有利于锻炼分析、概括课文内容的能力。片段复述是对课文重点段落或精彩段落的内容加以详细叙述。它有利于学生掌握课文重点或精彩部分的语言及内容。创造性复述是以不同人称或顺序，从不同角度，或为不同目的，对课文的表达方式做一定调整，但又准确、全面地呈现课文内容的复述方式。四种复述方式应该根据课文、学生及教学目标的不同加以灵活选择。

比如，有教师在设计《普罗米修斯盗火》的课文复述活动时，就穿插安排了这四种复述形式。首先，在学生初读课文后，指导他们把握课文的主要脉络，简要复述课文内容。这是对学生记叙文结构把握能力、整体理解和阅读概括能力的有效训练。其次，在精读阶段，针对课文中描写精彩的重点段落——写普罗米修斯如何盗火及盗火后如何被宙斯惩罚的段落，要求学生进行详细的片段复述，以更好地入情入境，深入领悟人物精神，积累课文准确生动的语言。最后，在学习检查阶段，要求学生根据所提示的课文脉络，原原本本地详细复述课文内容，以促进学生全面掌握课文内容，内化课文语言。此外，对学有余力的学生，教师还可以以"高加索的悬崖峭壁上锁着伟大的盗火英雄——普罗米修斯"开头，要求他们改变顺序创造性地复述课文。

（八）语言表达训练法

语言表达训练法是指导学生以课文语言为范本或以课文内容为依据进行造句、说话、写话、习作等活动的阅读教学方法。这种方法充分体现了阅读教学的综合性，反映了听、说、读、写能力培养紧密联系、相互促进的语文教学原则，有利于学生综合性语文能力的培养，也有利于增强学生阅读的主动性、创造性，提高学生阅读的效益。

阅读教学中的语言表达训练有单项的词句训练。如于永正老师教学《梅兰芳学艺》时设计了用"经过勤学苦练，梅兰芳终于成为世界闻名的京剧大师"中的"终于"造句的练习。这种造句练习不仅能够增加学生的语言积累，提高语言运用能力，更能使学生在运用中加深对词语意蕴的理解，加深对课文主题——梅兰芳勤学苦练精神的理解。语言表达训练也有综合性的——整段话的表达，甚至整篇文章的写作。比如教学《虎门销烟》时设计的语言训练可以是"以

'我站在林则徐塑像前'为题,写一段话"。这种训练对学生综合性的写作能力是一种挑战,当然,也对学生阅读理解及体验的深刻性、独特性提出了相当高的要求。

阅读教学中的语言表达训练可以是模仿性的,如挑选课文中的特殊句式、精彩语段让学生模仿说或写一句或一段话;也可以完全是创造性的,如发挥想象,续写课文的结尾,或补充课文的空白。值得指出的是,对于后一种创造性的语言表达训练,教师要注意加强指导及有针对性的评价,以切实提高这种训练的效果。下面的案例是《蒲公英》一课的语言表达训练及其指导设计:

1. 布置语言表达训练任务:

假如你是太阳公公,你会怎样劝告那两颗想要落到沙漠里、湖泊里的小种子? 请分别写两段话,表现太阳公公是怎么劝的,两颗小种子又做何反应。

2. 和学生共同讨论、明确评价标准:

(1) 太阳公公的话要符合他的身份和性格,与上下文协调;

(2) 太阳公公的话要反映他的态度,与上下文一致;

(3) 给太阳公公加上恰当的神情、动作;

(4) 两颗小种子的反应与上文的表现及下文的结果相协调。

3. 学生独立写话,然后小组讨论、评议。

4. 小组推举代表向全班展示训练的成果,教师点评。

⇨ **拓展与思考**

语文学科也经常使用一些一般性的教学方法,如谈话法/问答法、讨论法、讲授法。回顾这些教学方法的内涵、特点和使用范围等,并思考它们在语文学科中运用时有什么特殊要求。

三、小学语文阅读教学模式

在小学语文界,人们提出的阅读教学模式非常之多。综观这些模式,虽然名称各异、具体内容不尽相同,但究其根本,大致可归结为以下五类：问题探究型、体验表现型、阅读方法训练型、主题阅读型和以读促说/写型。前两类主要以学生阅读的性质——理性占主导，还是感性占主导来划分。后三类则以课文阅读以外要获得的迁移点来划分——阅读方法的掌握、人文主题的把握、写作方法的掌握及写作经验的积累都具有普遍迁移力。阅读教学以它们为核心，是突破"就课文读课文""就课文教课文"局限的关键。前两类与后三类出于不同的标准来划分，因而教学设计时往往是兼而有之的，如既是问题探究型，又是阅读方法训练型。

（一）问题探究型

问题探究型阅读教学就是引导学生主要通过提出、探究、解答与课文相关的问题，分析、理解或评价课文内容及表达形式的一种阅读教学模式。突出阅读理性思考的侧面是其主要特征。当然，它也不排斥感性的体悟，只是将之置于附属、点缀的位置。使用这种教学模式时，可以综合运用问答、讨论、朗读、讲读等教学方法。

问题探究型阅读教学的一般流程是：初读课文—提出探究主问题—研读课文，思考探究—交流探究结果。

其中，"提出探究主问题"是最为核心的一个环节。所谓"主问题"，就是事关课文主题理解、整体结构把握、主要表达手法领悟的根本性问题。一般而言，一篇课文的"主问题"也就两三个。例如对于《珍珠鸟》这篇课文的理解而言，"小珍珠鸟到底是怕，还是不怕人？""小珍珠鸟为什么逐渐由怕人到不怕人？"就属于上述"主问题"。探究主问题，可以在教师引导下由师生共同提出，也可以由教师在学生提问的基础上进行归类、概括、抽取而提出，还可以直接由教师提出。为了体现学生阅读的主体地位，我们比较赞同前两种做法。第一种，如有教师执教《搭石》时，先由课文题目自然引出"什么是搭石"这一辅问题；当学生用课文的语言说出什么是搭石时，教师引导学生注意课文的关键句"搭石，构成了家乡的一道风景"，并让学生对此质疑；师生经过互动交流，随即明确了"搭石明明是普普通通的石头，为什么作者说它是风景？它到底美在哪里？"这一贯穿全课的主问题。第二种,如有教师执教《不愿长大的小姑娘》:在学生初读课文的基础上,要求学生提出疑问,然后对学生的疑问加以归纳,形成探究主问题"为什么小姑娘开始不愿长大?后来又想长大了呢?"

问题明确后,就需要探究以解答问题了。阅读课中的探究与自然科学中的探究有很大不同:它主要是通过研读文本来探究,而不是自然科学中的观察、实验或数理逻辑推理。比如,要探究上述《搭石》一课中"为什么说搭石是一道风景"的问题,教师指导学生进行一系列深入的研读:画一画,画出让你感受到美的句子;圈一圈,圈出重点词语;说一说,和同桌说说自己的理解。这显然是引导学生从课文中找答案、深入理解和品味课文的过程。要注意的是,这一环节主要应当是教师指导学生自主探究,留给学生足够的自读自悟及合作学习的机会是关键。

学生自主探究以后是交流探究结果。一般而言,学生开始汇报的探究结果存在肤浅、不完整、不准确等问题,这就需要教师的点拨指导。在上述《搭石》的案例中,教师针对学生提出的表现搭石美的语句,点出其中的重点词语,以引导学生深入体会所蕴含的景物之美、人情之美;最后,再由学生水到渠成地回答一开始提出的主问题:风景不仅指美丽的自然风光,也指美好心灵、美好人情营造的氛围和景象;搭石不但有看得见的画面美,还有看不见的人情美。这是在教师引导下师生合作取得的比较完善的理解。

【案例3-5】

王崧舟《草船借箭》教学设计①

一、通读课文,把握研究主题
在学生初读课文、整体感知的基础上,引导学生找出课文中哪个

---

① 吴忠豪:《小学语文课程与教学论》,北京师范大学出版社,2008年,第288 - 289页。

词语最有研究价值,经筛选,确定把"神机妙算"作为探究的主题。

二、精读课文,领悟研究策略

请同学们自由读"雾中借箭"这部分内容,把你认为最能表现诸葛亮神机妙算的句子划出来,再用心体会,诸葛亮到底神在哪里、妙在何处。以"诸葛亮知天文"为例,教学过程设想如下:

1. 谁来说说,你从课文的哪些语句中体会到诸葛亮的神机妙算?

这场大雾,诸葛亮和鲁肃都看到了。鲁肃看到这场大雾会是一种怎样的心情? 假如你是鲁肃,怎么读这个句子?

诸葛亮看到这场大雾又是怎样一种心情呢? 假如你是诸葛亮,怎么读这个句子?

2. 但是,光凭这句话,就能看出诸葛亮神机妙算吗? 不能,因为这场大雾也许是凑巧碰上的。所以,得联系上文。请找一找可以联系的句子。

3. 这就是神机妙算的诸葛亮! 引导学生反复诵读周瑜的一声叹息:"诸葛亮神机妙算,我真不如他!"

三、回读课文,类化研究体验

刚才,我们通过抓住前后句子之间的联系,真正体会到了诸葛亮的神机妙算。同学们,用联系的方法来研究问题,是一种非常重要的读书能力。请大家用这种方法,再次研究"雾中借箭"这部分内容,看看你还能从哪些句子的联系中读懂诸葛亮的神机妙算。学生研读,教师巡视,读后组织交流。

1. 以"识人心"为例,感悟诸葛亮的神机妙算。

（1）你从哪两个句子的联系中读懂了诸葛亮的神机妙算? 指名回答:① 诸葛亮笑着说:"雾这样大,曹操一定不敢派兵出来。我们只管饮酒取乐,天亮了就回去。"② 曹操在营寨里听到鼓声和呐喊声,就下令说:"江上雾很大,敌人忽然来攻,我们看不清虚实,不要轻易出动。只叫弓弩手朝他们射箭,不让他们近前。"

课文写诸葛亮只有这个地方写到他的笑。诸葛亮在笑谁? 引导学生做发散性思考。

(2)老师觉得诸葛亮的话并没有说完。"雾这样大,曹操一定不敢派兵出来……"这是话中有话、话后有话呀!你能把诸葛亮没说出来的话写出来吗?学生练笔,写后组织全班交流。

2. 以"懂地利"为例,感悟诸葛亮的神机妙算。

引导学生找出:(1)诸葛亮又下令把船掉过来,船头朝东,船尾朝西,仍旧擂鼓呐喊,逼近曹军水寨去受箭。(2)曹操知道上了当,可是这边的船顺风顺水,已经飞一样地放回20多里,追也来不及了。讨论:诸葛亮是怎样算准借箭的地理位置的。

[评析:在学生初读课文的基础上,教师先引导学生提出研究主题;再指导学生通过划出"最能表现诸葛亮神机妙算的句子",体会"诸葛亮到底神在哪里、妙在何处"来探究这一主题。对学生的探究,教师有一个由扶到放、方法指导的过程。在研读"诸葛亮知天文"部分时,教师"导"得比较多,目的是引导学生突破孤立地看一句话的局限,联系上下文分析出诸葛亮的神机妙算。而后,教师就直接指导学生用这种联系的方法体会诸葛亮的神机妙算,赋予学生更多的探究、讨论的主动性。]

【案例3-6】

聂永春《恐龙》教学设计①

一、初读课文,引导学生对课文内容做基础性探究

师:这节课我们继续穿越时空隧道,到两亿年前恐龙生活的年代去探索和研究。文中插图中的七种恐龙分别是什么恐龙?请四人一小组先读课文,根据课文的描述进行讨论、判断。(生分组讨论,用书中的语言说明理由,讨论后进行汇报)

---

① 根据聂永春《恐龙》教学实录整理而成。

生：根据课文的说明，分别指出插图中的雷龙、梁龙、剑龙、三角龙、鱼龙、翼龙、霸王龙，并说明理由。

二、再读课文，引导学生对课文结构做自主探究

师：引导学生针对介绍这七种恐龙的部分，提出探究的问题。

学生可能会提出的问题有：

"课文为什么不把它们放在一段中来描写，而要分成三段来写呢？"

"我知道霸王龙食肉，哪些恐龙食草呢？"

"课文为什么只介绍这七种恐龙？"

教师引导学生再读课文，自主解答上述问题，以把握课文谋篇布局的方法：

由于鱼龙和翼龙是恐龙的亲戚，雷龙、梁龙、剑龙、三角龙是食草恐龙，霸王龙是食肉恐龙，所以文章根据它们的生活习性，分三段描写。

"恐龙大多以吃植物为主，也有专门食肉的"是承上启下句，由之可知上段是写食草恐龙，这一段则是写食肉恐龙的。

所介绍的恐龙都很奇特，具有代表性，因而只写这七种恐龙。

三、精读课文，引导学生对课文表达方式做深入探究

师：你们说得都有道理，作者选择了具有不同特点的恐龙向我们介绍，请同学们再读第二、三、四段，看这七种恐龙都有什么特点，选择自己感兴趣的恐龙在小组中汇报。

（生先读课文，然后小组交流，全班汇报）

教师相机指导学生深入理解课文内容，并掌握所使用的说明方法。

教师概括这部分内容，并指出其总—分的结构。

四、教师总结，引导课后探究并应用课文的描写方法

这节课我们认识了七种恐龙，知道了说明一种事物，可以采用比较、举例、列数字、打比方等说明方法。这篇课文有许多打比方的句子，课后可以摘抄。如果同学们想知道更多的有关恐龙的知识，可以

上网浏览。(介绍网站)

回家以后学着课文的描写方法,介绍除这七种恐龙以外的一种恐龙,要求图文并茂,可自己画图,也可剪贴。

希望有兴趣的同学长大后,去揭开恐龙灭绝之谜。

[评析:该案例中的问题探究活动设计得富于层次性,较好地引导了学生的阅读由浅入深、由表及里不断走向深入。初读课文阶段,指出图片上七种恐龙名称的探究任务,实质上是检查学生对说明文内容的把握情况,属于读懂课文的层次;再读课文阶段,由学生自己提出关于文章谋篇布局的疑问,精读课文,引导学生对课文表达方式做深入探究,属于读通、读透课文的更高层次;最后布置的课后练习,要求学生"学着课文的描写方法,介绍除这七种恐龙以外的一种恐龙",这实质上也是一种探究学习,并且应当属于迁移运用的最高层次。]

(二)体验表现型

体验表现型阅读教学就是引导学生品味语言、发挥想象,切身体验课文表现的情感、思想、情景或情境;进而通过有感情的朗读、表演、批注、写读后感等方式创造性地表现自己体验到的情景或情境,表达自己所感受、感悟到的情感或哲理。体验表现是感性主导的阅读,但也不排斥理性。其与问题探究、分析理解最根本的不同在于切身性、阅读主体个人的融入性。即便是阅读中对哲理的感悟,也离不开阅读主体个人经验的融入——文章勾起了主体的个人经验,才有主体对文章所蕴含哲理的"因感而悟"。李吉林老师的情境教学(用于阅读课的)、李卫东老师的"读、品、悟"感悟式教学,实质上都属于这类教学模式。

体验表现型阅读教学的一般流程是:"提示情境,导入新课"—"指导细读,感受与表现情境"—"引导深读,感悟与表现情境"。上课伊始,教师往往先提示与课文相关的情境,既激发学生进一步学习课文的兴趣,又形成学生感受体验的定式,为下面真正入情入境做好准备。这就是"提示情境,导入新课"环节。在案例3-7中,李吉林老师通过自己富于感染力的语言描绘了夏夜里萤火虫闪烁的景象,以及一首浅显明快的描写萤火虫的儿歌,提示了课文所表现的情境,为学生此后的深入体验设定了基调。在案例 3-8 中,庄杏珍老师由解题自然引出描绘诗歌意境的简笔画,并突出了其中的核心"高",准确而艺术地提示了课文的情境,为学生下面的深入体验指明了方向。

导入新课之后,教师往往要指导学生细读课文,以感受与表现情境。即通过明确细读的要求,或提出启发性问题,引导学生品味课文的语言、想象画面或场景,进而用朗读、图画等表现自己想象到的画面或场景。下面的案例 3-7 中,李吉林老师通过指导学生给课文画一幅画,来引导学生仔细品味课文的语言,准确把握语言的意蕴,并将之形诸图画。在案例 3-8 中,庄杏珍老师的指导比较富有层次。她先提出行行朗读、字字思考、处处想象的学法,指导学生自读,后又在交流时对学生理解诗意、想象诗境、朗读诗歌做出具体指导。其中,她指导学生朗读和表演,既促进了学生感受情境,又赋予了学生表达自己感受的有效手段。

对于有丰富意蕴或深厚情感的文章,在"引导细读,感受与表现情境"的基础上,往往还要更上一层,即"引导深读,感悟与表现情境"。所谓"丰富意蕴或深厚情感"是不形诸画面或场景的表面,而藏在它们背后,需要用自己的经验和心灵去感同身受地把握和领悟的。这就是"感悟",而在这种"感悟"基础上的"表现",也往往多了阅读主体主观创造的成分。对学生的感悟及表现的引导,需要教师给学生找到合适的活动方式。比如《萤火虫》一课中,李吉林老师用"完成句子"的活动形式,引导学生像萤火虫那样思考和说话,从而感悟萤火虫的献身精神。这既是对学生的语言训练,又是对学生阅读移情、共情的引导。李吉林老师还布置了角色扮演的活动,让学生想象花儿、草儿会对萤火虫说什么;这其实给学生创造性地表现自己的感悟提供了一个很好的机会。值得说明的是,除了朗读、表演,对中、高年级的小学生而言,写批注和写读后感也不失为表现阅读感悟的较好方式。

【案例3-7】

李吉林《萤火虫》教学设计

课文：

萤火虫在夏夜的草地上低飞，提着一盏小小的红灯，小心地照着这个花草的世界。萤火虫，你不觉得你的灯光太小了么？不觉得你是在燃烧你自己么？

萤火虫没有回答，它还是不停地飞来飞去，提着它那美丽的用生命燃起的红灯，飞舞在万花丛中……

教学目标：

1. 初步理解"夏夜""世界""燃烧""低飞""万花"等词语。

2. 能正确流利地朗读课文，增强语感。

3. 引导学生根据课文词句想象画面，初步感受萤火虫虽然小，但尽力用生命燃起了小灯，去打扮花草世界的品格，以陶冶学生高尚的情操。

课时安排：一课时

教学过程：

一、导语

在夏天的夜晚，我们会发现在草地上，在花丛中，有一些小东西飞来飞去，还一闪一闪的，你们知道那是什么吗？你们看见过萤火虫吗？李老师还会念一首萤火虫的儿歌。

> 萤火虫，点灯笼，
>
> 飞到西，飞到东。
>
> 一闪一亮，一亮一闪，
>
> 好像星星落花中。

你们喜欢萤火虫吗？今天我们就来学习一篇叫《萤火虫》的课文。

（板书课题）

二、范读课文

三、自读课文（读正确，初步理解课文）

提出自学要求（略）

四、轻声齐读

五、指导自学（通过自学，想象画面，理解课文）

1. 启发：如果你是一个画家，要你根据这篇课文画一幅图画，画上应该画些什么呢？

2. 指导：现在老师先帮助你们一下，课文一开始说："萤火虫在夏夜的草地上低飞"，老师读着这一句，就好像看见了一幅画，你们有没有看到？看见萤火虫在哪儿飞？画上要画什么？

（"萤火虫在草地上低飞"，画上小草，表示草地）

（1）"萤火虫在草地上低飞"，萤火虫是画在上面，还是下面？（在草丛中画萤火虫，表示"低飞"）

（2）萤火虫在夏夜的草地上低飞，是"夏夜的"，那么要画上什么呢？

（画上许多星星，表示夏夜繁星密布）

3. 指点：这就是"萤火虫在夏夜的草地上低飞"一句在我眼前出现的画面。现在你们就学着李老师的办法读读想想，在这幅画上，还要添上些什么呢？

4. 学生自学课文，讨论。

5. 检查自学效果

△是"花草世界"，还要在画上添上什么？

△画一朵花行吗？

（"花草的世界"到处是花草，要画许多花）

△是一种花吗？

（出示句子："萤火虫飞舞在万花丛中"）

△"万花"是指各种各样的许许多多的花，那才是花草的世界。

（以上引导学生边说边画，将课文内容以画面的形式呈现在学生眼前，并引导学生结合画面理解词语）

6. 萤火虫在万花丛中飞的样子你们觉得怎么样?

比较读:△萤火虫,飞在万花之中。

　　　　△萤火虫,飞舞在万花之中。

指点:"飞舞"一词告诉我们萤火虫的样子很好看,就好像在跳舞。

再读:△飞舞在万花之中。

　　　△飞舞在花草的世界里。

六、释疑

(估计学生可能提出"怎么说是用生命燃起的红灯"的问题)

1. 启发:我们平常用的电灯、过去用的油灯,过春节时,我们还玩过兔灯。我们知道电灯用电,油灯用油,兔灯用蜡烛。那我们想一想,萤火虫的小灯,用不用电,用不用油,用不用蜡烛? 用什么发光? (用自己的身体发光)

2. 讲解说明:萤火虫身体里分泌一种东西,随着呼吸就发光,如果萤火虫这种东西分泌完了,就不能发光了,它就会死去。

3. 说明训练:现在你们懂了吗? 谁能说说。

(出示句式)

萤火虫的小灯,不用(　　　　　),也不用(　　　　　),而是用(　　　　　　)。

(课中操:唱《萤火虫》两遍并配合动作)

(出示课文板书)

萤火虫,你不觉得你的灯光太小了么? 不觉得你是在燃烧你自己么?

萤火虫没有回答,它还是不停地飞来飞去,提着它那美丽的用生命燃起的红灯,飞舞在万花丛中……

指导朗读:

(1) 你不觉得你的灯光太小了么?

(2) 不觉得你是在燃烧你自己么?

你不觉得吗? 你懂吗? 你知道吗? 用问的口气提醒萤火虫。

4. 讲述：萤火虫的灯光是太小了，是星星点点的。萤火虫飞来飞去，也确实是在燃烧自己呀！萤火虫有没有小看自己，因为灯光太小就不发光？因为要燃烧自己的生命，就不去照着这个花草的世界呢？我仿佛看见萤火虫在晚风中飞来飞去。"它还是……"

5. 启发：萤火虫没有回答，心里可能怎么想呢？

（出示句式）

萤火虫好像在说，我用生命燃起的红灯很小很小，只要能给这花草的世界带来一点光亮，我就（   ）。

6. 轻声朗读最后一节。

指点：突出"美丽的"，萤火虫很小很小，但正是因为那是用生命燃起的小灯，所以这盏灯是红灯，是美丽的红灯。"美丽"一词要读得美，让别人感受到美。

七、朗读全文

八、进一步理解课文

萤火虫提着用生命燃起的美丽的红灯，飞舞在万花丛中，小心地照着这花草的世界，那么花儿、草儿可能会对萤火虫说些什么呢？

角色扮演表演，进一步体会情境。（指名三个学生戴上头饰，分别扮演花儿、草儿、萤火虫）

小朋友们，你们喜欢萤火虫吗？我们学过的哪篇课文也像《萤火虫》？复习《小草》

九、总结

萤火虫、小草虽然很小，但是它们都尽力用自己的光亮、用自己的色彩，甚至用自己的生命去打扮世界，这种精神多可贵啊！

学了这篇课文以后，去观察一下，还有哪些小东西也像萤火虫、小草一样，有哪些人就像萤火虫、小草一样，默默地打扮着这个世界。

[评析：这则案例始终贯穿了李吉林老师情境教学的思想。上课伊始，教师由一首生动、形象地描写萤火虫的儿歌导入，自然提示了课文的情境。在精读课文的过程中，教师详细地指导孩子根据课文内容画画，又引导孩子说说萤火虫心里想了什么，同时指导孩子有感情

地朗读课文,即让学生细细地感受和感悟课文的情境、创造性地想象和表现课文的情境。这实质上就是体验——表现的过程,就是学生融入课文情境、获得审美体验与表达审美体验的过程。而让孩子分别扮演花儿、草儿、萤火虫进行表演,更是一种基于课文内容又超出课文内容的情境创造。它可以让学生更自由地表达自己由课文而产生的感悟和体会,从而不但锻炼了语言表达能力,更熏陶、提升了审美情趣。〕

【案例3-8】

庄杏珍《夜宿古寺》教学设计①

课文:

危楼高百尺,手可摘星辰。

不敢高声语,恐惊天上人。

教材分析:在《夜宿古寺》中,诗人李白用平易的语句和绝妙的想象,表达了他夜宿古寺身临高处的感受。全诗仅20个字,但足以令读者如亲临其境,亲感其情。教学此诗就要引导学生仿佛置身于夜静、星朗、山高、楼危的情景中,体验诗人的感受。

教学目标:

1. 训练学生行行朗读,字字思考,推敲诗文的意思;启发学生处处想象,揣摩诗的意境,体会诗人的感受。

2. 指导朗读,要求在朗读中传达出对诗意的理解和对诗境的感悟。

3. 激发学生学习古诗的兴趣。

教学过程:

一、研究题意,自读自学

1. 出示课题。启发学生从课题入手确定这首诗所写的时间、地

点和事件,并推想人物。教师随学生的回答在黑板上用简笔画画出月亮、星星、山峦、寺庙。此时,只简单画一座寺庙,没有楼;为了显示高度,在山腰上端横一笔云;同时,出示"宿""寺"卡片,正音、释义。

[画简笔画的目的是引导学生进入诗的意境,教给学生据文想象的方法,为理解诗意奠定基础。为了充分运用课文插图,板画构图力求与插图相仿。]

2. 让学生先观察板画,再观察插图,然后要求他们用一个词来表达自己的感觉。教师在学生提出的词中选取"高",并板书。告诉学生,这首诗是唐朝诗人李白写自己夜宿古寺的亲身感受,全诗四行都是围绕着"高"来写的。

3. 教师:按照老师下面告诉大家的方法,自学这首诗。

(1)反复朗读全诗每行诗句(行行朗读)。

(2)认真想想每个字的意思(字字思考)。

(3)然后根据诗句的内容,想象出一幅画面(处处想象)。

[这是个反复朗读、步步深入的过程。教师要有目的地进行个别指导。初读,思考字义,理解内容;再读,边读边想,前后联系,渐入意境,为进一步训练朗读打下基础。切实抓住这一训练,能提高学生的自学能力。]

二、交流切磋,诵读求悟

1. 师:让我们逐行研究,看诗句中哪些字表达"高",哪些景象说明"高"。先看第一行。

学生找出"高"和"百尺"。教师指出"百尺"表示很高,但不是实数。

师:(出示"危楼"卡片)危楼是什么样的楼?"危"字怎么解释?

学生查《新华字典》,从"① 险;② 损害;③ 高。"三个义项中找出一个合适的解释。

师:诗人站在高山上寺庙里的高楼中(教师给黑板上画的庙加层楼),眺望窗外,会有什么样的感觉?

生:(想象后)高极了。

生：真高啊！

生：好像站到了天边。

师：第一行先写楼高，这样写——

（学生齐读："危楼高百尺"）

师：要读出楼的高。

（学生提高嗓音朗读）

师：一味提高嗓音，只能听出声音，不能听出意思。只要把"高"字读得高些、响些。（教师示范）

（学生反复练习朗读）

师：大家读出了心里对这个"高"字的感觉。

［引导学生在诵读中找感觉，就是引导他们展开想象，进入意境］

2.师：（出示"星辰"卡片）"辰"，字典里说是"日、月、星的总称"，这里指什么？

生：指星，因为夜里无"日"，而"月"不适用"摘"。

师：请同学们用手势表示"手可摘星辰"。

［让学生做动作，想象诗人站立处离天已近，体会诗人想象力的丰富和构思的巧妙］

（学生据诗意抬手摘星）

师：想象一下，摘星辰时手臂的动作和身体的姿势应该是怎样的？

生：应该推窗伸臂，斜势向天，这样才能摘星辰。

师：这是一种不可能实现的幻想，但它却能形象地写出"高"，请大家朗读这句诗，想象诗人此时离天有多近。

（学生朗读）

师：摘星辰本是难事，但诗人此时觉得很容易，诗句中的哪一个字可体现出来？

生：从"可"字体现出来的。

师：朗读时要读好这个"可"字。这样可以表达出轻而易举地伸手就能摘到星星,更加说明楼的"高"。

3. 指导第三、四行诗句。

生:齐读第三、四行诗句:不敢高声语,恐惊天上人。

师:这两行诗句联系紧密。现在你感到天上人与诗人的距离有多远?

生:相距咫尺。

师:这也是诗人的幻想,但生动地表现了"高",由此也可见诗人丰富奇特的想象。让我们一起来读好这两行诗句,体会一下该怎样朗读。

生:(读得很响亮)

师:好,你读得很清楚,读出了"高"的气势。

生:(高昂地读)

师:你也读出了"高"的气势。再尝试用低沉的语气读一读(出示"恐"字卡片),要把"唯恐惊动他人"的心情读出来。

(学生尝试用低沉的语气朗读,进一步体会诗句表达的含义)

师:好,读得很有感情,读出了诗人的心情。现在同学们用上述两种读法练习朗读,要读出两种不同的语气,然后说说自己喜欢哪一种读法,为什么?

(学生尝试用两种方法朗读)

[这里,用比较的方法指导朗读,意在使学生懂得表情朗读是在理解诗句的基础上,代作者说话,要读出作者内心的感情]

4. 在表情朗读的基础上,背诵、默写全诗。

5. 结语。行行朗读、字字思考、处处想象是学习古诗的一般方法。要在今后学习古诗时继续使用,进一步掌握这种方法。

[评析:这一教学案例的主要线索就是引导学生想象诗歌表现的情境,并通过朗读表现出来。上课一开始,教师就通过画简笔画,突出景物"高"的特征,提示课文表现的情境。随后,教师通过带领学生品词析句,指导学生做动作和比较朗读,使学生真正细致、深入地领会诗意,真切地体验诗境,恰当地表现诗境。这时,学生似乎就

是诗人本人——站在百尺高楼上,随手就能摘下星辰,不敢高声说话,唯恐惊动了近在咫尺的天上人——学生真正进入诗歌情境了,又把自己的体验用表演、朗读生动地表现了出来。这是真正把诗读到头脑里,读到心里去了。]

(三) 阅读方法训练型

阅读方法训练型教学是以阅读方法掌握作为教学的核心目标之一,以指导学生学习和运用特定阅读方法作为教学的主要线索,将之与引导学生理解、欣赏整篇课文,甚至多篇文章有机整合起来的阅读教学模式。前文引用的王崧舟《草船借箭》的教学设计案例、庄杏珍《夜宿古寺》教学设计案例也都属于这种教学模式。前者在引导学生探究课文主问题的过程中,贯穿了另一条指导学生运用"联系前后两个句子,发现言外之意"阅读方法的线索。这一方法指导的线索不但非常明晰,而且具有由扶到放的层次性。后者在学生自读课文前就提出了行行朗读、字字思考、处处想象的方法要求,将之与品味、欣赏课文的具体内容紧密结合起来;进而,在总结中指出该方法是学习古诗的一般方法,勉励学生"要在今后学习古诗时继续使用,进一步掌握这种方法"。

阅读方法训练型教学的一般流程有两种。一种是尝试—指导式的。教师先提示阅读方法,要求学生用这种方法自读课文。学生自读后,进入师生共读阶段——在师生共同解读课文,增进对课文的理解、深化对课文的感受的同时,教师也对阅读方法的使用进行了具体指导。最后,教师布置拓展阅读的任务,引导学生将学到的阅读方法加以迁移使用。上面庄杏珍老师的《夜宿古寺》教学设计案例基本就采用了这种流程。

另一种流程是示范—练习式的,即先"教读,示范阅读方法",后"自读,练习方法使用"。教读环节突出教师的主导地位:由教师一步步引导着学生的阅读走向深入、走向全面,同时向学生示范着适宜的阅读方法的使用。方法的教学可以有效提高学生阅读类似文段的能力。这就可以由教读顺利过渡到自读环节。在自读环节,学生练习阅读方法的使用,也能够独立获得对课文更深、更全面的理解。上面王崧舟老师的《草船借箭》教学设计案例就采用了这一训练流程,较好地体现了由扶到放、授之以渔、培养学生自读能力的教学原则。

【案例 3-9】

张平南《西门豹》教学设计①

教学目标:

1. 学习课文内容,了解西门豹注重调查研究,将计就计,为民除害的事迹。

2. 知道对不同段落采取不同的读法;通过不同的读法,理解段意,懂得段的表述方法。

3. 学习、掌握边读边想——抓关键词语质疑的方法。

4. 熟读课文,表演"为民除害"一段,发展想象能力和语言表达能力。

课时安排:两课时

教学过程:

第一课时

提出有关读书方法的要求,指导第一段学习:

1. 教师开宗明义指出学会读书就是要自己发现问题、提出问题、解决问题,并提出相应的学习要求。

2. 要求学生朗读第一段。

3. 引导学生采用"抓住关键词语提出问题"的方法对第一段提问。

学生找出关键词语"田地荒芜,人烟稀少"并提问。

教师将学生的问题归纳为"怎么样"和"为什么"的问题。

4. 引导学生解答第一个问题:学生描绘田地荒芜、人烟稀少的

---

① 根据张平南《西门豹》教学实录改写、整理而成;原实录见吴忠豪主编:《语文教育研究大系·小学教学卷》,上海教育出版社,2007 年,第 252－262 页。

景象。

5. 指导学生研读课文,回答第二个问题。

(1) 以"教师问、学生答"及"学生问、教师答"的形式,分别表演朗读西门豹向老大爷做调查研究部分的内容。

(2) 引导学生比较师生不同的回答方式,以发现教师的回答都使用每段开头的一句话,且简洁明了。

(3) 启发学生懂得先总后分的构段方式,并随机要求学生用这种方式回答"你们的老师好吗?""今天我给你们上课觉得高兴吗?"等问题。

(4) 进一步研究西门豹问这四个问题的目的。

师生讨论后明确,提这四个问题的目的分别是调查真相、主谋、被害及后果等情况。

(5) 学生练习对西门豹说的最后一段提问并回答问题。

学生提问:西门豹为什么要说"河伯真灵啊"? 西门豹为什么要说"送送新娘"?

师生讨论后明确:"真灵"是反话,是讽刺,还能为以其人之道还治其人之身,惩治巫婆埋下伏笔。"送送"是话中有话,既指送巫婆、官绅上西天,又指送新娘回自己的家。

第二课时

一、突出西门豹说的最后一段承上启下的作用,自然导入西门豹送新娘部分的学习,并提示这部分的四段,不同段落有不同学法。

二、学生练习对这部分第一自然段提问并回答。

学生抓住课文的前后联系提问:这个地方田园荒芜、人烟稀少,为什么河伯娶媳妇的日子,漳河边却站满老百姓?

学生抓住关键词语提问:书上说"西门豹真的带着卫士来了",为什么要加"真的"这两个字呢?

师生讨论后回答问题。

三、教复述方法,指导复述第二自然段。

师:这段是重点,要求复述。复述要抓住关键,理清层次。有一个读书方法,凡是句子多的段落,就要注意它有几句话,哪几句话的意思可以靠在一起,就把这个意思简要地抓住,然后复述就容易了。

学生读,教师在每层结束时喊停,并引导学生概括层意:看新娘、不漂亮、投巫婆、除官绅。

教师引导学生分析"不漂亮"这一层的重要性(答案略)。

四、指导抓住关键词语复述、表演第三自然段。

明确:磕头求饶、提心吊胆、面如土色三个词写出了女徒弟、小官绅的表现,是这段的关键。

指导学生发挥想象自编、自导、自演这一段内容。

五、回顾全篇课文的结构和内容,结课。

[评析:这个案例自始至终贯穿了阅读方法的教学和训练。其中,抓住关键词语质疑的方法教得尤其扎实。教师先提示这一方法,并具体指导学生运用这一方法对第一自然段提问;而后,又一再给学生提供运用这一方法学习课文的机会。此外,教师还重点教学了理清层次、复述课文的方法。这种强调阅读方法的教学能真正使学生聪明地读书,并且越读越聪明。]

(四) 主题阅读型

主题阅读型阅读教学,即围绕特定人文主题选择和组织阅读材料,引导学生进行广泛而深入的阅读、思考和讨论的阅读教学模式。主题阅读型教学有单元范围的,也有就单篇课文而言的。这里主要讨论单篇课文的主题阅读教学模式。

好的阅读主题,创造了一个包含更丰富信息、更富磁性的阅读场,可以促进学生对单篇课文的理解或感悟,更可以获得超越单篇课文的洞见。除了好的阅读主题,在主题阅读教学设计时,还特别需要把握好人文性与工具性的统一。对主题所涉内容的思考和领悟,需要立足于课文语言的品味及有关的语言训练,而不能搞架空分析。课文以外材料的使用和活动的安排,也要尽量跟语言学习及语言实践联系起来。

主题阅读型阅读教学的一般流程是"主题先行"式的。教师先创设情境,引出阅读主题;随后,引导学生从主题的角度研读课文,进而在深读课文及补充材料的基础上,获得对主题的深刻洞见;最后,可以指导学生进一步通过阅读、思考探索主题,或者引导学生自由表达在阅读后所收获的思考和感悟。案例 3-10 中窦桂梅的《圆明园的毁灭》一课的教学设计就属于这一种流程。她一开始就直接提出圆明园这一主题,通过诗歌朗读、引导学生想象画面等形式将学生带进相关情境中。然后,她引导学生深读课文第一部分,探究主题的一个方面——圆明园不可估量的价值。其间,因为主题探究的需要,还补充了圆明园所收藏珍宝和名画的照片、圆明园占地面积的信息、圆明园景观的名称、雨果致巴特莱德的信等材料。接着,她又引导学生继续深读课文,探究主题的第二个方面——圆明园毁灭是不可估量的损失。最后,她又超越课文,引导学生假设历史——从不同角色的角度去体验和想象,再提供残酷的历史真相,使学生对圆明园的毁灭产生了更深刻的感受和思考。这是一个教师围绕主题,巧妙组织课文及其他资料,将学生对主题的思考层层推进,从而和学生一起走出书本、走向历史和现实、走向深入的过程。

当然,上述流程也可以稍微做些调整。即不是由教师开门见山地提出阅读主题,而是经由师生对课文的初步共读、讨论,明确其核心的主题。这样明确主题之后,再围绕主题对课文做深入、专门的研读,进而推进对主题的思考和感悟。

【案例 3-10】

窦桂梅《圆明园的毁灭》教学设计①

课前预习:
阅读课文《圆明园的毁灭》
阅读雨果致巴特莱德的信

---

① 根据窦桂梅《圆明园的毁灭》教学实录改写、整理而成;原实录见《小学语文教师》,2004 年第 11 期。

　　课时安排：两课时

　　教学过程：

　　一、走近圆明园

　　（1）教师书写"圆明园"，引导学生说出看到这三个字后眼前出现的画面。

　　（2）教师询问学生阅读课文及补充阅读材料后的感受；由学生的回答引出"毁灭的究竟是圆明园里的什么"的问题，自然导出下一个版块——"走进圆明园"。

　　二、走进圆明园

　　（一）引导学生体会圆明园"不可估量的价值"

　　（1）教师用课件呈现五幅圆明园废墟图；在引起学生强烈感受后，要求学生带着这种感受朗读诗歌——"圆明园里，荒野的风，鸣咽地讲述着——一个古老的故事；残留的柱，痛苦地书写着——一个国家的耻辱。"

　　学生低沉、缓慢地朗读。

　　（2）由之导入，请学生朗读课文第一段"圆明园的毁灭是祖国文化史上不可估量的损失，也是世界文化史上不可估量的损失！"

　　要求学生用"是……，也是……"的句式，以"圆明园的价值"为主题改述第一段。

　　学生回答后，明确应改述为"圆明园的价值是祖国文化史上不可估量的，也是世界文化史上不可估量的！"

　　（3）要求学生结合课文第2—4段具体说一说圆明园里究竟有什么称得上"有不可估量的价值"，并尽量用上课文中的连接词"有……，也有……，还有……"。

　　在学生用课文材料说话的过程中，教师相机补充有关圆明园的资料，如圆明园所收藏珍宝和名画的照片、圆明园占地面积的信息和圆明园景观的名称等。

　　引导学生用课文的语句"圆明园是当时世界上最大的博物馆、艺术馆"概括这部分内容。

（4）引导学生读一读雨果信中是如何描写和赞美圆明园的，并用书中的语句"圆明园是园林艺术的瑰宝，建筑艺术的精华"概括其内容。

指导学生再用"是……，也是……"的句式，将这两句概括性的语句连接起来。

（5）引导学生认识到这一切都可以浓缩在"文化"这两个字中，并回顾、品味、朗读"圆明园的价值是祖国文化史上不可估量的，也是世界文化史上不可估量的！"这句话。

（二）引导学生体会圆明园毁灭"不可估量的损失"

（1）再次出示第一段"圆明园的毁灭是祖国文化史上不可估量的损失，也是世界文化史上不可估量的损失"，指导学生朗读，并注意"不可估量"一词。

（2）要求学生用第 5 段的内容说说英法联军是怎么做的。

明确英法联军是"统统掠走""任意毁坏""放火焚烧"。

（3）教师补充阅读资料，指导学生朗读，深切体会什么是"统统掠走""任意毁坏""放火焚烧"。

资料 1：参与劫掠的英法军官、牧师、记者回忆——军官和士兵，英国人和法国人，为了夺取财宝，从四面八方冲进圆明园。有的搬走景泰蓝瓷瓶；有的抢走绣花长袍；有的挑选高级皮大衣；有的去拿镶嵌珠玉的挂钟。有的背负大口袋，装满了各式各样的珍宝。有的在宽大的口袋里装进金条和金叶；有的满身缠着织锦绸缎；有的帽子里装满了红蓝宝石、珍珠和水晶石；有的脖子上挂着翡翠项圈……

资料 2：侵略者除了大肆抢劫外，被他们糟蹋了的东西更是不计其数。房子里的绸缎、衣服扔了一地。士兵们带着大斧，把家具统统砸碎，取下上边的宝石。一些人打碎大镜子，另一些人向大烛台开枪射击，以此取乐。大部分法国士兵手抢木棍，将不能带走的东西全部捣碎。当 10 月 9 日，法国军队暂时撤离圆明园时，这处秀丽园林已被毁坏得满目疮痍。

（4）出示烈火熊熊、浓烟滚滚的画面，引导学生想象"大火烧了三天三夜,圆明园只剩一片灰烬"的景象。

（5）在写圆明园所拥有的东西的连接词前面加上"没""了",引导学生用"圆明园中,没有了……,也没有了……,还没有了……"的句式,或者"……没有了,……也没有了,……都没有了"说话。

（6）要求学生找出雨果信中的话概括他对自己国家行为的看法。

学生朗读:法兰西帝国吞下了这次胜利的一半赃物,今天,居然还天真地以为自己就是真正的物主,把圆明园富丽堂皇的破烂拿来展出。我希望有朝一日,解放了的干干净净的法兰西会把这份战利品归还给被掠夺的中国。

这个奇迹已经消失了。有一天,两个强盗闯进了圆明园。一个强盗洗劫,另一个强盗放火。一个叫法兰西,另一个叫英吉利! ——雨果

（7）要求学生将此时的感受(或无奈,或愤恨,或痛苦)带进课文朗读中。

三、走出圆明园

（1）教师再次呈现诗歌,要求学生朗读:"圆明园里,荒野的风,呜咽地讲述着——一个古老的故事;残留的柱,痛苦地书写着——一个国家的耻辱。"

（2）假设历史:请同学们假设一下历史,回到144年前做一次小小的体验:如果你是决定国家前途命运的一国之君——"皇帝",如果你是辅佐皇帝参与国家管理的大臣,如果你是保卫国家领土的士兵,如果你是普普通通的生活在北京的老百姓……面对英法联军火烧圆明园的行径,你会怎么做? 请自己选择一个角色静静想一想,一会儿请你实话实说。

（学生讲其中的一个角色的时候,老师紧紧围绕这个角色进行讨论,直到完了再讲下一个角色）

（3）历史真相:然而,历史是不能假设的,呈现词条。

学生朗读:圆明园是皇帝享用的。当圆明园被烧时,咸丰皇帝无

奈,只好带着慈禧等仓皇逃跑了。

焚毁圆明园的前几天,英法联军列队入城,清军士兵夹道跪迎。英法联军两次洗劫圆明园。军阀混战时期,一些军阀又进行了洗劫,圆明园最后只剩几块残垣断壁。

教师引导:在正视历史后,你心中仅仅是自豪和愤怒吗? 圆明园仅仅是废墟和火焰吗?

学生思考后回答。

教师总结:圆明园的大火早已熄灭,可我们思考的脚步不能停止。有着五千年文明的中国为什么会被几千个强盗杀到京城? 圆明园烧掉的是什么? 毁灭的究竟是什么? 永远也毁灭不了的是什么? ——也许,今天的学习只是打开了一扇小小的门,希望大家从这扇门出发,怀着更多的思考走向未来的人生。这才是这两节课的真正目的。

[评析:教师自始至终围绕"圆明园"的主题,引导学生创造性地阅读课文及相关材料,从而就主题获得不断加深的认识和感受。教师充分利用课文这一资源,让学生进行有感情朗读、创造性朗读,真正把课文读深读透,"为我所用"。尤其出色的是,她把引导学生对主题的思考与语言表达训练紧密结合起来,如将"不可估量的损失"改写为"不可估量的价值"的句子转换;围绕圆明园所拥有的这一话题,用"有……,也有……,还有……"的句式说话;再围绕圆明园所失去的这一话题,用"没有了……,也没有了……,还没有了……"的句式再说话。这是真正把人文教育与语言教学统一于一体的成功范例。还要指出的是,大量补充的阅读材料不仅有助于营造情境、拓宽视野,而且有利于加深学生对课文内容的理解。

最后"走出圆明园"的假设历史与历史真相环节,更是突破了课文的视域,将学生的感受由自豪和愤怒引向更复杂、更深刻的状态,同时也将触发学生更深、更广的思索。这体现了主题阅读教学由有限走向无限的优势。]

（五）以读促说/写型

以读促说/写型阅读教学的实质是将阅读及阅读教学作为触发说话或习作动机、提供说话习作素材、教授习作方法的手段，读为了说/写，以读促说/写。根据读对说/写所起促进作用的不同，可以进一步将以读促说/写型阅读教学分为两个子类别。

一个子类别是特级教师丁有宽率先提出的"读写结合"教学模式。这种教学模式的特点是把课文当作写作的范文来教，且重点教学课文所采用的写作方法，以便为下面的学生习作提供方法指引。其教学流程一般是："初读课文，理解内容"—"研读课文，把握写法"—"由读到写，迁移运用"。

另一个子类别是"由读而说/写"式的。即由课文内容引出感悟式说话或写作、创造式改写或补写、应用性写作等的教学模式。其中，感悟式说话或写作就是以命题或不命题的方式，让学生说/写出阅读课文后的独特而真切的感悟、体会。如设计《虎门销烟》一课的写作训练："以'我站在林则徐塑像前'为题，写一段话。"创造式改写或补写是在原课文的基础上，对课文加以既合理又富有创造性的改编或补充、接续。如合理想象古诗的情境，将之用现代汉语改写成情节具体、人物形象鲜明的小故事。应用性写作是选取课文的部分内容用于其他独立文章的写作。如学习《"东方明珠"》一课时，设计《我印象中的香港》的写作练习，要求学生将课文、其他资料及自己的亲身见闻等整合进自己的作文，就属于应用性写作。"由读而写"式教学的过程与单纯的阅读教学没有太大差异，只是在其间或其后加上"布置习作任务—学生写作、教师指导—学生汇报、师生评析"的习作教学部分。要指出的是，目前，"由读而说/写"式阅读教学开展得比较普遍，但普遍的问题是教师的激发有余，但指导不足，习作标准不明。教学设计时应在"如何指导"及"习作标准是什么"上多花力气。

【案例3-11】

丁有宽《第一次跳伞》教学设计①

一、初读、再读课文,扫清字词障碍,理解文章大意。

二、启发学生理解课文思路,在学生思考、回答、议论后,教师归纳段意并板书:到机场—飞机起飞—跳伞经过—着陆后。第三段为重点段。

三、指导学生精读课文第三段,结合课文有关内容,理解和思考下列问题:

(1)跳伞之前伞兵长怎样嘱咐?"我"是怎样跟着跳下去的?

(2)降落伞是怎样打开的?"我"看到了什么,听到了什么,感受到了什么?

(3)着陆之后,"我"有什么感觉?

(4)作者是怎样有重点地写从准备跳伞到着陆的过程的?是分哪四步来写的?(学生读读议议后,教师着重点明:作者是着重写从准备跳伞到着陆的这个过程,是按"跳伞前—跳伞—张伞—着陆"这四步有顺序地写的。)

(5)课文中哪些地方突出了题目中的"第一次"?把有关句子找出来并读一读,说一说它的作用(学生回答后,教师指出课文中写"我"跳伞时"来不及想什么","头有点儿晕",张伞时"我好像到了另一个世界","又好像穿着救生衣漂浮在碧蓝的大海上"。将着地时"我飘飘悠悠",一着地"心一下子就平静下来"。这样才能突出题目中的"第一次"。)

(6)大家想一想,如果把这些内容删去,你觉得怎样?为什么?(让学生进一步明确,这样写才能扣紧题目"第一次",不然就只表现

---

① 吴忠豪:《小学语文课程与教学论》,北京师范大学出版社,2008年,第290 - 291页。

题目中的"跳伞"了。）

（7）分组复述"跳伞经过"部分。

（8）作者为什么能把第一次跳伞的事写得这么完整和具体呢？
（让学生学习作者仔细观察、按事情经过顺序写、把重点部分写具体
的方法）

四、根据单元训练的习作要求，结合班级开展的"学雷锋，从我
做起"的主题活动，鼓励学生选择自己在家里学洗衣服、做饭、挑水
等中的一件事，以《第一次××》为题目，仿照这篇课文的写法，按事
情发展的顺序列好提纲，再有重点地写下来。

［评析：阅读教学中，教师把重点放在引导学生理解课文重点段
是如何把跳伞过程写得有序而具体的，又是如何突出"第一次"的。
在具体分析课文的基础上，师生归纳出仔细观察、按事情经过顺序
写、把重点部分写具体等写作方法。最后，教师布置了《第一次×
×》的习作任务，指导学生把课文的写法加以迁移运用。］

【案例3-12】

陈建先《特殊的葬礼》（第二课时）教学设计①

一、在学生熟读课文的基础上，要求学生根据课文内容，用"因
为……，所以……"说话。

先以小组为单位准备，再全班发言。

教师由学生发言自然引出"巴西总统为什么要给瀑布举行葬
礼？"的问题，并告诉学生留待下面重点讨论。

二、要求学生描述读完课文后头脑中的画面。

学生描述许多画面。

---

① 根据陈建先《特殊的葬礼》（第二课时）教学实录改写、整理而成；原实录见杨九
俊、姚烺强：《小学语文新课程教学示例与导引》，南京大学出版社，2005 年，第 183 -
190 页。

三、教师重点引导学生感受其中的两幅:瀑布壮观的画面和瀑布枯竭的画面。

(1)播放记录塞特凯达斯瀑布雄伟壮观景象的多媒体课件,带领学生入情入境。

(2)要求学生说出看到画面时的感受。

(3)指导学生将这种感受带进课文朗读之中,同时指导朗读时的轻重缓急变化。

(4)指导学生默读描写塞特凯达斯瀑布枯竭景象的段落,并表达阅读感受。

(5)播放记录塞特凯达斯瀑布枯竭景象的多媒体课件,提问学生"你最想说什么"。

学生自由表达痛心、愤怒等感受。

(6)师生共同回答前面提出的核心问题——"巴西总统为什么要给瀑布举行葬礼?"

明确:为了唤醒人们的环境保护意识,为了让人们感到震撼。

四、自然引出习作任务:如果你是巴西总统,你要致悼词,你会说什么?

小组合作准备。

学生模拟致悼词。

[评析:这节课巧妙地在阅读教学中有机融入了多种形式的表达训练——简单的造句训练、感悟式说话训练和创造性补写训练。这些层次逐渐提高的表达训练紧密联系于学生对课文逐步深入的理解和感受。在熟读课文的基础上,要求学生根据课文内容,用"因为……,所以……"说话,这与把握课文主要意思的阅读要求相对应。在精读阶段,要求学生说出看到画面时的感受,这与入情入境、获得深切感受的阅读要求相一致。最后,要求学生假设自己是巴西总统致悼词,这一创造性习作任务的顺利完成,实质上必须以深刻理解课文的核心精神——举行葬礼以震撼世人——为前提。这样,读的线索与说/写的线索紧密配合、相得益彰。]

⇨ **研究与应用**

1. 选择某版本小学语文教科书中的一篇识字教材,根据其特点设计一份识字写字教学方案。

2. 从现行小学语文教科书中选择一篇写景文章、一篇叙事写人的文章、一篇说明文及一篇议论文,想想它们各自适合采用哪种教学模式,然后分别设计一份教学方案。

研究性学习任务

1. 探究小学语文习作教学的主要模式。

2. 探究小学口语交际教学的主要模式。

3. 探究小学语文综合性学习的主要类型及相应的指导要求。

研究性学习资源

吴立刚:《小学作文教学论》,广西教育出版社,2002 年

靳彤:《语文综合性学习理论与实践》,中国社会科学出版社,2007 年

冯铁山:《小学语文新课程教学设计与技能训练》,清华大学出版社,2012 年

杨九俊,姚烺强:《小学语文新课程教学示例与导引》,南京大学出版社,2005 年

第一节　小学语文习作教学设计

一、小学语文习作教学策略

（一）密切写作与生活联系的策略

写作从根本上说，源自每个人所经历的生活；写作反映的是主体观察、体验生活，以及反思、感悟生活的广度和深度。因此，习作教学应始终围绕生活这一中心，引导学生观察、体验、反思、感悟生活，进而把自己的发现用文字、用笔表达出来。现行义务教育语文课程标准建议："写作教学应贴近学生实际，让学生易于动笔，乐于表达，应引导学生关注现实，热爱生活，积极向上，表达真情实感。"这就是说，一方面，在布置习作任务时，我们要尽量从学生的生活实际出发，选择学生熟悉的人、事、物或领域让学生去写；另一方面，在指导学生写作时，我们要鼓励学生从自己经历的现实生活中取材，写自己熟悉的人、事、物，同时，指导学生依托自己的生活构思和立意，表达源自生活的真情实感。这样才能真正避免学生"说假话、空话、套话"等不良现象。

当然，密切写作与生活的联系并不意味着只能机械地记录生活或写记实作文。实际上，现行语文课标提出的是写记实作文和想象作文这两类作文的要求。而好的想象作文也不是凭空捏造、胡思乱想的结果；相反，它往往以现实生活为基础，并且是作者真情实感的"间接"表达。如小作者出于对现实学校生活中学生缺乏自主权的不满，想象未来的学校是由学生自己做校长、做班主任的。显然，这就属于源自生活、写真情实感的想象作文。

（二）培养习作兴趣和自信心的策略

写作是语文学习中最复杂的精神劳动,如果没有兴趣,不喜欢甚至害怕写作文,就必然写不好作文。因此,现行语文课标特别强调写作兴趣和自信心的培养。对第一学段,要求"对写话有兴趣";对第二学段,要求"乐于书面表达,增强习作的自信心。愿意与他人分享习作的快乐"。培养写作的兴趣和自信心,首先要降低学生写作起始阶段的难度。现行课标的习作目标(这里仅指结果性的、知识与能力方面的习作目标——笔者注)是新中国成立以来最低的。第一学段要求写想说的话,写想象中的事物;第二学段要求"不拘形式地写下自己的见闻、感受和想象"并把它们"写清楚";第三学段要求"写简单的记实作文和想象作文,内容具体,感情真实"。教师教学与评价时都要坚持这些要求,而不能任意拔高。比如,中心明确、条理清楚、详略得当等都不应当作为小学习作教学的重点或评价的硬性标准。降低写作起始阶段的难度,根本上是让学生放手去写自己所见、所闻、所思、所感,而不受条条框框的限制。这也是中国传统作文教学的经验之一,即对初学者,要强调写放胆文;等到养成了用笔表达和思考的习惯之后,再学习文法的规则和要求,使写作依法合度。

培养写作的兴趣和自信心,更要在创设交流的情境上着力。就作文题目的设计而言,是要明确交流的目的、对象和场合等。一些语文教育大家早就强调要设置假想的读者,创设交流的情境。朱自清说:学生写文章"知道写了是要给教师读的,实际也许只有教师读,或再加上一些同学和自己的父兄。但如果每回写作真都是为了这几个人,那么写作确是没有多大趣味"。"写作练习可以没有教师,可不能没有假想的读者。"① 张志公先生论述说:"尽管北海是个熟悉的地方,但学生还是对着'北海'这个题目发呆。写北海有各种写法,要看写作的对象和目的而定。自己游了北海,游得很愉快,想写

---

① 朱自清:《朱自清选集》第 3 卷,河北教育出版社,1989 年,第 40 页。

篇日记,是一个写法;游北海有所见,有所感,想写篇文章在报纸上或墙报上发表,是另一种写法;跟友好的国家的小朋友通信,向他介绍一下北海的景物,又是一个写法。既无对象,又无目的,叫学生从何说起? 换言之,学生不知道写什么。明确一下写作的目的与对象,作文将是有趣容易的。"[1] 他进而举了一些有假想读者、有交流情境的作文题目:"有一个没到过北京(或其他地方)的亲戚最近要来北京,并且要到学校来看你。写一段文章,告诉他下了火车之后怎样找到你的学校。注意把学校所在的街道和学校门口的情况写清楚,使他根据你的说明很容易找到地方。写一篇文章向学校的墙报投稿,介绍西郊动物园(或者你最近去过的其他公园)近来有些什么新的景色,劝同学们星期天去游览。弟弟(或者妹妹,或者邻居家的孩子)爱淘气,不用功。写一个你所认识的刻苦努力、品质和学习都好的学生,作为榜样,劝你弟弟向他学习。"[2] 就作文的去处而言,是要提供发布或交流的平台,让学生了解自己作文所引起的真实反响,而不仅仅是教师一个人评判的对象。教师应利用班级墙报、文集或网络论坛、QQ 群等平台,让学生发布自己的作文,同时接受同学的反馈或评价。教师还可以指导学生把自己指向明确、读者对象明确的作文真正传递给相应对象,如把优化社区环境的建议书交给社区负责人,把写童年误会的文章改成书信后送给当事人,等等。这些举措能够极大地激发学生表达、交流的兴趣,使学生真正"懂得写作是为了自我表达和与人交流"。

(三) 体验完整的写作流程的策略

在小学习作教学中,教师应当由扶到放让学生经历、体验完整的写作流程,进而掌握这一流程。一般而言,完整的写作流程应该包括取材、构思、起草、加工(即修改)和发布等环节。

对于取材环节,教师要指导学生认真观察、有效搜寻、积极回忆。

---

① 张志公:《张志公语文教育论集》,人民教育出版社,1994 年,第 333 页。
② 同①,第 334 页。

如果写眼前的事物，教师应指导学生观察什么、怎么观察；如果写不是亲身经历的事物，就要指导学生明确搜寻什么材料、通过什么途径搜寻，以及怎么搜寻；如果要写过去经历的事物，就要指导学生需要回忆哪些东西，以及怎么利用线索获得尽可能全面的回忆。此外，对于命题或半命题作文，教师尤其要指导学生根据题目要求，选取恰当的写作素材。

对于构思环节，教师要着重培养学生想清楚了再动笔的习惯，尤其要使学生掌握列提纲的方法。在写作的起始阶段，教师要启发学生的写作思路，帮助学生构思——比如弄清楚"为什么写""写什么""怎么写"的问题；懂得"为什么写"决定了"写什么"和"怎么写"；想明白"写什么""不写什么""先写什么""再写什么""最后写什么"等问题。

起草环节既是构思的延续，又是用正确恰当的字词句表达思想的过程。对于遣词造句尚未达到自动化水平的中低年级小学生而言，教师尤其要重视起草环节的指导。一方面，教师可以在课堂上给学生留出足够的起草时间，同时予以巡视和个别指导；另一方面，教师可以向全班学生示范起草文章的部分内容，或者和学生一起起草文章，从而教授遣词造句的方法和技巧，培养学生起草的习惯。

对于加工、修改环节，教师要将之作为教学的重点，反复强调和训练；要经由教师示范评改、师生共同评改，逐渐过渡到学生互相评改和学生自我评改。作文修改的教学要点包括：（1）明确修改文章的重要意义。要让学生懂得，写作是一种脑力劳动，需要经过不懈追求和反复努力才能获得较好的效果。好文章不仅是写出来的，更是改出来的。学会修改文章，才能使自己的写作能力不断提高。（2）了解修改文章的基本步骤。要提醒学生，作文写完以后多读几遍，出声朗读，边读边改，反复读、改几遍，直到自己比较满意。（3）掌握修改文章的主要方法，了解和熟练运用修改文章的符号。

对于发布环节，一般教师是比较忽视的。而实际上，发布不但是大部分写作活动中不可或缺的环节，而且深刻影响着写作的过程和结果。为了激发学生的写作兴趣,培养学生为特定对象和目的写作的意识,教师应当重视发布这一环节。如拓宽发布的渠道——建立班级习作 QQ 群、创立班级习作园地等,让学生都有发布习作,以及与同学、教师甚至家长就习作持续沟通和讨论的机会。再如培养学生为发布而写作的意识,指导学生为特定媒体和读者而写作,鼓励学生积极投稿,等等。

(四) 指导写作方法的策略

习作教学要减少对学生的束缚,使学生能够自主写作、自由表达,但这不意味着放任自流,不给学生的习作以必要的帮助。笔者认为,既要保证学生写作的自由,又要提供必要的帮助,最好的做法就是指导写作的方法。这些方法按写作的过程划分,主要有积累的方法、审题的方法、选择材料的方法、组织材料的方法和修改的方法等;按作文的体裁或形式划分,主要有记叙文的写作方法、说明文的写作方法、看图作文的写作方法、扩写的方法和续写的方法等。

例如组织材料的方法,就有按照时间的先后顺序组织、按照空间结构组织、按照由主到次的顺序组织和按照先叙事状物再抒情议论的顺序组织等方法。

再如修改的方法,就有"五看"法:一看中心是否明确,叙事是否具体;二看段落是否分明,层次是否清楚;三看句子是否完整,读来是否通顺;四看用词是否准确,搭配是否得当;五看书写是否正确,标点是否恰当。即由大处看小处,逐步完善文章的方法。还有叶圣陶提出的"念"的方法:"修改稿子不要光是'看',要'念',就是把全篇稿子放到口头说说看。也可以不出声念,只在心中默默地说。一路念下去,疏忽的地方自然会发现。下一句跟上一句不接气啊,后一段跟前一段连得不紧密啊,词跟词的配合照应不对头啊,句子的成分多点儿或者少点儿啊,诸如此类的毛病都可发现。同时也很容易发现怎么说才接气,才紧密,才对头,才不多不少,而这些发现就是修改的办法。"(《把稿子念几遍》)

又如扩写的方法,就有以下几种:(1) 认真阅读扩写的材料和提示,明确主要内容和文章所要表达的思想;(2) 紧扣中心,寻找扩写重点;(3) 合理想象,具体描写,根据情况,或扩展情节,或补充情节。

写作方法不但要在写作前通过范文向学生讲清楚,而且要在学生写作过程中不断加以提醒,让学生切身体验、感受方法的运用。更要指出的是,要学生真正掌握一种方法并自如地加以运用,需要经过一定量的变式练习,而且要提醒学生注意体会方法运用的好处及条件,对方法运用的过程加以自我监控。

（五）由说到写的策略

对于小学生写作而言,语言表达是一大问题。他们即使已经明确了要表达的意思,也会因遣词造句、段落构造上的困难而不能顺利完成习作任务。因此,语言表达的切实指导,在小学习作教学中居于重要位置。

小学生的口头言语先于书面言语发展,且对书面言语发展具有奠基作用。口头言语中的独白相对于对话而言,往往句子间联系紧密,句子完整,少用省略。独白也是口语言语向书面言语过渡的阶段。在小学习作教学中,教师可以着手训练学生独白式的说,使学生在原有的口语基础上向表达更完整、意思更丰富上发展。经过独白式的说,再将说的内容整理、书写下来,学生的书面言语能力可以得到有效发展。

二、小学语文习作教学方法

除讲授、谈话、练习等基本的教学方法以外,小学语文习作教学经常采用的具有一定独特性的教学方法如下:

（一）设境法

设境法一般用于作文任务布置之前,是教师通过语言、音乐、画面等形象、直观的媒介创设交流、表达的情境,激发学生交流、表达的欲望,给予交流、表达的目的、对象、场合等信息提示的习作教学方法。

比如,教师在让学生写《春游活动》的作文之前,先用录像创设

相关情境,激发学生的写作兴趣:

1. 录像引入。

师:同学们,我们来看一段录像好吗?(播放录像,再现春游活动场面,激发情感兴奋)

2. 引发回忆。

师:这是前不久我们一起参加的一次春游活动。大家一定记忆犹新。想一想,这次活动中的哪些人、哪些事、哪些景、哪些物给你留下了最深的感受呢?(学生自由回答)

3. 闭目想象。

师:闭上眼睛,伴着音乐,把感受最深的人、事、景、物再回忆一遍。

(播放一段轻音乐)①

又如,有一位老师要让学生练习按照一定方位顺序介绍一个地方,就对学生说:"许多同学的家里我还没去过,有空的时候,我想到你们的家里去看看。你们的家在什么地方? 从学校到你们家该怎么走呢? 请你们写下来告诉我。注意把位置、特征、路线写清楚,否则我就找不到了。"这段谈话不但能够激发学生写作的兴趣,而且明确了写作的目的和对象,有利于提高学生交流的意识和能力。

(二)活动法

活动法就是在学生写作之前,组织学生从事相关活动,使学生获得亲身体验,积累写作素材,形成写作内驱力;教师顺势布置写作任务,要求学生就活动的观察、感受、体验、思考等进行写作。活动法是为学生获得写作素材和写作动机服务的,其间往往需要穿插对学生观察的指导、对学生思考的点拨。

比如,有老师先让学生"闭上眼睛,数一数全班同学的名字","看一口气能数多少个",然后要求学生把测试的经过和感受原原本

---

① 吴忠豪:《小学语文课程与教学论》,北京师范大学出版社,2008 年,第 336 - 337 页。

本地写下来,怎么做就怎么写,怎么想就怎么写,不需要虚构,不需要为了爱面子而掩饰自己。这里的活动虽然规模小且是内隐的,但可以引发学生丰富的感受,从而形成丰富的习作素材。

（三）示范法

示范法主要是给学生提供写作范例。写作范例可以是教师亲自写的"下水文",也可以是教师"借"别人写的例文。写作范例可以是整篇文章,也可以是文章片段。

采用示范法,要注意提供的范例与学生的写作任务有适当的联系,便于学生模仿,又不至于限制学生的自由发挥。此外,在提供写作范例的同时,教师还要指导学生分析、揣摩其中的写法,从而灵活地迁移、运用于自己的作文中。

最后,示范法还可以是向学生示范如何修改习作。如选取学生有代表性的习作或习作片段,分析其中存在的问题,向学生示范如何修改。

（四）讲评法

讲评法是教师指出、分析学生习作的成败得失,并给出修改、完善或继续努力等意见。讲评法一般用于全班集中教学,也可以用于个别辅导。

讲评法有综合讲评,即从思想内容到写作表现形式,对全班学生作文做全面概括性讲评,讲述和分析学生本次作文的优缺点和值得注意的共性问题。也有专题讲评,即聚焦于本次作文中的一两个主要问题,结合讲授有关写作知识的讲评。讲评时,一是要注意抓住典型,选出本次习作中一两篇优秀的、有明显进步的,或者代表本次习作共性问题的习作进行讲评,用以指导全班。二是要注意进行对比,如不同选材立意的习作的对比、不同谋篇布局的习作的对比、不同表现方法的习作的对比、修改前后习作的对比等。

三、小学语文习作教学模式

小学语文习作教学,一般分为作前指导、学生写作、作后评议与修改等部分。其中,作前指导是以前比较忽视而又非常重要的环节。本书着重对作前指导的教学模式进行阐释。按照作前指导教学内容的侧重点,可以归纳出写法指导型、写作技能训练型、智能训练型、活动—素材型。

(一) 写法指导型

这种模式着重教授完成特定习作任务的写作手法或语言形式,指导学生运用上述写作手法或语言形式写话或习作。其主要步骤如下:

第一,以"例子→写作手法或语言形式"或者"写作手法或语言形式→例子"的形式,教授所要运用的写作手法或语言形式。如案例4-1中,教师先呈现例文《我喜欢的"随身听"》与《我忠实的"朋友"》,然后与学生一起讨论,概括出其使用的主要写作手法——"介绍小物件要安排好介绍顺序,如先写外形,再写各部分的颜色、构造,最后写小物件的用处。对能反映小物件特点的部分要写得具体一些"。又如案例4-2中,教师直接指导学生按"发现什么样的景物+它想干什么"的思路顺序来说自己画的画,紧接着给出范例"我发现小草探出了尖脑袋,它想干什么呢? 它是想看看这美丽的春天,和我玩一会儿"。这两种方式都能使学生清楚、准确地理解所要运用的写作手法或语言形式;所不同的是,前者有利于培养学生的概括能力,后者则更省时高效。教师可以根据具体情况,灵活选择。当然,如果学生有一定基础或者所教授的写作手法、语言形式比较简单,也可以只给例子或只提概括性的写作手法或语言形式。

第二,学生运用教授的写作手法或语言形式自主写话或习作,教师相机指导。如案例4-1中,教师在布置写作任务后,进一步启发学生"你打算从哪几个方面把它介绍给你的小伙伴们?",并要求他们列出提纲;在学生合作交流时,又强调要"言之有序——按一定的顺序说"。

第三,师生依据所要运用的写作手法或语言形式,对写话或习作加以评议及进一步修改。如案例4-1中,教师在大屏幕上明确习作讲评修改的要点:"1. 是否围绕总起句介绍。2. 是否按一定顺序描写(外形)。3. 语句是否通顺,意思是否连贯。"要求学生按照上述要点评判修改自己的习作。

【案例 4-1】

"我喜爱的小物件"教学设计[①]

教学目标：

能具体而有条理地介绍自己喜爱的小物件。

教学过程：

第一课时

一、揭题导入，引发动机

1. 同学们，在日常生活和学习中，你们一定有许许多多的小物件，你能说出几个来吗？

2. 请你把自己能记起来的小物件名称写在一张纸上（罗列小物件名），并与同桌交流。

储蓄罐　洋娃娃　小闹钟　随身听　复读机　笔袋　文具盒电子词典　小（花）手帕　水壶　口杯……

3. 你最喜爱的是什么？你今天准备写哪一种小物件？为什么写它？是写给哪些人看的呢？这些好的东西，当然应该写出来与大家一块儿分享！

二、范文"导航"，习得构思方法

1. 教师先出示"随身听"实物一个。请学生辨认，说出名称。你想知道别人是怎么写介绍它的作文吗？

2. 师生共同讨论写法。他是按什么顺序写的？写了哪几个方面？随即板书：

我喜爱的"随身听"

外形：款式　　功能：键名　　感情：和我的关系

———————————

① 王小明，等：《语文学习与教学设计》，上海教育出版社，2004 年，第 181－184 页。

大小(尺寸)　　　　用途　　　颜色

3. 再举例文《我忠实的"朋友"》

师生讨论：

(1) 例文是从哪几方面写小闹钟的？

(2) 小闹钟有哪些特点？怎样写出小闹钟的特点？

归纳写作方法：

介绍小物件要安排好介绍顺序,如先写外形,再写各部分的颜色、构造,最后写小物件的用处。对能反映小物件特点的部分要写得具体一些。

三、凭借感知,指导习作

1. 请同学们把准备好的自己最喜爱的小物件摆放出来。

2. 在草稿纸上拟一个题目。如：

我喜爱的(补充)

我忠实的"朋友"(自主命题)

3. 你打算从哪几方面把它介绍给你的小伙伴们？(试列出提纲)

再指导审题:应紧扣题目中的关键词,写出小物件的特点。

4. 和你的合作伙伴交流一下。要求:言之有序——按一定的顺序说。

5. 挑选两三名学生在全班演示介绍。

四、起草,实施写作计划

提示：

1. 用总起句构段。

2. 每写一个方面换一段。

3. 打草稿时不必过分要求字句通顺,力避"十步九回头"。

教师巡视,个别辅导,发现问题,随机点拨。典型案例,留作集体点评。

第二课时

一、继续完成草稿,帮扶困难生

二、以点带面,讲评修改

大屏幕出示中等生习作，并引导学生明确本次习作讲评修改要点：

1. 是否围绕总起句介绍。

2. 是否按一定顺序描写（外形）。

3. 语句是否通顺，意思是否连贯。

在共同讨论的基础上，教师做示范批注（实物投影），为学生自批自改、互批互改提供借鉴。随着教师的点拨、伙伴的启发，学生从多方面获得信息，以本次写作的要求来评判、修改自己的习作。

［评析：这一习作教学设计方案过程完整、重点突出、指导到位，值得广泛借鉴。在布置习作任务时，教师提示学生思考"为什么写它""写给哪些人看"，对培养学生的写作交流意识是有益的。随后，教师通过范文引路，与学生一起概括出写作小物件的方法——安排好介绍顺序，对能反映小物件特点的部分要写得具体一些。在学生写作的过程中，教师又紧扣这两点加以具体指导。最后的评议修改环节，教师依然指导学生将这两点作为重要标准。可以说，通过两节课的学习，学生应该能够较好地胜任物品介绍这类写作任务，能够较好地掌握有一定顺序及抓住物品特点介绍的写作方法。］

【案例 4-2】

"春天里的新发现"教学设计①
人教版教材二年级下册"语文园地一"的"写一写"（有删改）

教学内容：

"语文园地"的"写一写"，要求学生"把自己在春天里的发现写下来"。这是本册教材安排的第一次比较"正式"的写话练习，也是在口语交际的基础上进行的写话训练。

---

① 庹先德：《让学生轻松写下春天里的发现——"语文园地一"的"写一写"教学设计》，《小学教学参考》，2005 年第 2 期。

教学目标：

1. 对写话有兴趣，能够把自己说的话加以整理写下来，由口头表达向书面表达转换。

2. 运用特定句式，有序地写下春天的多种景物及自己的感受。

3. 学习评价和修改写话，与同学分享写话的轻松和快乐。

教学过程：

一、以歌激趣

1. 唱《滴哩滴哩》和《小鸟小鸟》。

2. 导语：老师从同学们美丽动听的歌声中听出，同学们对春天又有了新的发现和惊喜（板书：春天里的发现）。大家应该为自己的新发现而快乐，请大家为自己鼓掌吧！你们愿意把自己的"新发现"和快乐写下来告诉更多的人吗？

二、以画引说

1. 请学生自主在刚才发下去的白纸上把这次课前"师生田野踏春"活动或自己在其他活动中新发现的春天景物画下来，看谁画得最多。（画一种为合格，画两种为良好，画三种为优秀，画四种当然是更优秀）请注意：课本中学过的内容不画，要画自己新发现的。

2. 让学生自由组合，六人一小组，选出小组长并由其组织画画和小组说画活动。小组成员说各自所画的内容，要求按"发现什么样的景物＋它想干什么"的思路顺序来说。（示例：我发现小草探出了尖脑袋，它想干什么呢？它是想看看这美丽的春天，和我玩一会儿。）

3. 各小组根据本组所画和所说的情况，给小组取一个大家都喜欢的组名（如"绿叶组""春鸟组"等），并综合各小组成员新发现的内容合作完成一幅新发现的美丽春景图，推荐一名能综合各名组员的话解说这幅画的代表。

4. 全班交流小组合作的"新发现春景图"。（板书：新；张贴：各小组合作的图画）

5. 师生评画和激励：(1) 画中内容全是小组成员的新发现，且有六种内容以上的为优胜。（2）小组代表能按照一定的条理（如植物—动物—天气变化—人们的活动）说出图中所有内容的为优胜。奖励优胜小组一颗"发现星"。

三、以文记说

1. 导语：最有能耐和最值得奖励的是把依照图画说的话记录下来，写在图画旁边。可以选择在自己的画旁写上自己的话，也可以选择在小组合作的画旁写上大家说的话。能把大家想说的话写出来，就是最优秀的，相信各位同学一定会努力去做最优秀的。不会写的字可以写拼音，最好的办法是问老师和同学。能按顺序有条理地写出来的，将获得一颗"发现星"。

2. 学生写话。教师巡视指导，提醒并鼓励写话有困难的学生努力写好自己说的那些话，也可以运用课文中现成的词句表达自己的意思。启发并鼓励写话能力较强的学生，不仅写出新发现的美丽景象，而且大胆地把自己的联想、想象写出来。

四、以评促写

1. 自读自评拓展。（1）用愉快的心情和开心的语气把自己的"写话"读两遍。（2）看看读得是否顺畅，需不需要改动。（可请教老师和同学）（3）请用"美丽的××，我想对你说"的句式来表达自己对所发现景物的感情，并写在文章的后面。

2. 小组互读互评。交换各自的"写话"并读一读，体验成功的喜悦，并按"哪里写得好＋为什么写得好"的思路评说。最后每组推荐一篇优秀的"写话"参加全班交流。

3. 各小组派代表登台宣读本组的优秀写话，师生合作评议，深入体验"写话"的快乐。（评为优秀"写话"的条件是：① 所写内容是"新发现"的，不是课本中学过的。② 对"新发现"的有联想、想象和真情实感。③ 有一定的条理。④ 正确使用逗号、句号、问号和感叹号。）给优秀者奖励"发现星"。

4. 学生自找别人的优秀"写话"读一读，并按优秀"写话"的条件修改自己的写话。要求找老师评价的，老师应郑重承诺，达到优秀的写话者,一定要奖励"发现星"。

[评析:这一案例充分照顾了二年级学生刚刚学习写话的心理需要。上课开始时,教师以春天的歌声引出"春天里的发现"的写话任务。随后,教师让学生画出新发现的春天景物;再让学生以小组合作的形式练习把画的景物说出来(先是各人分说,再是小组代表综合说)。其间,穿插了句式方面的指导及有序介绍的要求。在学生练说的基础上,教师让学生把话记录下来,并给予分层指导和要求。最后,教师指导学生自读自评自改,充分发挥了学生习作的自主性,培养了学生良好的写作习惯。值得强调的是,教学过程中的学生合作学习及教师分层指导是非常成功的。前者很好地发挥了学习小组在说话训练中的作用;后者则体现了因材施教的原则,有利于各个层次学生写作积极性的发挥及写作能力的提高。]

（二）**写作技能训练型**

这种模式着重通过一系列练习,特别是由易到难、循序渐进的练习,训练学生某一项或某几项写作技能,如拟题的技能、围绕中心具体记述的技能、生动形象描写的技能、有序叙事的技能等,以有效提高学生完成习作任务的质量。其主要的教学步骤如下:

第一,通过具体的习作案例,让学生直观地感受待训练写作技能的使用情况及其效果。在下面《写一件事》的习作教学案例中,教师通过概括练习,让学生具体地体会到一段话总是围绕着一个中心意思写的,同时也从反面认识到围绕中心具体记述这种写作技能的运用情况,为下面的技能训练奠定了认识的基础。

第二,围绕该项写作技能,进行简单的写作小练习。在《写一件事》的习作教学案例中,教师要求学生扩写"爷爷真糊涂"这句话。这个练习实际上是要求学生用几个具体的例子支撑中心句,相对容易。

第三,围绕该项写作技能,进行更难、更复杂的写作小练习。在《写一件事》的习作教学案例中,教师要求学生继续扩写其余的四句话;这个练习要求学生想象情境、进行具体描写,把事情写具体、写生动,与上面的要求是不同的,也相对困难些。

第四,在训练一项或几项相关写作技能的基础上,布置习作任务,让学生综合运用所训练的写作技能。

【案例4-3】

"写一件事"教学设计①
执教者:贾志敏

一、提出训练任务,激趣导入

师:作文,就是用嘴说话。作文也是一种游戏。如果你能把长的变短的,短的变长的,那你就获得了作文的自由。

二、概括训练,初步领悟具体描写与概述的区别

1. 师:下面,我们做一个练习,先听老师读一段话。

小明是个粗心的孩子。他做什么事都大大咧咧、马马虎虎的。做数学题,不是把加号看成了乘号,就是把小数点点错。一次上学时,他匆匆忙忙地把袜子当成手帕给卫生员检查,结果,闹了个大笑话。语文课上,老师让大家读课文,他把"老大娘"读成了"老大狼"。难怪大家给他取了个外号,叫"小马虎"。

把这段话变成短的,用一句话写下来。

生完成练习并朗读句子。

正确的概括如"小明是个粗心的人,因此有个外号叫'小马虎'"。

2. 师朗读第二段话,要求学生把它变成一句话:

河马的嘴比一般动物的都大。当它张开大嘴的时候,一个人跳进去还填不满。有人亲眼看见它把一条小船咬成两截。它咬起五六米高的芦苇秆子,就像人们吃韭菜那么容易。

生完成练习并朗读句子。

① 根据"写一件事"教学实录整理而成;原实录见杨九俊、姚烺强主编:《小学语文新课程教学示例与导引》,南京大学出版社,2005年,第316–324页。

正确的概括如"河马的嘴很大"。

3. 师朗读第三段话，要求学生把它变成一句话：

我是一个集邮迷。在我的集邮册里珍藏着许许多多珍贵的纪念邮票。来信的信封上有不少邮票，我征得家长的同意把它们剪下来，小心翼翼地用镊子插入我的邮册。听说邮局要发行一套新的纪念邮票，我便取出平时节省下的零花钱，风风火火地赶到邮局等候开门。

一个夏天的中午，我发现一个黑咕隆咚的洞里放着好多好多我喜爱的邮票。这一下，我乐不可支，伸手去掏。掏呀掏，结果邮票没掏着，倒挨了爸爸重重一巴掌。我瞪大眼睛，歪着脖子，望着爸爸，心想：你为什么无缘无故地打我。谁知道，爸爸怒气冲冲地指着我的鼻子骂道："你这小子，不好好睡觉，把手伸到我嘴里，掏，掏什么来着！"

生完成练习，朗读句子。

正确的概括如"我是一个集邮迷"。

4. 师朗读第四段话，要求学生把它变成一句话：

我站在老师跟前，耷拉着脑袋，脸红到脖子根。眼睛眨巴眨巴，泪水在眼眶里直打转，鼻子一抽一抽的，嘴巴张开想说话，两只手没地方放，只是垂着，两条腿无力地站着。我心里真不是滋味，好像打翻了五味瓶，甜酸苦辣样样都有。同学们选我当中队干部，我怎能干出这样丢人现眼的事。我是对得起老师、同学还是爸爸妈妈？我眼睛直盯着地板上，要是有一条裂缝的话，我一定钻进去了事。

生完成练习，朗读句子。

正确的概括如"我为自己的过错而懊恼、羞愧"。

三、扩写训练

1. 师：请大家抄写一句话"爷爷真糊涂"，在这句话后画一条线，写一写爷爷糊涂到什么程度。

生练习，师巡视。

师指名朗读扩写的句子，并相机点评。

2. 师：请大家再听写四句话：“一天早上，爷爷发现手机找不着了，很着急。我们帮他一起找，还是找不着。我知道他的手机是开着的时候，高兴极了。原来，手机在冰箱里呢！”

一位同学把这个材料寄给《贾老师教作文》杂志。没过多久，杂志社编辑部给这位同学回了一封信。全文如下：

王小明同学：

你寄来的《我帮爷爷找手机》的习作已经收到了。谢谢你对我们《贾老师教作文》杂志的关心。

编辑部的叔叔阿姨们看了你的稿子很高兴，都说写得不错，爷爷糊涂得竟然把手机放到了冰箱里，非常有趣。如果小读者们看了你的习作之后，一定会笑得合不拢嘴的。

但是，这篇习作的内容过于简单，有些情节没有展开，显得有些单薄，别人读了之后不可能得到一个真切的印象。因此，这篇稿子暂时不能用。

建议你按下述要求做些补充和修改，再寄给我们。如果符合要求，我们一定会把你的习作刊登出来，让大家一起分享作文的快乐。

一、“爷爷真糊涂”，是怎么糊涂的？能不能举几个例子加以说明？比如，“拿着眼镜找眼镜呀”等等。

二、“手机找不着了，很着急”，爷爷怎么着急的？额头上冒汗了吗？脸上的表情又是怎样的？嘴上说了些什么？

三、“我们帮他一起找，还是找不着”中的“我们”指哪些人？是怎样找的？

四、“我知道他的手机是开着的时候……爷爷高兴极了”，“我”是怎样知道的？爷爷高兴的时候，表情、动作又是怎样的？大家听了这话，又是怎样评论爷爷的？

五、“原来……”爷爷说这话的时候，表情、动作又是怎样的？大家听了这话，又是怎样评论爷爷的？

如果把这些问题回答了，那么文章就有了具体的内容。

总之,写作文是一件十分快乐的事。"作文是写出来的,好作文是改出来的。改一百遍也不算多",这是一位大作家说过的话。

希望你仔细考虑,认真修改。把修改好的稿子再寄给我们。

祝

学习进步!

《贾老师教作文》编辑部大朋友

请大家按照要求将五句话扩写成一篇文章。

生扩写。

师指名朗读并相机点评。

四、拟题训练

师:文章写好了,让我们给它起个题目。先用"手机"为题。

学生尝试围绕"手机"拟题,如《手机找到了》《手机大搜索》《"过冬"的手机》《我侦破了"手机案"》。

师:用"爷爷"为题。

学生尝试围绕"爷爷"拟题,如《糊涂的爷爷》《爷爷真糊涂》。

师:用"我"为题。

学生尝试围绕"我"拟题,如《我是一个大侦探》《我帮爷爷找手机》。

师:用"一件怎样的事"为题。

学生尝试以"一件怎样的事"拟题,如《一件可笑的事》《一件有趣的事》。

师:用"地点"来定题。

学生尝试围绕"地点"拟题,如《一件发生在家里的事》。

五、布置作文任务

师:回家后如果你感兴趣的话,把这篇文章整理一下,写好它,寄到《贾老师教作文》编辑部去。

[评析:如何把文章写得具体、生动,是小学生作文时遇到的普遍性问题。贾老师的这节习作课就集中训练学生具体、生动地叙事写人的技能。开始,教师先精心设计了概括语段的训练。这一训练

既让学生初步感知具体描写与概述的区别，又为学生下面的具体描写提供了样例和素材。随后，教师陆续给出两个具体描写的训练任务。一个是扩写"爷爷真糊涂"，这是训练学生用事例具体表现人物特点的写作技能；一个是扩写"我帮爷爷找手机"的事情，这是训练学生把事情写生动、写具体的技能。这些训练任务既有层次性，又有内在联系，为学生最后整篇作文的写作提供了铺垫。

要指出的是，因为这一教学案例旨在写作技能的有效训练，训练任务相对固定且具体，没有给学生自主自由写作留下足够空间。]

（三）智能训练型

这种模式把指导学生写作与训练学生的观察能力、思维能力、想象能力等紧密结合起来，如要求学生描摹实物或实景，就与训练学生有序、细致地观察眼前的实物、实景紧密结合；再如要求学生写想象中的事物，就与指导、训练学生的想象能力紧密结合。智能训练型的习作教学的主要步骤如下：

第一，教师布置具体的观察、思考或想象任务，同时提出特定的观察、思考或想象要求。如下面的"看图写童话"的教学案例中，教师先要求学生观察贴画，说出"这幅画上画了些什么"，并指导学生有序观察——"观察时，可以从近到远，也可以从远到近，可以从左到右，也可以从右到左"。后来，教师又要求学生发挥想象，就贴画编童话故事。她给出了童话故事的开头，对学生的想象具有很好的提示和激发作用。

第二，学生按照要求观察、思考或想象，并口头表达观察、思考或想象的内容；教师相机指导与点评。在"看图写童话"的教学案例中，教师提供充足的机会，让学生观察、说话与想象、编故事，并在其间给予评价与指导。针对学生的观察、说话，教师称赞某学生观察细致，进而指导学生仔细观察"那桃树怎么样？河水怎么样？梅花鹿和小猴在做什么？"针对学生的想象、编故事，教师不断提示学生讲得具体生动些，并对学生用词恰当、具体生动之处给予正面评价。不仅如此，当教师发现学生固着于同一种想象思路——小猴和梅花鹿相互帮助,摘到了桃子时,就假设了另外两种情形——一是小猴和梅花鹿开始时不愿相互帮助,二是小猴和梅花鹿很聪明,靠自己的力量摘到了桃子,以之引导学生变换思路,进行想象,从而比较充分地训练了学生的想象能力。

第三,在练说的基础上,教师明确写话或习作任务,学生运用观察、思考或想象等方法,完成写话或习作任务。要注意的是,教师最后布置的写话或习作任务与此前布置的观察、思考或想象任务,既不要完全一致,以避免写话或习作仅仅是对课上说话内容的简单重复;又要紧密相关,以保证习作指导的有效性。如"看图写童话"的教学案例中,教师指出针对贴画可以编出很多童话故事,要求学生"觉得哪个故事最有趣,就写哪一个",既给了学生充分的选择和创造的自由,又允许学生能够充分利用指导课上观察和想象说话的内容,从而顺利完成习作任务。

【案例4-4】

"看图写童话"教学实录①
执教者:滕昭蓉

师:今天,我们看图写一篇童话。(贴画)大家看看,这幅画上画了些什么? 观察时,可以从近到远,也可以从远到近,可以从左到右,也可以从右到左。

生:上面画了桃树、小河、一只梅花鹿、一只猴子,还有一间房子。

生:河这边还有一棵大树。

生:房子的旁边还有几朵小花。

师:吴勤武同学眼睛最尖,连几朵小花都观察到了。同学们再仔细观察,那桃树怎么样? 河水怎么样? 梅花鹿和小猴在做什么?

---

① 吴忠豪主编:《语文教育研究大系·小学教学卷》,上海教育出版社,2007年,第512–515页。

生：河的对岸有一棵高大的桃树，树叶绿油油的，树上结的桃子很大很大——

师：可不可以用书上一个词，又什么又什么？

生：又大又红，可爱极了。

生：小河的水在哗啦啦地流着。

师："哗啦啦"，这也是我们才学过的，用得好！那么梅花鹿和小猴呢？

生：那只大梅花鹿，身上穿着花衣裳，头上长着一对树杈，他在和小猴子说话，小猴一蹦一跳的，眼睛——

生：眼睛骨碌碌直打转。

师：小猴想干什么？

生：他望着对面的桃树，想吃那又红又大的桃子。

师：我们现在根据这幅画来编一个童话故事。我先开个头：有一天，梅花鹿和小猴同时来到小河边，他们发现河的对面有一株桃树，那桃子长得又大又红。下面请同学们编下去。

（学生思考片刻，纷纷举手）

生：那小猴就同梅花鹿商量："你背我过河去摘桃子吃，好吗？"梅花鹿答应了，就把猴子背过河。猴子爬到树上，摘了许多桃子吃。

师：编得不错。不过，要讲得具体生动一些。小猴看到那桃子长得又大又红，他是怎么想的？他说话时有什么动作、表情？梅花鹿是怎么回答的？他们是怎么过的河？过了河，猴子又是怎么样上树摘桃子的？摘了桃子后就他自己吃吗？谁再来讲讲？

生：那小猴见了对岸又大又红的桃子，馋得直流口水（教师插话："'直流口水'用得好。"），就手舞足蹈地对梅花鹿说："梅花鹿哥哥，你看，那桃子长得多可爱啊！你背着我过河，我们一起去摘桃子吃，好吗？"梅花鹿说："好的，我背你过河。"他们来到河边，小猴爬到梅花鹿背上。那河水不太深，刚好淹到梅花鹿的肚子。（教师插话："'河水不太深，刚好淹到梅花鹿的肚子'，这句话交代得好。"）过了河，来到桃树下，小猴就爬上了树。

师:怎么爬上树的?

生:纵身一跃。(教师插话:"'纵身一跃',这个词我们才学过,用到这里很恰当。")猴子纵身一跃,敏捷地爬上了桃树。猴子摘了许多桃子,还丢了几个给梅花鹿吃,他们两个吃得津津有味。

师:还有谁能说?

生:(与前一个说的大同小异,略)

师:我们再来编一个故事。假设小猴和梅花鹿开始只看到自己的长处,不愿互相帮助,后来——

(教师未讲完,学生已纷纷举手)

师:好,后面的话我不说了,哪位同学来讲?

生:一天,太阳才出来不久,小猴和梅花鹿来到一条小河边。他们同时发现河的对岸有一株桃树,那桃子长得又大又红,使人看了直流口水。他们都想吃桃子。小猴眼珠骨碌一转,心想:我会爬树,这桃子肯定归我了。于是他向河中走去。哪知河水越来越深,水流越来越急。他吓得连忙后退。幸好附近有块大礁石,他靠着礁石喘了一会儿,才回头爬上了岸。梅花鹿见了小猴那副样子,笑了起来。他想:小猴过不了河,我能过河。于是,他就从河里走了过去。到了桃树底下,他发现桃树太高了,摘不到,就举起前腿,扒在树上,但还是吃不到桃子。这时桃树爷爷说话了:"你们两个,一个能过河,不能上树;一个能上树,不能过河。你们不能光看到自己的长处,看不到自己的短处。要互相帮助,互相配合呀!"梅花鹿听了这话,望了望对岸的小猴,想一想,就迅速地跑了回去,对小猴说:"小猴,我背你过河,好吗?"小猴高兴地纵身一跃,趴到梅花鹿的背上。梅花鹿背着小猴过了河,小猴又纵身一跃,爬到了桃树顶上。他从树上摘了许多桃子下来,他们两个吃得津津有味。

师:田永同学编得很完整。这个故事说明了什么?

生:不互相帮助就什么事情也做不成;互相帮助,就什么困难也不怕。

师:那就是团结起来——

生:(齐)力量大。

师:现在我们还要编一个童话故事。假设小猴和梅花鹿都很聪明,他们不依靠别人,最后自己动脑筋想办法摘到了桃子。先说小猴,再说梅花鹿。看看我们班的小朋友能不能想出聪明的办法。

(学生雀跃,有几个学生情不自禁地轻轻鼓掌。全班有三分之二的学生举手,有的急不可耐,从座位上站了起来。)

生:小猴用刀子把这边那棵大树砍倒,架起了一座桥。

师:小猴哪来的刀子?

生:那棵树旁边有座房子,那房子里肯定有刀子。

生:小猴爬上河这边的那棵大树,又爬到伸得最远的一根树枝上,胸脯一挺,就过了河。

师:"胸脯一挺",就能过河?

生:胸脯一挺,用尽全身力气往对岸一跳,就荡过了河。

师:对了,"胸脯一挺","荡过了河",真有意思!

生:小猴走到房子里,找了一根绳子,爬到那棵大树的树枝上,把绳子捆在树上。(教师插话:"应该讲'把绳子的一头捆在树枝上'。")猴子抓住了另一头,像荡秋千一样,荡过了河。

师:像荡秋千一样,比得好。

生:小猴子见岸上有许多石头,便把石头搬到河里,搭成桥墩,他踩着桥墩过了河。

师:小猴子力气不大,他要搬那么多石头,只怕难得搬动。这个办法——

生:(齐)不好!

生:小猴从家里取来一根绳子,打个圈,往对岸一丢,套在树上,他一吊就过去了。

师:如果河不宽,这个办法也很好。

生:小猴子回家取了一个脸盆,拿了一根竹棍,他坐在脸盆里,划着过了河,

师:这个办法真有意思。

生：小猴子找来一根竹竿，往河中间一插，他纵身一跃，跳过了河。

师：像撑竿跳高一样跳过河，很好。

生：小猴找来一把锯子，做了一只船，划过去。

师：这个办法可以，但是花力气太大。（还有好几个学生举手要求发言）好了，可能还有许多办法，我们要选最好的办法，最聪明的办法。现在说说梅花鹿有什么办法摘桃子？

生：梅花鹿过了河，摘不到桃子。他见周围有许多石头，便把石头垒起来，站在石头上摘到了桃子。

生：梅花鹿见摘不到桃子，就捡了几个小石头，往上丢，把桃子打了下来。

生：梅花鹿来到树下，前脚紧紧抱住桃树，使劲摇着，把桃子摇了下来。

生：梅花鹿带着一把刀，把桃树砍倒摘桃子吃。

师：把桃树砍倒，是不是聪明的梅花鹿？

生：那是愚蠢的梅花鹿。

师：把树砍倒了，以后就没有桃子吃了，这个办法不聪明。

生：梅花鹿回到房子里，取了一架木梯，他带着木梯过了河，再把木梯架到树上，爬上去摘桃子。

师：好了，我们想了许多办法，这些办法说明了什么？

生：说明小猴和梅花鹿爱动脑筋。

师：对，越动脑筋越聪明。

师：刚才我们编了三个故事，这幅图还可以编出其他的童话故事。下一节课是写童话。你觉得哪个故事最有趣，就写哪一个。下面我说说怎样拟题目。第一种办法，可以用写的对象做题目，我们学过的课文有《我的弟弟》；第二种办法，用写的事件做题目，学过的课文有《记一次乒乓球赛》；第三种办法，用文中的一句话做题目，学过的课文有《"我们也要当红军"》；第四种办法，用时间或地点做题目，学过的课文有《课间十分钟》《平平在家里》；还可以用体现中心思想的词语或句子做题目,如《关怀》《温暖》。大家想一种办法拟题。

［评析:这一习作教学案例立足于学生观察力和想象力的培养,有效地指导了学生写作有趣生动的童话故事。看图时,教师指导学生有序、仔细地观察,说清楚画面的内容;然后,教师就给出童话故事的开头,激发学生的想象力,让他们将童话故事续编下去。在这个过程中,教师以问题的形式指导学生展开想象,把故事讲得具体生动些。当学生的思维都局限在梅花鹿和小猴相互帮助、摘到桃子的套路里时,教师随即给出另外的两种假设——梅花鹿和小猴只看到自己的长处,不愿相互帮助;梅花鹿和小猴都很聪明,不依靠别人摘到了桃子——让学生按照这样的假设续编童话。这对学生思维的灵活性、创造性及想象能力都是极好的训练。

要注意的是,教学过程中,教师非常重视学生语言表达的指导:当学生使用了一个恰当的词语时,教师总是适时予以点评和鼓励。这对其他同学在习作中积极运用学过的词语这一良好写作习惯的养成,具有积极意义。］

（四）活动—素材型

这种习作指导教学模式的核心是组织学生进行生动活泼的实践或游戏活动;通过活动激发学生的习作动机,赋予学生鲜明生动的习作素材,从而解决"为什么写"和"写什么"的问题。其主要步骤如下:

第一,布置活动任务,明确活动规则,组织学生活动。如《"木头人"活动作文》的教学案例中,教师先向学生明确了"木头人"游戏的规则;然后组织学生进行相应游戏。《一次六分钟的考试》中,教师上课伊始就宣布进行六分钟考试,并明确考试纪律,有序组织考试。

第二,引导学生仔细观察或全面回顾活动的整个过程,从而尽量多地积累习作素材。如《"木头人"活动作文》中,教师提示学生游戏时"用眼睛的余光看看你周围的人都做了些什么动作,耳朵听好此时教室里有什么声音"。在后来的逗笑木头人的游戏中,又提示"请逗笑的同学仔细观察'木头人'脸上的表情和身体姿态的变化,也请'木头人'仔细观察逗笑同学是怎样逗你笑的"。在《一次六分钟的考试》中,教师以三组问题——(1)拿到试卷后,老师又不给看,你的心情怎样?终于可以看试卷了,你看到试卷后觉得题目容易还是简单?(2)你按照老师的要求做了吗?你听到了老师的报时吗?你是怎么想的、怎么做的?(3)时间够用吗?你总共做了多少题?估计一下能得多少分?——有效引导学生全面回顾答题过程,积累习作素材。

第三,指导学生记录活动过程或重要片断,相机点评。

第四,引导学生对活动加以反思,获得感悟。对于有些活动,教师不仅要指导学生详细具体地加以记述,更要引导学生加以反思,从中领悟启示或教育意义。如《一次六分钟的考试》的案例中,教师就引导学生对考试出人意料的结果加以反思和议论,并总结其教训意义。

第五,布置与指导学生进行整篇文章的写作。一般而言,课堂上学生练说或练写的只是活动片断,因而有必要让学生在片断的基础上完成整篇文章的写作,并予以必要指导。如《一次六分钟的考试》的案例中,教师就要求学生写整篇文章,并从提纲编写、题目拟订两方面加以具体指导。

【案例4-5】

"'木头人'活动作文"教学实录

师:谁知道"木头人"的游戏怎么做?

生:不能动,不能笑,不能说。

生:要唱儿歌。

师:谁来示范一下?(学生示范)今天我们就要来做这个游戏。

我们要做一个外表不动、内心丰富的"木头人"。想好你的动作：手、脚怎样摆？头怎样歪？面部表情怎样？用一分钟时间来想。（学生思考、议论）你准备摆个什么可爱或有趣的姿势做"木头人"呢？快快想，游戏马上要开始了。

游戏开始！

（学生快乐地拍手唱儿歌："山山山，山山山，山上有个木头人，不许说话不许动，还有一个不许笑。"念完儿歌，学生随即摆出了各种各样的姿势，有怒目圆睁样，有滑稽小丑样，有假装沉思样，有可爱甜美样……）

师：请同学们用眼睛的余光看看你周围的人都做了些什么动作，耳朵听好此时教室里有什么声音。

（游戏结束）

师：你刚才摆了一个什么姿势？或者你看到同桌的动作是怎样的？用语言来描述一下。

生：我刚才做了一个"睡美人"的姿势。

生：我看到同桌右手捏着鼻子，左手把两颊往上挤，眼睛眯成了一条线，像一只小狐狸。

……

师：真有趣啊！此时你听到了什么？心里是怎么想的呢？

生：游戏刚开始时教室里静悄悄的，连一根针掉在地上也听得见，慢慢地，我听到一丝笑声，我想，一定是哪位同学在偷笑。后来，许多人都憋不住了，笑声越来越响。

生：我想让自己坚持的时间长一点，可是倒计时的十秒我却觉得比十分钟还长，我好累呀！可我鼓励自己要坚持，坚持就是胜利！

生：我好想开怀大笑，因为我快要憋不住了。

师：把你刚才看到的、听到的、想到的，写在作文纸上。

（学生作文，写一段话。交流。）

生：老师一说"开始"，我们就开始唱起了儿歌："山山山，山山山，山上有个木头人……"唱完了以后，我们都做出了好笑的动作，想逗同桌笑。当然,我的同桌也想逗我笑,他的眼睛笑得眯成了一条线。在最后的十秒钟内我听到了许多同学在偷偷地笑。我心想:我一定要坚持下去,但我还是憋不住了,终于笑了出来。

师:你把同桌的样子写得十分逼真,自己的心理活动也写了出来。如果你把自己的样子也写出来,那就更好了。能写出来吗?

生:好,我马上写。

生:……我的同桌站得笔直,双手捂住眼睛,只留出一道缝隙看着我。我做的动作更奇怪,我用手拉住眼角,用力往上拉,再把嘴张大,舌头伸出来,嘴里还不时发出"哈哈哈"的声音,像一只哈巴狗在伸出舌头散热。我发现同桌此时已经轻轻地笑了。我心想:如果我把这个动作再做一会儿,他肯定会开怀大笑的。于是,我又多做了一会儿,果然,他开怀大笑——手乱拍桌子,脚乱踩地板……

师:(高高地跷起大拇指)你把自己当"木头人"的样子写得太有趣啦,老师看了都忍不住想笑出声来。

师:现在老师带领一半人演"木头人",另一半人专门逗笑。逗笑的人尽量用语言、动作、表情来逗"木头人",看能不能把"木头人"逗笑,注意千万不能接触"木头人"的身体。游戏中,请逗笑的同学仔细观察"木头人"脸上的表情和身体姿态的变化,也请"木头人"仔细观察逗笑同学是怎样逗你笑的。

逗笑开始。(一分钟)

师:"木头人"是怎样保持原状的? 逗笑的同学是怎样做怪动作的? 他们有没有说些什么? 把你刚才看到的、听到的、想到的,写在作文纸上。

(学生作文,写一段话。交流。)

生:我逗的是个女同学。一开始,我怎么做鬼脸都没用。于是,我又绞尽脑汁想笑话,想了一会儿,我对她讲了一个让人百分之一百会笑的笑话,嘿! 这招果然顶用! 她扑哧一声笑了。

师:你还真会动脑,一招不行,便换一招。赢了!

生:老师一说"开始",我就找到了自己的朋友,他身体靠在桌子上,手撑在下巴上。我先做了一个稀奇古怪的动作,然后用双手把嘴角拉开,舌头伸出来,像个吊死鬼的样子,可是没用,他一点反应也没有。怎么办呢? 我想来想去想出了一个很好的办法,我说:"你看你,丑死了,脸像猪,耳朵像兔子,身体像熊猫,走路一蹦一跳的……""哈哈哈……"我的话还没说完,他已经笑得鼻涕都出来了。

师:你们都是去逗笑别人的,不仅动作做得十分有趣,而且作文也写得惟妙惟肖,让人忍俊不禁。有没有谁写的是别人来逗你笑的呢?

(生小手如林)

生:这次,是第三组逗笑,我们组演"木头人"。我想:他们组是很会逗人笑的! 于是,我想了一个好法子。我做了一个哈哈大笑的表情。沈斯娴先是做了一个小狗的动作,嘴里还发出"汪汪"声,看我没有动静,她又做了一个小兔子的造型,我还是没有动静,她很失望。老师倒计时了:"10、9、8、7、6、5、4、3、2、1、0,时间到!"她还是没有把我逗笑。其实,我一直在笑,只是她没有发现,因为,我的哈哈大笑的表情有用,哈哈哈哈!

师:你真够厉害! 既没被发现,又笑了个痛快!

[评析:这一习作教学实录最为成功之处,就在于"木头人"的活动设计非常有趣,且特别有利于培养学生的观察能力。因为"木头人"活动中,不管是"木头人",还是"逗笑人",都自然进入集中注意力仔细观察的状态。事实证明,只要学生真正注意观察了,有目的地观察了,他们就有丰富的写作素材,就可能把文章写得具体、生动、活泼。美中不足的是,教师在这节课中只是让学生快乐地活动与快乐地写作,而没有引导学生理性地反思观察对于写作的重要性,以及有效观察的方法。如果在下节课加上这一"作后反思"环节,可能对学生未来写作素材的积累、观察习惯的养成,具有更为长效的作用。]

【案例4-6】

"一次六分钟的考试"教学设计

广东深圳市龙岗区实验学校　刘方涛

一、教学目标

1. 通过竞赛考试的方法,让学生获得切身的体验:要认真听老师的话,认真按老师的要求去做,否则要吃苦头。

2. 按照活动的先后顺序把过程写具体,写上自己的想法和体会。

二、课前准备

1. 准备一些奖品。

2. 每位同学都要准备好课堂记录本,按老师的要求记内容。

3. 准备一份竞赛试卷,试卷的内容最好为二、三年级的,语、数、英、科学全覆盖。题型也要多样,判断、计算、填空、连线、问答等最好都有。

题量为A4纸两页。在试卷标题下面的第一行,一定要加上提示语——比赛时间为六分钟,一定要看完一遍试卷再做题目!另外,在第二页的中间部分 定要加上诸如"十二、答题说明:本次竞赛共有十四大题,但只要做第四大题第5小题、第八大题第3小题和第十三大题。其他题目做了不算分"这样的答题说明。

三、教学过程

1. 板书课题导入

(1)板书课题:一次特别的考试。

(2)谈话:怎么特别呢? 一是考试时间只有六分钟;二是只要你能得1分,老师都会给你发奖,只不过要求大家一定要把试卷认真看完一遍再做题。

(3)写想法:在自己的纸上写下听了老师话后的想法。(三分钟后选择有代表性的两三位同学发言)

过渡：同学们的想法真是多种多样，那么这样的考试同学们到底会取得什么成绩呢？老师开始发试卷了，同学们拿到试卷后先反铺在桌子上，老师说开始时一起看，看题时严禁说话，否则做零分处理。

（操作说明：这时强调纪律非常重要，为的是防止个别同学发现玄机后因为惊讶而泄密）

2. 学生答题，继续强调纪律

学生做题目时，教师要继续强调纪律。另外，每分钟报时一次，目的是让学生增加对时间的体验。

3. 收卷，写答题体会

（1）教师收齐试卷。

（2）教师引导学生回顾答题过程。

① 拿到试卷后，老师又不给看，你的心情怎样？终于可以看试卷了，你看到试卷后觉得题目容易还是简单？

② 你按照老师的要求做了吗？你听到了老师的报时吗？你是怎么想的、怎么做的？

③ 时间够用吗？你总共做了多少题？估计一下能得多少分。

（以上三项内容最好能用课件出示给学生）

（3）布置学生按上述三点提示，把答题过程写在稿纸上。（提醒学生：不要抄问题，只要按照提示问题的顺序把内容写下来即可）

（4）在学生写答题过程的同时，教师加紧批改完学生试卷。最好能把得分的和零分的分开。

（5）交流一下同学们写的答题过程，选有代表性的 2~3 人发言。

4. 公布学生成绩

（1）教师大声公布学生成绩，并发回试卷。（先报告得零分的同学，还要提醒学生记住第一个同学的名字和成绩。语言要幽默一些。例如，第一个可以说是零蛋，第二个可以说成鸡蛋，第三个可以说成鸭蛋……一直到鹅蛋、鸵鸟蛋、恐龙蛋。）

（2）将得分同学请上讲台，给得分同学发奖。请他们谈谈自己

是怎样得到分的。(要求大家简要记录这些同学得分的原因)

(3) 教师公布真相。为什么会有这么多人得零分呢? 请同学们再仔细看"第十二、答题说明",请大家一起朗读一遍。

(4) 读后,教师要求大家互相观察一下各自的表情,听一下同学们的议论,并把这些内容在稿纸上记录下来,还要写出此时此刻自己的心情和体会。

(5) 交流各自的体会。(请 2~3 位同学发言)

5. 教师小结

(1) 教师小结

① 表扬听老师的话,并按老师要求做而得分的同学。(如果有,则点名表扬。有可能存在这样一种情况:有些孩子爱动脑筋,一听到"六分钟做一张试卷",就觉得有问题,从而在试卷中找问题,进而发现秘密而得分。如果有,要单独提出来表扬,表扬这种爱动脑筋、爱思考的品质。)

② 指出个别同学没听老师的话,乱做却得了分(也要点出名字),就像"瞎猫抓住了死耗子",靠的是运气。你今天运气好,得了分,以后呢? 就不一定还能得分了。

③ 教师总结:同学们,自从你们踏进校园的那天起,老师们就不止一次地对大家说:要认真听老师的话,认真按老师的要求去做。可是大家总把这样的提醒当成耳旁风。今天,我就是想通过这次六分钟的考试,给大家一个教训:不听老师言,吃亏在眼前!

(2) 全班同学复述老师的话,再请一两位同学站起来复述。

6. 指导学生作文

(1) 请学生回顾一下今天活动的过程,并做简要板书,列出习作提纲。

宣布考试—考试过程—收卷改卷、估计成绩—公布成绩、揭示真相—得到教训。

(说明:这个过程是非常重要的,因为编写提纲对学生的行文起着谋篇的作用,可以让学生"成竹在胸",这对培养学生的写作能力非常有用。)

（2）要求学生按照提纲顺序，分小组口述。（一人说，其他人听，有缺漏的则做补充）

（3）点名一个学生口述过程。教师则要一部分一部分地做点评，特别是对活动过程中同学们的表现情况及自己的心理活动情况要做强调。

（4）组织学生拟写作文题目：这个活动，除了用"一次特别的考试"做题目外，你觉得还可以用什么做题目？（引导学生从活动的内容及活动的效果等方面讨论，并将有特色的题目板书出来，供学生选用："一次特别的考试""一次六分钟的考试""今天，我得了个大鸭蛋""第一次得零分""一次难忘的教训"……）

（5）指导写稿：要求学生充分利用自己记录的草稿纸，按照活动的顺序添一添、补一补，迅速完成草稿。

7. 交流评改

快速成稿后，要把自己的稿子轻轻地读一读，感觉是不是很"顺溜"，如果自己觉得"顺溜"了，文章的语句也就不会有多少毛病了。再把稿子读给小组里的同学听一听，请他们提出修改意见，再根据他们的意见进行补充修改。

［评析：这则习作教学案例设计了一项富有悬念的活动——"一次六分钟考试"。在活动过程中，教师不仅有序地组织活动，更注意指导学生观察和思考，包括：学生交卷后，指导他们回顾答题过程；报分后，指导学生观察他人的表现、体会自己的内心感受，从而积累丰富的习作素材。活动过后，教师又对学生习作的各个环节加以指导——帮助学生编写提纲，指导口述，组织拟题，指导写稿，组织交流评议，有力地促进了学生习作质量的提高。当然，案例中，教师似乎不应过于强调活动"不听老师言，吃亏在眼前"的教训意义，相反，让学生自主总结从中获得的启示（例如遵守规则的重要性），可能更为恰当。］

第二节 小学语文口语交际教学设计

一、小学语文口语交际教学的主要策略

(一) 以学生的口语交际实践为中心

口语交际教学必须以学生自主的口语交际实践为中心,教师的所有行为都应紧紧围绕这个中心。首先,教师应当创设口语交际情境,布置口语交际任务,引发学生的口语交际需要和行为。为之,教师要努力研究学生的生活实际,从中提取典型的、学生驾驭不好的口语交际情境和任务,使学生真正感受到教学与生活的紧密联系,感受到教学对生活的助益作用。为之,教师要明确具体的口语交际对象、目的和场合,让学生在这些规定条件之下进行有意义的口语交际实践,进而懂得口语交际对交际情境的依赖性。比如,对于"指路"的交际任务,教师就创设了三个虚拟的交际情境:少先队员给一位解放军叔叔指路(按照教材的要求);农村孩子给城里来的客人指路;城市马路边,少先队员给外地来客指路。让学生明白交际情境不同,相应的交际时的称呼、语气、语调、音量,甚至遣词造句都应该有所不同。

其次,教师应当通过交际知识教授、示范、评议等手段,努力提高学生口语交际实践素养。口语交际教学不应停留于学生说得热闹,而应在学生原有的交际水平上,将之向上提升。为之,教师要敏锐地抓住学生普遍性的口语交际素养的不足之处,制订有针对性的口语交际教学目标,布置有挑战性的口语交际实践任务,使学生在口语交际实践中获得交际知识的增长、交际能力的提高、交际态度的改善。

（二）在实践活动中渗透口语交际知识教学

口语交际教学必须以学生自主的口语交际实践为中心，而不是以口语交际原则、要领等知识教学为中心。现行义务教育语文课程标准特别强调口语交际教学"不宜采用大量讲授口语交际原则、要领的方式"，这显然是针对以往口语交际教学的弊端而言的。不过，"不大量讲授口语交际知识"并不意味着"不进行必要的口语交际知识教学"。对此，笔者的观点是：一则合用、适量的口语交际知识教学必不可少；二则口语交际知识教学必须有机地融入、渗透于口语交际实践之中。

首先，必须要有合用、适量的口语交际知识教学。只有掌握了具有一定普遍性的交际知识，学生才能举一反三，运用它们灵活自如地应对新的口语交际情境。比如，使学生掌握"赞美他人需要具体、真诚、适度"等交际原则和要领，不仅能帮助学生很好地完成课堂训练的几个"赞美他人"的交际任务，更有利于他们得体地应对生活中各种复杂多样的"赞美他人"的交际情境。

其次，口语交际知识的教学必须有机融入、渗透于口语交际实践之中。教师可以在布置口语交际任务时，一并提出有关的交际原则与要领，使学生借助它们更好地完成交际任务。

最后，还以这些原则与要领为标准对学生的交际实践加以评议。教师也可以先不明确交际原则与要领，而让学生在交际实践中自己加以发现和总结；学生在反思交际实践的过程和效果时，会概括出使交际过程更顺畅、交际效果更佳的交际原则和要领。上述两种做法都把交际知识与交际任务、交际实践紧密结合起来，做到了口语交际知识源于口语交际实践、用于口语交际实践。

（三）口语交际实践多样化、序列化

口语交际实践有不同的类型，其要求各不相同。口语交际教学应尽量提供各种口语交际实践的机会，让学生能够掌握不同类型口语交际的不同特点和要求。

1. 日常对话类

这类口语交际是为实现日常生活中各种交往需要而进行的双向

或多向的对话活动,具有不正规、随意性强、非常依赖语境及语言通俗、明快、多省略等特点。根据交际的目的,可具体分为道歉、做客、待客、转述、劝阻、请教、赞美、解释、批评、安慰、借物、购物、指路、问路、看病和自我介绍等。

2. 辩论、讨论类

这类口语交际是为深入交流思想,围绕特定问题、主题或话题而开展的双向或多向的交流活动。按照交流的形式,可分为主题辩论、时事评论和问题讨论等。

3. 正式交流类

这类口语交际最大的特点是正规,往往遵循特定的交际礼仪或规则,要求使用特定的语体。正式交流类口语交际不仅有对话性的,也有独白性的。不过,即使是独白,也充分考虑交际目的、对象和场合的规定性,因而同样具有很强的交际性。根据交流的目的与场合,可分为主持、采访、演讲、致辞、导游、新闻报道等。

在教学设计时,要尽量通盘考虑整个小学阶段口语交际实践的安排,由易到难,由简单到复杂,有序安排各种类型的口语交际活动,使训练效果最大化。

(四) 口语交际教学途径多元化

口语交际教学的途径有三条:一是专门的口语交际课;二是语文阅读、习作课;三是语文综合性活动课。每一条途径,教学的侧重点应该有所不同。对于专门的口语交际课而言,其侧重点在于系统的口语交际技能训练,与交际内容相关的教学不是重点。对于阅读、习作课中的口语交际教学而言,其侧重点往往在交际的内容方面,而不是交际的形式。比如,在教学《虎门销烟》时,针对以"我站在林则徐塑像前……"为题发表演讲的口语交际任务,教师除了提示演讲的一般要求以外,往往更多地把重点放在引导学生表达阅读体验及合理开展联想方面。对于语文综合性活动课中的口语交际教学而言,其侧重点在于指导学生根据需要明智地选择口语交际的类型或形式,以及在一个更为宏观的背景下自主确定口语交际的目的、对象和情境。比如,当学生确定了"环境保护你我他"的研究课题时,他们就需要进一步决定如何具体运用演讲、辩论、采访、访谈等口语交际方式,为自己收集信息或表达思想服务。这样,通过多元的口语交际教学途径,学生的口语交际素养才能得到全面发展。

二、小学语文口语交际教学方法

（一）情境创设法

这是小学语文口语交际教学最常用的教学方法。为了引发学生自主的口语交际实践,教学设计必须首先着力于创设恰当的口语交际情境,可以是真实的口语交际情境,也可以是模拟的口语交际情境。

（二）示范法

示范法就是教师亲自或请优秀的学生演示特定交际情境下如何应用交际原则和要领进行相应的口语交际活动,为全班学生的口语交际练习提供模仿的样例。不仅如此,教学实践还表明:示范往往会破除学生口语交际的害羞、畏难等心理,激发学生模仿和表现的欲望。

（三）小组合作练习法

为了给所有学生提供口语交际实践的机会,教师往往组织学生以小组为单位合作开展口语交际练习。

（四）评价法

为了促进学生口语交际素养的提升,需要对学生的口语交际实践展开师生评议。因而,评价法也是小学语文口语交际教学常用的教学方法之一。

应用评价法教学,一是要明确评价标准(往往是特定情境下的交际原则和要领),二是要引导学生自评和互评。

三、小学语文口语交际教学模式

（一）交际目的规定型

这种模式所围绕的交际任务是交际目的明确,但交际内容的主题并不确定。如案例4-7《学会解释》围绕的交际任务是"解释",案例中所有的交际情境都以"解释"为交际目的,但解释的内容各不相同。再如案例4-8《小小新闻发布会》围绕的交际任务是"新闻发表与评论",案例中所有的交际情境都以"新闻发表与评论"为目的,但所发布与评论的新闻并没有主题上的联系。交际目的规定型教学便于教授特定交际情境下的交际原则和要领,以及训练特定交际情境下的交际技能,而不强调针对特定交际内容进行深入指导。其主要教学步骤一般如下:

第一,创设问题情境,提出达成交际目的的教学要求。上课伊始,教师一般先要呈现具体的交际情境,引出"如何达成特定交际目的"的问题或"达成特定交际目的"的要求。案例4-7《学会解释》先提出"你被人误会过吗?你当时是怎样解释的呢?"等问题,引导学生说一说自己的经历;再放一段不恰当解释的录像,从而自然引出如何恰当解释的核心问题。案例4-8《小小新闻发布会》先播放"动物运动会新闻发布会"课件,让学生了解新闻发布会形式、场面等特点,进而由之引出发布与评论新闻的交际任务。

第二,教授或指导发现相关的交际原则与要领。教师可直接教授达成既定交际目的所需要的交际原则和要领,也可提供具体的交际案例,指导学生从中概括出相关的交际原则和要领。案例4-7《学会解释》中,教师在学生自我经验及录像案例的基础上,与学生共同讨论、归纳出解释的要领,包括:向谁解释,注意称呼和礼貌有语;解释什么,要针对误会的原委;怎样解释,注意解释的方式方法,寻找适当时机;等等。案例4-8《小小新闻发布会》中,教师指导学生按照"新闻—搜集途径—看法"的思路练说,还引导学生发现新闻"新"和"真"的特点。

第三,创设交际情境,指导学生开展合作练习。案例4-7《学会解释》中,教师以录像的形式提供了两个不同的需要解释的情境,引导学生互相练说、小组练说。案例4-8《小小新闻发布会》中,教师组织学生先在小组内练习发布新闻,又在全班同学面前练习、表演。

第四，对学生的交际实践练习加以评议和总结。主要是结合前面提出的交际原则和要领，对学生的表现加以评议；也可结合一般的交际要求或语言表达要求加以评价和指导。如案例4-7《学会解释》中，教师不仅注意从解释的特定交际要领出发对学生的口语交际实践进行评价，还从体态的端庄大方、口头语言与面部表情结合、语言运用的正确性等方面进行评价和指导。

【案例4-7】

"学会解释"教学设计①

教学目标：

1. 能在被人误会的时候保持冷静，心平气和地把事情的原委向对方说清楚。

2. 亲身体验，掌握解释的技巧。

3. 认真倾听，会通过提问来获得更多信息。

教学过程：

一、创设情境，导入新课

1. 激趣引入主题：同学们，你们被人误会过吗？你当时是怎样解释的呢？说给同学们听一听。

2. 请同学们看一段录像片段：单小英直接闯入课堂，当老师问起迟到的原因，她理直气壮地说："我不想迟到呀！那没办法，路上堵车了，能怪我吗？"请同学们说说单小英的解释怎么样？（学生交流讨论）

二、明确目标，落实要求

1. 学生读题，明确本次口语交际的要求。

2. 同学们都知道单小英这样解释不好，那么我们一起来帮助

---

① 吴宏：《"学会解释"教学设计》，《中国小学语文教学论坛》，2002年第7-8期。

她,看看怎样解释才能让老师接受呢?

在学生讨论的基础上,师生共同归纳。让学生懂得被别人误会而进行解释时要注意以下几点:① 向谁解释,注意称呼和礼貌有语;② 解释什么,这是说话的主体部分,要针对误会说明原委;③ 怎样解释,也就是解释要注意方式方法,寻找适当时机。

三、模拟情境,角色体验

1. 出示两个录像片段

片段一:陈文彬很喜欢读课外书,爸爸看见了总是说:"你不好好学习功课,看起闲书来倒挺有劲。"如果你是陈文彬,你该如何向爸爸解释呢?

片段二:李东方放学回家,路上看到一个小妹妹跌倒了,便跑过去把她扶起来。一位阿姨走过来,不高兴地说:"你怎么把我的孩子碰倒了?"假如你是李东方,你该如何向这位阿姨解释?

2. 同桌之间自主选择片段,拟订提纲,相互练说。(教师参与讨论,适时指导)

3. 学生分组,根据自己所选的内容进行口语交际实践。实践中要注意体态端庄大方,注意口头语言与面部表情的结合,必要时还要辅以动作。教师相机纠正双方的语病,帮助学生顺利完成交际过程。

四、总结评价,激励进步

模拟活动结束后,由教师对活动的内容、学生语言运用的正确性、得体性,以及交际规则进行总结评价,让学生纠正自己在活动中的不足,更好地完成整个交际过程。最后评选最佳交际小组,让学生在欢笑和掌声中享受参与和学习的快乐。

[评析:这是一则典型的交际目的规定型口语交际教学案例。围绕着"如何恰当地进行解释",教师设计了各个教学环节,包括以问题情境引出"如何解释"的问题,让学生概括出恰当解释的要领;提供模拟情境,让学生实际演练如何在各种具体的情境下恰当地解释。美中不足的是,如果教师让学生提出自己生活中难以很好应对的、需要解释的情境,然后全班集体讨论解决办法,可能会更有利于

学生实际的口语交际能力的锻炼。]

【案例 4-8】

"小小新闻发布会"教学设计①

教学目标：

1. 具有一定的新闻搜集能力，学习在新闻发布会的场合清楚、明白地发布及评论各类新闻。

2. 通过交流、评议新闻，逐步养成对国内外大事和身边小事关注和关心的态度，以及搜集、传播的习惯。

教学准备：

学生：通过各种途径（报纸、电视、广播、网络等）搜集国际、国内新闻，或用调查、访问等形式了解周围最近发生的事情。从搜集、了解到的新闻（事情）中，选择自己感兴趣的练说几遍，再想一想自己对这则新闻（事情）有什么看法。

教师：① 制作"动物运动会新闻发布会"课件或录音；② 从新近的"新闻联播"等电视、广播节目中选取几则国际、国内新闻，做成多媒体课件，也可以从报刊上摘录文字材料、图片等。

教学过程：

一、创设情境，感受"新闻发布会"

1. 播放"动物运动会新闻发布会"课件，让学生了解新闻发布会形式、场面等特点。（课件内容：① 动物运动会新闻发布会现场，小白兔、小熊、小猴等各种动物聚在一起，参加会议，场面十分热烈。② 新闻发布会主持人小熊出场主持会议："朋友们，大家好！历时几天的运动会刚刚落幕，现在我们在这里举行新闻发布会，向在场的各位记者、朋友发布这次运动会的有关情况。下面请小白兔等有关人

---

① 温彩霞：《"小小新闻发布会"教学设计》，《小学语文教师》，2004 年第 5 期。本书引用时有改动。

员进行现场新闻发布,大家鼓掌欢迎!"③ 小白兔等一一上台发言,每人发布一则新闻。如小白兔:"各位朋友,大家好! 我发布的新闻是《小猴计算机比赛获冠军》……")

2. 同桌议论:动物运动会新闻发布会开得怎样? 你从中学会了什么?

3. 自由发言:说说对新闻发布会的感受和体会。

4. 教师小结学生发言,引出话题和任务。

二、小组交流,尝试新闻发布

1. 布置小组活动,让学生以小组为单位进行新闻发布尝试练习。(小组内人人发言,做好在全班发言的内容、心理准备)

2. 学生发言可以按照"新闻—搜集途径—看法"的思路,也可以自己确定思路。通过互讲、互听、互评,完善各自发言内容。教师巡视,了解情况,引导点拨。

3. 综合学生发言,指导学生明确新闻的两个基本特点:一是新,二是真。

三、全班互动,实现多向交际

1. 选出本次"小小新闻发布会"的主持人。张贴会标,设置发言席。

2. 主持人:各位同学,我们班"小小新闻发布会"现在开始。今天的发布会分几个栏目进行,第一个栏目是"国际时讯",先请搜集国际新闻的同学发言。

3. 搜集国际新闻的学生发言,其他学生听后可以谈谈对每则新闻的看法,也可以对发言情况做简要评价(指导学生从语言、态度、情感等方面进行评价)。

4. 主持人:刚才我们一起了解了许多国际新闻,下面我们再来听听"国内新闻"。

5. 搜集国内新闻的学生发言,并谈自己的看法。其他学生自由评议。

6. 主持人:刚才几位同学的发言非常精彩。现在"百姓生活"和

"校园风景线"两个栏目要与大家见面了。这两个栏目，可以让我们了解许多发生在我们周围的新闻事件，大家听了一定会有意外收获。

7. 搜集周围新闻事件的学生分栏目发言，其他学生提问、评议，发表看法。

8. 教师小结：以上新闻发布会开得特别精彩，我非常感动。同学们不仅搜集了许多新闻，而且还用自己的表达才能很好地发布了新闻，说明大家会搜集、会思考、会表达。大家发布的新闻非常全面，说明大家热爱生活、关注生活、关心国家大事，这是 21 世纪的少年必须具备的优秀品质。

四、评议新闻，提高认识能力

1. 播放"新闻节目"（课件）。

2. 小组交流评议：选择自己感兴趣的新闻，谈谈对这则新闻的看法，也可以从同学们发布的新闻中选取自己感兴趣的新闻进行评议。

3. 全班交流。各小组代表发言后，本组成员可做补充发言。

五、总结

1. 评选"最佳小小新闻发布者"和"最佳小小新闻评论员"。

2. 小结本次活动，提出新的目标。

［评析：发布和评议新闻是专业性很强、难度很大的一项口语交际任务。但是在上面的教学设计方案中，这项任务也能够由小学生胜任了。上课伊始播放的"动物运动会新闻发布会"以儿童能够接受的方式，直观展现了新闻发布会的形式、场面等特点，给学生下面的新闻发布和评议提供了范例。随后，教师指导学生以先小组后全班的形式尝试进行新闻发布和评议，给学生提供了充分的学习和锻炼机会；而在学生练习的过程中，教师又给出了"新闻—搜集途径—看法"的思路，无形间帮助学生化解了难点，使新闻发布和评议变得极具可操作性。尤其值得指出的是，教师事先让学生搜集新闻、做了充分准备，这也为活动的顺利开展奠定了基础。］

（二）交际主题规定型

这种模式所围绕的交际任务规定了交际内容的主题,而交际目的不是特别明确,或有多种交际目的。案例4-9《春天来了》主要是让学生围绕"春天来了"这个主题进行说话训练,相对而言,交际的目的不是特别明确。案例4-10《怎样保护周围的环境》让学生围绕"保护周围的环境"进行多种目的的口语交际:有议论性的——表达自己对污染环境的看法;有陈述性的——介绍自己准备采取的保护环境的行动;有劝告性的——以宣传口号呼吁大众保护环境。交际主题规定的口语交际教学不仅要指导口语交际的方式与技巧,而且要引导学生广泛搜集与交际内容有关的素材或对交际主题加以深入思考。这是与交际目的规定型教学最大的不同之处。交际主题规定型教学的主要步骤如下:

第一,激趣导入,揭示口语交际的主题。案例4-9《春天来了》中,教师在歌声中翩翩起舞,把学生带进春天美好而快乐的氛围中,自然引出"一起找春天"的主题。案例4-10《怎样保护周围的环境》中,教师以两段鲜明对比的录像,引出环境保护的主题,激发学生对该主题的表达欲望。

第二,提供素材,引导学生深入思考;或者提供体验的机会,引导学生积累素材。这一步骤主要针对的是交际内容,旨在帮助学生解决"说什么"的问题。案例4-9《春天来了》中,教师将学生带出教室,到校园里找春天,以丰富学生的交际内容。案例4-10《怎样保护周围的环境》中,教师提供了一组环境污染的录像,以引起学生对环境污染现象的强烈感受和深入思考。

第三,指导学生围绕主题练说。这是口语交际教学的主要部分。它以学生自主练习为核心,同时辅以教师精要的指导。一般而言,它可以细分为以下子环节:提出交际知识或技巧—提供示范—小组练说—全班练说—师生评议。其中,具体的交际知识或技巧是贯穿始终的主线索。教师要让学生明确所要运用的交际知识或技巧,要在示范、练说、评议中展示这些交际知识或技巧如何被运用于具体交际情境。案例4-10《怎样保护周围的环境》中，教师明确具体的交际要求，包括：语言表达清晰、吸引人；有独特的想法和打算；摆出事实，有一定的道理；准备采取的行动切实可行，讲求实效。这些要求其实反映了公开场合表达观点的普遍规则。

第四，延伸拓展练习，如要求学生围绕话题进行相关阅读或写作。这最后一步，通常是由口语交际教学向阅读、写话、习作教学等的延伸拓展，体现了语文教学听、说、读、写相互联系、相互促进的原则。

【案例4-9】

"春天来了"教学设计①

教学目标：

1. 用普通话清楚地表达关于春天的见闻和感受；认真倾听其他同学关于春天的发现或对春天的看法，做出恰当回应。

2. 积累并向他人介绍关于春天的诗句。

3. 增强感受春天的意识和热爱春天的感情。

教学过程：

一、音乐导入，创设情境

1. 播放《春天在哪里》的音乐，教师走进学生中间翩翩起舞。

2. 教师口述：春天在哪里呢？其实春姑娘已经悄悄来到我们校园里，只有仔细观察的小朋友才能找到它。让我们走进校园找一找，你可以和你的小伙伴一起，用眼睛看看，伸出小手轻轻地摸摸，走进花坛用小鼻子闻一闻，找一找，校园里的花草树木有什么变化？

---

① 郭东岐主编：《新课程教学案例荟萃》，群言出版社、华文出版社，2002年。本书引用时有改动。

瞧！春姑娘还给小朋友准备了许多神秘的礼物呢！

走！我们一起去找春天啦！

二、手拉手找春天

学生在欢快的音乐声中走出教室，手拉手与小伙伴一起到校园里找春天。

三、尽情说春天

过渡：春天在小朋友的眼睛里，你们找到春天了吗？

师口述：别忙，你们先把自己的发现说给小伙伴听一听！

1. 小伙伴之间自由交谈。

2. 学生向大家介绍自己眼中的春天，教师随机给说得有特点的学生送一件"春姑娘的礼物"。

总结：校园里，阳光灿烂，真是春光明媚！春风轻轻地吹着，真舒服呀！我们的校园真是春色满园、春意盎然。

过渡：春姑娘轻轻吹了一口气，吹绿了小草，吹红了花儿，吹醒了大地，你知道大自然里还有哪些美丽的景色？

3. 学生介绍大自然里的春天。

四、赞春天

1. 背诵描写春天的诗句。

师口述："万紫千红总是春"，春姑娘就像一位魔术师，把大地打扮得这么美！很多诗人写了不少赞美春天的诗句，你还知道哪些有关春天的诗句？

2. 在这春意盎然的春光中，你最想干什么？

3. 唱一唱赞美春天的歌。（《小燕子》《春雨沙沙》）

五、介绍作品

学生把自己准备好的作品介绍给小伙伴。

[评析：这一案例体现了低年级口语交际教学的特色：以情境、活动激发学生的口语表达欲望，提供口语表达的素材。教师以音乐、舞蹈将学生带进春天的情境中，引出找春天的活动任务；随后，带领学生到校园、到大自然中找春天，进而说说自己的发现。这体现了引

导学生在活动、生活中自然习得语言的教学追求,值得低年级语文教师学习、借鉴。此外,这也是一则典型的交际主题规定型口语交际教学案例:围绕春天的主题,教师设计的"找春天—说春天—赞春天"的教学线索,自然流畅,符合口语交际的心理规律。]

【案例4-10】

"怎样保护周围的环境"教学设计①

一、导入情境,激起说话的兴趣

(1)师:随着社会的进步,生活水平的提高,人们越来越关注周围的环境。(课件出示一组录像:公园里,树木葱郁,鲜花盛开,绿草如茵,鱼儿欢游……)

(2)师:看你们一边欣赏一边惊叹的样子,我就知道你们对看到的画面有很多话要说。谁来说说?(让学生充分表达自己对刚才看到的景象的看法,教师适时从态度是否积极、声音是否响亮、语句是否连贯等方面略做即时评价、鼓励)

(过渡)师:看来,同学们都希望我们周围的环境是清洁、美丽、舒适的。但是,在现实生活中,我们还是很遗憾地看到一些不和谐的现象。(课件出示一组录像:被污染的河水、被践踏的花草、被滥砍滥伐的森林、被乱写乱画的墙壁、垃圾遍地的街道……)对于这些现象,你是怎样想的?

二、自主思考,表达真实的想法

(1)让学生自主思考自己刚才看到的破坏环境的问题。(教师鼓励学生养成先想后说的习惯)

(2)鼓励学生自由表达自己对破坏环境现象的看法。(教师适时表扬注意倾听的同学)

---

① 曹维财:《口语交际〈怎样保护周围的环境〉教学设计》,《小学语文教学》,2004年第9期。

（3）引导学生主要从语言表达、情感态度等方面对发言进行评价。

（4）让学生自由汇报自己还知道哪些污染环境的现象。（教师相机引导、梳理，开阔学生视野，开拓思路，丰富口语交际的内容）

三、互动交流，发表独特的见解

（1）师：从大家的汇报中，可以看出同学们对这样美好的环境被污染非常气愤，同时也非常惋惜。那么，为了我们美好的家园，该如何来保护周围的环境呢？

（2）学生各自开动脑筋，想想自己准备采取什么行动。（教师引导学生重点选择一种破坏或影响周围环境的现象，有针对性地思考。要有独特的想法和打算，要摆出事实，有一定的道理，准备采取的行动要切实可行、讲求实效）

（3）学生自由选择三五个小伙伴组成"环境保卫队"，进行队内交流，把自己的想法和打算向其他队员说一说。先队内评价、讨论：哪位同学的见解最独特，行动切实可行，然后围绕该同学的见解做补充，推荐代表向全班汇报，争夺"优秀环境保卫队"称号。（教师巡视，主动参与到各小组内与学生交流，鼓励学生大胆地向队内其他同学说一说自己的想法和打算）

（4）各"环境保卫队"派代表发言，队内成员可做必要的补充。其他同学认真倾听，可随时提出疑问，现场解答。

（5）不同小队的同学互相对发言的同学进行评价，评选出"优秀环境护卫队"，给每个队员奖励一项"优秀环境护卫队员"头饰。（教师引导学生从语言表达是否清晰、吸引人，以及想法是否独特、行动是否可行和有实效等方面进行评价）

四、总结延伸，拓展交际的内容

（1）师：保护周围环境，需要全社会共同参与，从你我他做起。通过今天的交流，同学们对保护环境有了明确的认识和想法，用你发自内心的语言和行动去劝告和感染他们吧。同学们可以设计一些宣传口号,上讲台向大家宣传宣传。

① 强调注意行动大方,说话有礼貌,以情动人,以理服人。说、听都应认真。

② 鼓励学生走出座位,有目的地找一个同学交流,也可找老师交流,还可找一个人当"某人"进行交流。教师适时主动找学生交流。(教师应特别注意胆子较小、较少发言的学生)

③ 教师带头宣读自己即时设计的宣传口号,鼓励设计好了宣传口号的同学大胆上讲台宣读。

④ 师生共同对所设计的宣传口号做评价、评比。

⑤ 给优秀设计者颁发奖品(如教师被评上则由学生颁发奖品)。

(2)师:同学们今天的表现真不错。大家都能关注我们周围的环保问题,积极把自己"怎样保护周围环境"的想法和打算清楚地表达出来。同时能认真倾听别人的发言,做出恰当的评价,学会了怎样与别人合作、交流,我对你们的表现非常满意。希望今后继续努力,同时,把你们今天所说的付诸行动,共同保护我们周围的环境,共建我们美好的家园。

[评析:这一设计方案紧紧围绕"环境保护"的主题引导学生开展各种形式的口语交际活动,包括表达对美好环境及破坏环境现象的看法,汇报有关环境污染的现象,发表保护环境的行动打算,呼吁保护环境的宣传口号,等等。在活动中,教师提供了多种与主题相关的多媒体素材,又采取了小组内合作—小组间竞赛的学习方式,有效地激发了学生的思维,激发了学生表达、交流的积极性。在每一口语交际环节,教师都提供了对口语交际形式——交际的态度、情感,语言表达的流畅性、吸引力等进行评价的标准,指导学生进行自评互评,真正体现了口语交际教学的要求和特色。]

第三节　小学语文综合性学习教学设计

　　小学语文综合性学习是指在教师指导下,小学生自主开展观察、问题探究、校园和社会活动,并在其间主动运用语文知识及能力搜集和整理信息、分析和解决问题、表达和展示成果,从而获得语文素养、实践能力及创新精神等发展的一种新的、独特的语文课程形态。

　　语文综合性学习的新颖独特,首先体现为它打破了传统语文学习的条条框框,强调各领域的综合——"语文知识的综合运用、听说读写能力的整体发展、语文课程与其他课程的沟通、书本学习与生活实践的紧密结合",让学生在广泛而真实的学习和社会生活中学习和运用语文。它的新颖独特,还体现为它彻底改变了学生被动接受的学习状态,最大限度地提供了学生自主、合作、探究学习的机会——从学习主题的选择、学习方案的制订,到学习方案的实施、学习结果的呈现与评价,无不留下了学生自主、合作、探究的巨大空间。正因如此,课标强调指出:"综合性学习既符合语文教育的传统,又具有现代社会的学习特征,有利于学生在感兴趣的自主活动中全面提高语文素养,有利于培养学生主动探究、团结合作、勇于创新的精神,应该积极提倡。"

一、小学语文综合性学习设计的主要策略

　　小学语文综合性学习的设计主要分为学习主题的设计、学习目标及内容的设计、学习过程的设计、学习资源的设计和学习评价的设计。根据综合性学习的特殊性,这些设计主要采用以下策略:

（一）主题设计以学生的兴趣为本

小学语文综合性学习来源广泛：可以从语文课堂中生发，也可以从学科关联中寻找；可以从学生生活中提炼，也可以从社会生活中挖掘。不过，不管从哪里生成综合性学习主题，都应当以学生的兴趣为本。这样，所有学生才能真正投入其中，也才能获得素质的全面提升。为之，教师要做个有心人，时刻留意学生的兴趣所在，甚至可以专门开展一些调查，了解学生关心什么，对什么感到困惑、感到好奇。下面的案例中，教师留意学生课堂上的反应，生成了一个学生感兴趣的综合性学习主题，并由此产生了良好的学习效果。

北师大版教材三年级下册课文《大自然的语言》向读者展示了大自然语言的奥秘：白云高飘、蚂蚁搬家预示天气变化；蝌蚪游动、大雁南飞昭示季节更替；鱼鳞上的圆圈、"三叶虫"化石则可推算鱼儿年龄、推知史前地质。一位教师执教这一课时，发现学生对文中提到的这几种大自然的语言非常感兴趣，学习热情高涨，因此在课堂上顺势布置了"寻找大自然的语言"的活动任务，要求学生利用课外时间，把自己从课外书、图片、网络、生活中找到的大自然的语言记录下来，并准备开一个交流会。在交流会上，学生先根据自己准备的图片、书籍等资料，说一说自己找到的大自然的语言；然后仿照课文写一节小诗；接着以小组为单位，讨论协商，互相合作，对小诗进行归类组合，形成一组组优美的诗歌；最后向全班同学展示小组合作创作的成果。

（二）目标、内容设计语文化、弹性化

语文综合性学习当然有扩展视野、丰富科学文化知识、提高科学探究能力等方面的作用，但它们不应作为语文综合性学习的核心目标。语文综合性学习的目标必须具有"语文味"。比如，"从感兴趣的内容中发现问题"就不是恰当的语文综合性学习目标，"对感兴趣的内容，用恰当的语言明确提出问题"才是具有"语文味"的综合性学习目标。再如，"策划简单的校园活动和社会活动"也并没有准确、具体地表述语文综合性学习目标；相关的语文综合性学习目标应是"学生对策划的主题进行恰当、有效的交流和讨论,并学习写作活动计划或策划书"。下面这一位教师根据学生实际制订的"遨游汉字王国"(人教版五年级上册)综合性学习目标,就处处体现了"语文味":

(1)策划并开展简单的小组活动,学写活动计划;

(2)通过了解字谜和谐音的特点,体会汉字文化的博大精深、丰富有趣,初步了解汉字的起源,产生对汉字的兴趣;

(3)初步了解汉字的演变,学习欣赏汉字书法艺术,产生对祖国语言文字的自豪感,提高对祖国语言文字的认识,养成防止和纠正错别字的习惯;

(4)学写简单的调查报告或分析报告;

(5)认识21个生字。

与目标设计语文化相应,语文综合性学习内容的设计也应当尽量体现语文课程的特点。比如,针对探究问题,应引导学生尽量用阅读材料或者能够最终形诸文字的探究方式加以研究。

除了语文化,综合性学习目标和内容的设计还应具有一定的弹性。语文综合性学习具有动态生成性,鼓励学生的创造性表现,因而无法事先一一罗列学生所有的具体行为表现,也不能事先确定学生所有的学习内容。事实上,恰当的综合性学习目标通常是宽泛甚至较模糊的。比如,由于允许学生自主选择收集资料的方法,指定的学习目标必然是弹性化的:"针对探究问题,恰当地采用调查或查阅资料的方式收集资料。"同样,所设计的综合性学习内容往往是启发性的、部分的。以人教版的"大"综合性学习单元为例,编者围绕学习主题给出的阅读资料仅仅是一部分,学生被鼓励自主寻找、选择教材以外的阅读资料。

(三)过程设计以说明教师组织、指导的思路为主

语文综合性学习应该是学生自主的学习活动。教师不应具体安排与规定学生学习活动的过程,对学生学习的内容到形式做过多干涉。因而,语文综合性学习过程的设计主要不是规定学生学习的具体内容和形式,而是说明教师组织和指导学习活动的大致思路。如

说明学习阶段的整体规划，以及给出学生各阶段活动的建议。下面的案例"诗海拾贝·与诗同行"语文综合性学习设计中，教师对过程的设计主要是：第一，规划学习阶段——规划策划分组、制订计划阶段，自主合作、计划实施阶段，总结经验、成果展示阶段。第二，给出活动建议——建议学生成立诗海畅游、民歌童谣、知识故事、艺术表演、诗歌创作、网络编辑等学习小组，并建议各小组学习成果展示的方式。之所以这样设计，一方面是充分尊重学生学习的主体地位（在实施过程中，建议往往是在学生讨论的基础上，根据实际情况而呈现的；学生拥有是否采纳建议的自主权），允许学生在教师建议的基础上自主制订详细的活动计划；另一方面是给学生学习以必要的导引，保证综合性学习顺利、有序、有效地开展。

【案例 4-11】

"诗海拾贝·与诗同行"语文综合性学习设计①

一、学习目标

1. 多渠道、多途径地搜集诗歌或记录芜湖当地流传的民歌、童谣，搜集有关诗歌的知识和故事，加深对诗歌的喜爱之情。

2. 在整理资料的过程中感受诗歌的魅力，会欣赏诗歌，能够交流从中体悟到的情感，并能运用多种手段和形式展示自己的学习成果。

3. 学会制订学习计划和策划分组合作，在活动中培养口语交际、社会交往和自主合作的能力。

二、活动程序

本次综合性学习分三个阶段进行：

1. 策划分组，制订计划。

---

① 夏家发主编：《小学语文教学设计与案例研究》，科学出版社，2012 年，第 282 –
284 页。本书略有改动。

2. 自主合作,计划实施。

3. 总结经验,成果展示。

三、活动过程

(一) 第一阶段:策划分组,制订计划(课内)

课堂指导

1. 导入

诗歌是中华民族文化宝库中一颗璀璨的明珠,学习诗歌不仅能丰富我们的知识,还能开阔我们的视野,陶冶我们的情操。今天我们就要走进诗歌的殿堂,领略它的无穷魅力。同学们准备好了吗?

2. 交流

学生交流搜集来的创作的诗歌及家乡芜湖流传的民歌、童谣,在小组中读读找到的有关诗歌的知识和故事。

[目的:激起学生对诗歌的关注和兴趣。]

3. 阅读、欣赏诗歌

(1) 自读阅读材料中提供的诗歌,选择自己最喜欢的一首诗,借助字典或有关资料中的注释了解大意,体会感情。

(2) 在小组内向同学说说自己喜欢的诗,再说说自己为什么喜欢这首诗。

[目的:激发学生的思维,在对话、讨论中碰撞出思维的火花,帮助学生逐步构思出本次活动的具体做法。]

4. 运用多媒体课件展示诗歌作品,引导学生构思、策划活动

(1) 小组讨论:怎样整理搜集到的诗歌作品,如何分类?

(2) 小组交流:关于诗歌有哪些知识和故事?

(3) 你知道我们家乡芜湖有哪些民歌、童谣吗?

(4) 策划分组。

学生按照兴趣、爱好和研究的专题不同,自由组合,分为多个学习小组,并民主推举组长。组长在小组内集体制订一份详细的活动计划,并要在组内演说通过。

建议学生成立以下学习小组:

一组：诗海畅游组；

二组：民歌童谣组；

三组：知识故事组；

四组：艺术表演组；

五组：诗歌创作组；

六组：网络编辑组。

［目的：通过明确活动任务，使学生的综合性学习与实践更有针对性；按兴趣自由组成小组，能增强学生的凝聚力，并能充分调动学生的积极性和动力，更大地发挥学生的潜力。］

（二）第二阶段：自主合作，实施计划（课外）

各组按制订的计划进行活动。

活动的大致要求如下：诗歌组的同学在老师的指导下或上网查询，或到图书馆里翻阅资料，或阅读报纸、杂志和相关书籍并做分类整理。创作组的同学通过阅读同龄人的诗歌，想想他们是怎样通过诗歌表达自己情感的，并试着自己创作诗歌，与本组同学交流。民歌童谣组的同学邀请、聆听当地老人唱芜湖流传的民歌、童谣，并用摄像机拍摄下来，在小组里进行整理。艺术表演组的同学利用休息时间，在老师的带领下到少年宫找老师学唱诗歌改编的歌曲，学跳由芜湖民歌改编的舞蹈。知识故事组要先通过查资料、走访调查等方法搜集资料，然后按内容进行分类。

（三）第三阶段：总结经验，成果展示（多媒体教室）

各小组按组排列，展示长达两周的"走进诗歌·与诗同行"语文综合性学习成果。

1. 谈话导入

经过两周的"走进诗歌·与诗同行"语文综合性学习，同学们无不惊叹于诗歌的博大精深，它的确是祖国文化典籍百花园中的一朵引人注目的奇葩。这堂课就来展示我们的学习成果。

2. 分组展示

建议展示的方式如下：

（1）艺术表演组

① 歌舞展示：学生演唱朗朗上口的优美诗歌，并配以舞蹈。

② 小品：学生分角色扮演诗歌中的人物，表演诗歌表现的故事。

（2）诗歌创作组

① 多媒体展示学生的诗配画或配乐诗作品——小组成员配乐朗诵。

② 诗朗诵——组长领诵，其他小组成员集体诵读，让大家从动人的画面上，从传情的乐声中，体味、感受诗歌的艺术魅力。

③ 展示本组同学通过想象为诗歌绘出生动活泼的画面而创办的诗画报。

（3）诗歌创作组

① 介绍本组同学阅读同龄人写的诗歌的收获，重点说说他们是如何通过诗歌表达自己感受的。

② 朗诵自己创作的诗歌，并展开互动点评。

（4）知识故事组

① 资料展示——学生在广泛搜集诗歌知识、故事和诗人趣闻的基础上，进行整理分类，如传说类、知识类、故事类等，并剪贴成小报、小册子或者制作成电子幻灯片。

② 诗歌知识竞赛——该组选派组员主持竞赛活动，用电子幻灯片出示赛题，选派两名组员当裁判，公布正确答案，并选派两名组员现场发放奖品。

（5）民歌童谣组

① 组长介绍本组成员搜集资料的情况并相机展示图文资料和影像资料。

② 展示本组成员在跳皮筋、跳绳、踢毽子的同时，拍手击掌吟诵童谣的情景，传递健康向上的校园文化氛围。

（6）网络编辑组

① 该组同学在组长带领下，请信息技术老师指导，将本次活动作为一条新闻发布到校园网上，并把所有资料整理、合并，建立一个

"走进诗歌·与诗同行"的专题学习网站,定期刊登同学们抄录绘制的诗配画及配乐诗影像,并刊登同学们创作的诗歌,利用网络的互动性,发动同学们用诗歌互相交流。

②展示本组同学录制的各组开展本次语文综合性学习的精彩花絮,交流总结综合性学习的经验和新的收获。

[评析:这一语文综合性学习设计的特点有二:一是具有浓郁的"语文味"。不但学习的内容是诗歌这一重要的文学体裁,而且学习的形式也以搜集整理资料、口头汇报、文字表达等语文运用为主。二是在教师指导与学生自主之间达成了较好的平衡。教师在活动开始阶段主要起到的是引出活动主题及激发兴趣的作用,至于到底怎么活动,教师主要是启发学生自己构思、策划。不过我们发现,对于怎么活动,教师实际上不是毫无考虑的;相反,教师在设计方案时已经构想了六个活动小组,以作为学生讨论时提供建议和参考之用。当学生自由分组以后,教师又放手让学生自己制订各自小组详细的活动计划,充分发挥了学生学习的自主性。这种差异化的、弹性的设计方式正体现了语文综合性学习的要求:大的活动框架,教师一定要有预案,并在活动过程中相机点拨和引导;具体的活动计划,教师则可以放手让学生自行讨论制订,自己只提供一些活动的大致要求或建议。这样,活动开展时,学生既不会因为教师放任自流而毫无头绪,也不会因为教师周密详细的安排而亦步亦趋,毫无自主权。]

（四）评价设计重表现、重过程

鉴于语文综合性学习的目标多为过程性目标和体验性目标,因而其评价重点应是学生在学习过程中的投入和努力程度,合作和沟通的状况,对问题提出、分析和解决的贡献,表现和表达的适当程度,等等,而不是学习最后成果的优劣。表现性评价是对学生完成综合性、真实性任务的表现——过程中的表现及完成任务的结果,加以有效评价,这应成为语文综合性学习主要的评价方法。

除了表现性评价,语文综合性学习还可采用档案袋评价法。因为语文综合性学习是学生个性和创造性充分展现的过程;其阶段性成果及最终成果作为学生成长的最好记录,都可被纳入档案袋的范围。不仅如此,在语文综合性学习活动中,也贯穿着同伴评价、教师评价、自我评价及自我反思。将之记录与保留下来,放入档案袋中,也是非常有意义的。

⇨ **相关知识点链接**

1. 档案袋评价也称成长记录袋评价,主要收集和记录学生自己、教师或同伴做出评价的有关材料,学生的作品与反思,以及其他相关的证据与材料等,以此来评价学习和进步的状况。档案袋记录了学生在某一时期或某一方面的一系列成长足迹,是评价学生进步情况、努力程度、反省能力及其发展水平的理想方式。

按照评价的侧重点和目的,可将档案袋分为两种类型:一是展示型的档案袋,主要收集能够反映个人所取得的成就的材料,如自己的最佳作品、自己的代表性作品、自己的获奖证书和奖章等。二是过程型档案袋,主要收集反映不同时间阶段的个人表现的材料,其中不仅有自己最满意的作品,也有最初的、不太成熟的作品,如一篇文章的初稿、修改稿和定稿都可以收集在档案袋中。

2. 表现性评价

表现性评价是一种基于学生完成综合性、真实性任务的表现或表现样本,依据既定的标准而进行的直接和系统的观察和评价。它既可以评定学生在完成表现任务过程中所体现的行为与心理过程,也可以评定表现任务过程中所涉及的内容和完成任务的结果。

表现任务的主要形式有:角色扮演、口头报告与讨论、项目调查、小论文、学习日志、科学实验和艺术作品等。

二、 小学语文综合性学习的类型及相应指导

(一) 问题探究式

问题探究式就是教师引导学生以自然或社会生活中问题的提出、探究和解答为线索,其间获得语文知识、锻炼和增长语文能力的

综合性学习方式。完整的问题探究过程应包括以下环节：确定问题，准备，探究，得出结论、准备呈现，分享成果、结果评价，过程评价。教师在每个环节都需要发挥积极的组织、指导作用（参见案例4-12）。表4-1列出了各环节教师可能需要提供的帮助。当然，如果学生处于低年级，教师的帮助可能需要多一些，比如在确定问题时发挥更大的主导作用。随着学生综合性学习经验的积累和方法的掌握，教师的帮助则应逐步减少。

表4-1 问题探究式语文综合性学习各环节学生的学习及教师的指导

探究环节 ＼ 角色作用	学生		教师
	问题探究	语文实践运用	
确定问题（自主选题）	产生问题；罗列问题；选择问题。	写出问题。	咨询建议；帮助择题；组织课题小组。
准备（自主合作）	制订计划。（我准备怎样探究问题）	撰写计划书；交流、讨论、评价计划书。	说明计划的重要性；提供计划书提纲；给出计划建议；组织计划交流。
探究（自主合作）	多途径获取信息；整理分析信息。	阅读资料并记录有关信息；整理、归纳信息报告。	提示搜集资料的方法；指导资料的整理；组织交流；适当创造条件、提供资源。
得出结论、准备呈现（自主合作）	基于整理的信息回答问题；计划呈现结论的方式。	写出问题探究的过程及结论；用各种形式呈现结论，如研究报告、手抄报、PPT。	指导如何得出结论；启发用不同的方式呈现结论；组织、协调学生的合作行为。
分享成果、结果评价（体验成功）	呈现问题探究的成果；评价他人的问题探究成果。	恰当地采用口语、图文等交流成果；使用恰如其分的语言和方式评价成果。	组织成果交流活动；组织讨论与确定评价标准；指导成果交流，引导成果评价。
过程评价（自我反思）	确定档案袋包含的材料；开展组内互评、自评活动。	为他人写评价意见；写自我评价意见和反思日记。	提示档案袋的结构组成；提示评价标准；指导评价意见及反思日记的书写。

（二）主题活动式

主题活动式就是学生在教师指导下围绕着特定主题,进行计划、观察、调查、查阅资料、实验、参观、考察、实践等活动,并以各种方式展示、交流活动成果。其间,学生学写活动计划和活动总结,学会记录并整理信息,练习口头、书面等各种表达形式,获得语文素养的发展。主题活动式一般涉及范围广,包含活动类型多——有时包含问题探究活动(参见案例4-13)。

主题活动式语文综合性学习一般由确定主题、活动规划、活动开展、活动成果展示交流、活动评价等环节组成。各环节学生的学习及教师的指导内容详见表4-2。

表4-2 主题活动式语文综合性学习各环节学生的学习及教师的指导

角色作用 活动环节	学生		教师
	活动参与	语文实践运用	
确定主题	提供建议。	交流与讨论。	根据建议,确定主题。
活动规划	参与活动总体计划的讨论;制订子活动计划。	交流、讨论、评价总体计划;撰写子活动计划书。	初步制订活动总体计划;组织讨论并确定最终计划;给出子活动计划建议。
活动开展	开展观察、调查、查阅资料、实验、参观、考察、实践等活动。	记录、整理所要搜集的信息;记录活动的过程和结果。	帮助诊断、排除活动中的障碍;指导信息的记录和整理;适当创造条件、提供资源。
活动成果展示交流	整理活动成果;以各种方式展示、交流活动成果。	用调查报告、口头汇报、诗歌朗诵、讲故事、演讲等形式展示、交流活动成果。	指导如何整理活动成果;启发用不同的方式展示、交流活动成果;组织、协调学生的合作行为。
活动评价（自我反思）	确定档案袋包含的材料;开展组内互评、自评活动。	为他人写评价意见;写自我评价意见和反思日记。	提示档案袋的结构组成;提示评价标准;指导评价意见及反思日记的书写。

【案例 4-12】

"我们都来研究'姓'"语文综合性学习教学实录①

一、教学目标

1. 在调查、统计、查找、交流"姓氏"的过程中,巩固认识的汉字,自主识记更多感兴趣的汉字。

2. 了解有关姓氏的一些知识及故事,初步感受中国姓氏文化的魅力,对姓氏有好奇心。

二、学习过程

（一）调查与统计

师:你有姓,我有姓,我们大家都有姓,名字可以随便起,但"姓"却不可以。其实在我们的姓氏中还藏着许许多多的学问呢!下面,我们来进行一次语文综合性学习活动吧!（教师板书:我们都来研究"姓"）

师:你都知道哪些姓? 到哪里能找到更多的姓呢?

生:张、王、李、赵……每个人都有姓,在路上问一问,能知道很多的姓。

生:同学们都有姓,在班级的名单里可以找到很多的姓。

生:到《百家姓》里找,能找到好多!

生:书中有好多的人物,可以找到姓。

生:我姓王,我家里每一个人都有姓。

……

师:既然有那么多的姓氏,大家来商量一下,看看大家想进行哪些调查,打算怎样来调查?

（学生在小组内进行商讨后确定调查内容:"班级的姓""家里的

_____

① 夏家发主编:《小学语文教学设计与案例研究》,科学出版社,2012 年,第 294 –
298 页。本书有删节。

姓""书中的姓",制订了调查表及行动计划,并在课后开展了一周的调查和统计)

（二）交流与发现

交流一:班级的姓

师:能把咱班同学的姓都读出来吗?

（教师拿出字卡,让学生"开火车"认读班级的姓,一名学生将"曲"姓读成了三声）

师:这是谁的姓? 你来读一读。

（学生仍读成三声）

师:（板书:邹　曲）你的姓和老师的姓一样,有时真的让我们很苦恼,总有人把我们的姓读错! （板书:zōu qū）"曲"字做姓的时候要读一声,大家读一读。

……

师:读准了咱班同学的姓,我们来交流一下你们的调查吧!

生:我是从老师那儿要来了我们班的点名册来进行统计的。我们班姓王的同学最多。

生:我是和妈妈在家里一起统计的,我们班一共有 31 个姓。

生:我统计到姓王的 8 人、姓张的 2 人、姓赵的 2 人、姓陈的 2 人、姓刘的 2 人、姓李的 3 人。

生:我觉得咱班的"亓""姬"姓很特殊,姓这几个姓的人不多。

生:我的姓是咱班姓得最多的,我姓王。

……

师:为了进一步了解我们班的姓,我给大家带来了两份材料,一份是中国百家姓的最新排名,一份是我国流传很久的百家姓原文。你们在其中找找你自己或同学的姓,看看你们又能知道些什么?

[中国百家姓最新排名表:1 李 2 王 3 张 4 刘 5 陈 6 杨 7 赵 8 黄 9 周 10 吴 11 徐 12 孙 13 胡 14 朱 15 高 16 林 17 何 18 郭 19 马 20 罗 21 梁 22 宋 23 郑 24 谢 25 韩 26 唐 27 冯 28 于 29 董 30 萧 31 程 32 曹 33 袁 34 邓 35 许 36 傅 37 沈 38 曾 39 彭 40 吕……

百家姓原文：赵钱孙李　　周吴郑王　　冯陈褚卫　　蒋沈韩杨……]

（学生们自主阅读两份材料，发现虽然都是百家姓，但排序却不一样，引起了学生们的议论）

生：我们班级姓王的最多，但我国姓李的最多。

生：百家姓中排在第一位的是"赵"姓，因为当时皇帝就姓"赵"，所以排在了第一位。因为中国姓李的最多，所以百家姓最新的排名中"李"姓排在了第一位。

生："李"姓还有一个来历呢！在很久很久以前，有一个"理"姓的贵族，在逃亡的过程中，一路上靠吃李子维持生命，为了报答李子的恩情，就把姓改成了这个姓，木子李的李。到了唐代，皇帝姓李，他为了奖赏有功的大臣，就把自己的姓赐给了他们。在唐代时，李姓就成了中国最大的姓氏之一了。

……

（在查找姓氏中，多数学生找到了自己的姓，但有两位同学在两份中都没有找到自己的姓，分别是"付"姓和"亓"姓，还有两位同学的姓在前一百名的排名中没有找到，分别是"姬"姓和"聂"姓。学生由此提出质疑。）

教师针对此进行讲解：

"付"姓其实很常见，那为什么新旧两份"百家姓"中都没有呢？老师再给大家写一个字（板书：傅），你们看看这个姓在百家姓中排第几位？（学生查到是 36 位）其实在很早以前，是没有"付"姓的，"付"姓是从"傅"姓变化而来的。有一个时期，我们国家进行汉字简化，其中一部分人把自己的姓写成了这样。这个百家姓的排名中是把这两个姓合在一起进行统计的。

"亓"姓其实是一个复姓，在百家姓中你们找找看。（学生找到"亓官"）其实在古代，有好多人的姓都是两个字，如司马光、诸葛亮等的姓都是复姓。流传到今天，好多的复姓都简化成单姓了！

"姬"姓是中国最古老的姓了，黄帝就姓"姬"。但现在姓"姬"

的很少了,它没有排在前一百位。

······

交流二:家里的姓

(学生出示调查表,介绍家中成员的姓名及发现)

生:我的爷爷姓于,奶奶姓马,爸爸姓于,妈妈姓李,我姓于,我发现:我爷爷、爸爸和我都姓于。妈妈和姥爷是一个姓。

生:我的爸爸、姑姑、我都姓赵,妈妈不和我一个姓。

生:我发现我们每个人都和爷爷、爸爸一个姓。

师:(笑着说)你将来要是有了孩子,会姓什么呢?

生(男生):我姓张,我的孩子一定也姓张。

生(女生):那我也不知道。

生:老师,她将来的丈夫姓什么,孩子就会姓什么。

(老师和学生都笑了)

师:大家看这个字"姓",是由"女"和"生"组成的,其实在很久很久以前,孩子是随妈妈姓的,但随着社会的不断变化,后来就随爸爸姓了。其实在一个大家庭里,爷爷就像是树根,爸爸就像是树干,我们就像是一片片叶子,无论我们走到哪里,心都会系在家这个根上!老师相信同学们已经能够把咱班同学每位爷爷和爸爸的姓都认会了,那你们想不想也认认咱班同学妈妈和奶奶的姓呢?那就快快把你们课前做的姓氏字卡拿出来吧!

(学生举起字卡开始读妈妈的姓、奶奶的姓,教师随机将学生不容易认识的姓氏的卡片贴在黑板上,指导学生读······)

交流三:书中的姓

师:听说同学们在书中找到了好多名人的名字,还做成了卡片,那你们就先在小组内读一读,介绍一下这些名人,再多了解一些姓氏吧!

(学生在小组内交流,教师参与其中,发现有同学在争论"贝多芬""列宁"等外国人姓什么,还发现一位同学写了"乾隆"的名字)

师:(出示贝多芬、列宁、莎士比亚、达·芬奇等名字)大家来说说,他们姓什么?

　　生:姓"贝""列"吧?

　　生:不对,这些都是外国人的名字,我听说外国人的姓在后面。

　　……

　　师:既然提到了外国人的姓,我这里有外国一家人的姓名,你们看看。

> 美国总统:贝拉克·侯赛因·奥巴马
> 　妻子:米歇尔·拉沃恩·罗宾逊·奥巴马
> 　女儿:玛丽亚·安·奥巴马
> 　　娜塔莎·奥巴马

　　生:外国人的姓和中国人的不一样,在后面。

　　生:奥巴马的妻子也和他同姓。

　　生:不是,她应姓"罗宾逊",因为是奥巴马的妻子,嫁给他后就随丈夫姓了。

　　生:我们方才找的外国人名字不是全名,只是一部分,要知道贝多芬、列宁、莎士比亚、达·芬奇等姓什么,我们要找到全名后再判定。

　　……

　　师:(出示:乾隆)他是谁? 姓什么?

　　生:是清朝的皇帝,他姓"乾"。

　　生:乾隆是国号,不是他的真名,他不姓"乾"。

　　师:你说得对,乾隆的名字叫"爱新觉罗·弘历",他是满族人,姓"爱新觉罗"。你们看看,姓氏还和民族有关呢!

　　……

　　师:我从你们那里拿来了好多名人的名字,你们来读一读,他们姓什么?

　　(出示:毛泽东、邓小平、张衡、杜甫、钱学森、聂耳、杨立伟、郑和、姚明、史蒂芬·霍金、袁隆平等名字)

师：有没有和你同姓的？你还知道哪些和你同姓的名人？

……

师：其实这些人都是因为自己在某一方面非常有成就，才让这么多人记住了他们。你们想不想长大后也让更多人记住你呀，那你可要努力呀！

[评析：该案例属于问题探究式语文综合性学习：调查研究班级中的姓、家庭中的姓及书中的姓，探寻其中的规律和秘密。在案例中，教师和学生合作，共同确定了调查、研究的三个问题领域。学生随之自主调查、研究。在交流课上，教师不但组织学生交流调查中的发现，而且引导学生质疑，引导学生进行更深入的探究，将有关姓氏的研究引向深入。其间，教师或提供资料，或教授知识，或提出问题，组织讨论，都是因学而定、因势利导。通过这样的问题探究，学生们不但识字量得到增加，口语交际能力也得到了提高，而且发现问题、解决问题的能力也得到了提高，有关姓氏的历史知识和社会生活知识也得到了增长。]

【案例 4-13】

"找春天"语文综合性学习设计方案①

一、学习目标

1. 通过系列活动，体会到春天是美好的、生机勃勃的，发展观察能力、想象能力及合作能力。

2. 搜集写春天的诗、词语、与春天有关的故事，学习积累语言；尝试编与春天有关的童话故事，学习写简单的观察报告，与同学交流，运用语言。

---

① 吴忠豪：《小学语文课程与教学论》，北京师范大学出版社，2008 年，第 380 - 382 页。

二、学习过程

（一）确定主题

教师根据一年级学生的特点选择、确定"找春天"的主题。

（二）开展活动一

1. 引导学生自主探索，寻找春天

（1）导入

师：美丽的春天已悄悄地来到我们身边，它正等着我们小朋友去寻找呢！你们说，到哪儿去找春天呢？

（引导学生讨论，自主选择，确定参观路线和计划，自由结合分组）

（2）寻找春天

地点：野外

今天老师和小朋友先到野外寻找春天，小朋友要仔细观察。可以用眼睛看，可以用鼻子闻，可以用耳朵听，也可以用手摸。小朋友一路上要团结合作，注意安全。

（师生愉快地融进春天的大自然中，学生会有许多发现，教师留意观察每个学生的活动，并适当引导）

地点：校园

师：我们再去校园寻找春天，小朋友要用自己的方法仔细观察，仔细寻找。

（教师仔细留意学生的活动，适当引导，让学生感受春天的美丽，寻找春天的特征）

2. 组织学生自主活动，感悟春天

地点：教室

（1）观看录像，让学生进一步感受生机勃勃的美丽春天。

（录像供学生欣赏，启发想象，激发学生对春天的热爱之情，用身心来感受春天）

（2）让学生自由主动说一说、演一演，加深对春天的认识。

引导学生交流，说说自己找到的春天是什么样的。再演一演小草发芽、花儿开放时的样子。

（这一活动激发了学生对春天的情感，加深了学生对春天的认识）

（3）让学生朗读搜集有关春天的儿歌、诗或词语，互相交流。

（三）开展活动二

1. 激发兴趣

师：小朋友，春天是美丽的，是生机勃勃的，春风一吹，小草发芽了，小动物结束了冬眠，还有的小动物就在春天孵化、生长。出示小蝌蚪、蚕宝宝的图片。看，多可爱呀，你们养过小蝌蚪、蚕宝宝吗？养过的可以说一说。（激发学生养小动物的兴趣）

2. 自己选养一种小动物，仔细观察，做记录。

（1）让我们亲手来养一种小动物，看看它们是怎样长大的吧。看谁最会照顾小动物，谁最能观察、发现小动物的成长，记录它们成长中的变化。

（2）出示观察报告（表格），写上饲养小动物的日期、它们的样子、自己做了什么。别忘了及时记录，还可通过拍照、录像等方式记录它们的变化。

观察（   ）报告

一年级（   ）班 姓名（   ）

日期	我的工作	它的变化	我的想法
我想告诉大家			

（3）交流养小动物的体会与发现。（谈一谈自己养的小动物，先小组后大组交流。）

（四）开展活动三

1. 启发谈话，老师讲故事

题目：《去年的树》

2. 说一说自己搜集到的故事

这个故事与春天有关，你们有没有这样的故事？把你搜集到的故事说一说。

3. 编故事

在找春天的活动中，我们到校园、到野外去寻找春天，又亲手养了小动物，你们能不能编个与春天有关的小故事呢？比如蚕宝宝和桑叶的故事、蚕妈妈和蚕宝宝的故事等。

先想一想，再与同桌交流。

总结：

1. 小朋友，在找春天的活动中，你有哪些长进？你做了什么让自己感到自豪的事？你准备把什么材料放进成长手册，记录自己的进步呢？

2. 与同学交流。

［评析：该案例属于主题活动式语文综合性学习：围绕着"找春天"的主题，开展了到校园、到野外寻找春天、饲养小动物、观察其成长过程、搜集故事、自编故事等一系列活动。这些活动切合一年级小学生的心理发展特点，是学生乐于参与的。这些活动丰富了学生的见闻，提高了学生的动手能力和合作能力等，更发展了学生的语文素养，包括口头交流、填写观察报告、搜集故事、说故事和编故事等能力。

值得注意的是，由于一年级学生的综合性学习经验和能力不足，教师在主题的确定及活动安排上发挥了主导作用。不过，就是这样，教师还是尽可能地引导学生参与活动的确定与计划，比如在提出外出寻找春天的倡议后，就引导学生讨论，自主选择、确定参观路线和计划,并自由结合分组。这有助于逐步培养学生综合性学习的自主意识和自主能力,可以为以后完全自主地策划活动、开展活动奠定基础。此外,教师提供观察报告格式、示范讲故事等,都是切合一年级学生需要的必要指导。]

⇨ 研究与应用

1. 选择某版本小学语文教科书中的一份习作教材,为之设计一份习作指导方案,并说说你设计的依据或理由。

2. 选择某版本小学语文教科书中的一份口语交际教材,为之设计一份口语交际教学方案;找机会试教一下,反思方案存在的问题并加以改进。

3. 选择小学某班级,调查学生的语文学习需要,进而据此设计一份语文综合性学习方案,设计时需要考虑该班学生语文综合性学习的原有经验和能力。

研究性学习任务

　　1. 探究优秀的小学语文说课的特点或值得借鉴之处。

　　2. 探究小学语文教学方案与课堂实录之间的不同之处。

研究性学习资源

　　冯铁山:《小学语文新课程教学设计与技能训练》,清华大学出版社,2012 年

　　夏家发:《小学语文教学设计与案例研究》,科学出版社,2012 年

　　王宗海,肖晓燕:《小学语文教学技能》,华东师范大学出版社,2011 年

第一节　小学语文说课

一、说课的含义及内容构成

（一）说课的含义

说课是教师的日常工作之一。在说课活动中，教师就某一具体的教学内容，向同行、专家或领导系统而概括地介绍、解说自己对这一教学内容的分析、理解，以及所做的教学设计和理论依据。说课时，教师一般可使用说课演示文稿（不同于上课时给学生展示的演示文稿或视频资料等，但可以包含这些资料）及说课文稿。

（二）说课的内容构成

说课一般由以下几部分内容构成：

1. 说教材

即解说自己对这一教学内容的分析和理解，包括：交代课题（除了口头交代，往往还需要板书）；分析教学内容在本单元、本册课本，甚至全套课本中的地位和作用；解读教学内容，如课文的主要内容和思想感情是什么，语言上和写法上有什么特色，课后练习的内容和编写意图是什么。

2. 说学情

即分析该学段或年级学生与这一教学内容相关的知识、能力等基础。如缺乏理解课文的时代背景知识；再如，初步具有通过外部表现把握人物内心的阅读能力。有时这部分内容不需要单独抽出来详说，而只需要在解说教学目标前简要带过。

3. 说教学目标

罗列本课的教学目标,有时还要做出简要解释说明。教学目标可以从知识与能力、过程与方法、情感态度与价值观这三个方面加以分说,也可以不加区分,而是统一、融合起来说。不管采取哪种方式,都要体现语文素养的全面性、人文性与工具性统一的特点,都要反映课程标准的具体学段目标。

4. 说教学重点、难点

教学重点、难点一般是由教学目标抽取出来的。说课时,可以简单地罗列,也可以再说一些如何突破这些重点、难点的教学设想。

5. 说教法学法

教法、学法是可以合在一起说的。这是因为教与学具有相互规定性。例如,教师采用朗读指导法,就意味着学生采用朗读法体会文章思想感情,表现自己的感悟,积累文章的优美语言。再如,问题探究法作为一种教学方法,对教师的教和学生的学都做出了规定,实质上是教法与学法的统一。

当然,教法、学法也可以分开来说,特别是教法、学法不相对应时。比如,批注法、表演法等主要属于学生的学习方法,并没有特殊的教法与之对应。这时,就需要说课教师将之作为学法特别指出来,并讲清楚教师在其中发挥的作用。

说教法、学法时,往往不是简单地罗列它们的名称,而是需要对主要的教法、学法如何用、为何用做出简要说明。

6. 说教学过程

说教学过程是说课的重点,是说课时间分配最多的部分。说教学过程一般先要概括性地介绍教学的主要环节,然后分开来具体阐述每个环节师生的主要教学活动(包括活动的内容、方式和方法、预期结果,如组织学生围绕哪几个问题讨论,教师怎么点拨、指导,预期达成怎样的讨论结果,等等),并简要阐述这些主要教学活动的设计意图。

其中,有关教学重点解决和难点突破的教学活动,一定要详细叙述,甚至演示。而有关教学设计的独特之处,则要做出精要、到位的理论解释(对于小学语文而言,理论依据主要有语文课程标准中的"基本理念"和"实施建议",以及语文课程与教学理论、语文学习心理学等学科的基本理论)。

7. 说板书设计

板书既是教师对教学活动整体安排的显现,又是教师对学生教授、指导内容最为直观和浓缩的展示。所以,即使有说课演示文稿,板书也有其独特价值。说课者最好在说教学过程时就把教授、指导学生的关键内容有序地写在黑板上;在说完教学过程时,再简要地说明板书的整体结构和设计意图。

二、说课的主要策略

好的说课以优秀的教学设计为基础,但不限于对优秀教学设计的要求。因为说课不是简单地呈现教学设计的结果和依据,它实质上是一种介绍性、解说性,甚至带有展示性、表演性的口语交际活动。说课者不能直接宣读教学设计方案或教案,也不能独白式地梳理上课思路,而需要充分运用沟通的艺术,如根据听者的需要,或概述、或简述、或详述,或介绍、或解释、或演示,等等。从这种意义上说,说课是教师需要加以专门训练的一项重要技能。

以下,笔者更多地从交流沟通的角度,阐述好的说课需要采用的主要策略:

(一)体现各说课环节的内在联系

说课的各环节,从说教材及学情分析,说教学目标、重难点,到说教法学法、教学过程、板书设计,都应当是紧密联系的。其中,说教学过程作为说课的主要环节,应当是其他各环节所说内容的具体体现。听者听教学过程设计时,往往专心于考察以下几个方面:教学活动是否围绕教学目标的核心,特别是主要的教学活动能否有效突破教学重、难点;教学活动是否体现了前述的教材及学情分析、教法和学法设计;教学活动是否聚焦于板书的主要内容。如果听者发现某教学目标缺乏相应的教学活动予以落实,或者某教法、学法没有具体运用于教学活动,再或者,大篇幅叙说的教学活动并非教学重难点所在,就会认为说课者表达不严谨或设计不周到。这是经验不足的师范生或初任教师需要特别预防的。

(二) 简要清晰地呈现教学流程

关于整节课如何上,说课者一定要给听者一个完整、清晰的印象。说课者可以以精练的小标题概括主要的教学环节,也可以言简意赅地介绍每个教学环节主要的教学活动,或者两者兼而用之。比如下面的案例5-1中,说课者先用"初读课文,理解词语""圈画品读,学习课文""课堂总结,留下悬念"等小标题概括各教学环节,再对每一环节的具体教学活动做出简要介绍,既纲举目张,又具体明白。另外,介绍教学环节时,如果教学环节之间的联系看起来不是很明显,说课者往往还需要介绍过渡的办法。

需要指出的是,教学流程的介绍一般使用概述的方式,简要说明教学什么,怎么教学,以及预期什么教学结果。如"我将指导学生精读课文主体部分,使学生把握/理解/感悟……";不要啰啰唆唆地阐述"我对学生先说什么,再做什么;如果学生怎么样,我接着怎么做"。

(三) 具体展示、解释教学关键环节

对于教学的主要部分,特别是突破重难点的关键环节,说课者是可以浓墨重彩地加以具体展示和解释的。比如下面的案例5-1中,说课者重点说了第二个教学环节——把这个环节又细分为三个子环节,详细展示这三个子环节的学习任务及预设的学生反应、教师指导、教学结果等,并穿插解释了设计的思想和意图。其间,教师甚至表演、想象上课的情形——"带着学生入情入境的体会,读着这小小的'阴谋诡计',我好像可以看到那张可爱的小脸上那几丝调皮、几分得意,以及忍俊不禁的微笑来"。这样具体生动、入情入境的解说,是说课中的精彩瞬间,虽然短暂,却是赢得加分的关键。

（四）套用模式与突显个性相结合

应该说,说课是有一定模式可循的。比如教学流程常常有"初读课文,把握大意""细读课文,入情入境""精读课文,品味语言""回读课文,领悟思想"等环节;指导学生有感情地朗读又常常有"创设情境,引导想象读""品味字词,体验情感读""想象情境,自由表演读"等子环节。根据具体课文的特点,可以适当套用这些现成的模式。

不过,每篇课文都是不同的,每个教师的教学思想和意图也是有差异的。说课时,教师更应自由地表达自己的教学思想、自己对教材的理解及自己独特的教学设计。比如,案例5－1中,教师设计的三个学习任务——"找三个字,说明'窃'""圈两个词,体会'读'""划一句话,感受'记'",就是极具个性的教学设计,是专属这篇课文甚至专属这位教师的教学设计。

三、优秀说课稿评析

【案例5-1】

《窃读记》第一课时①
江西省新余市分宜一小　傅　娟

尊敬的各位专家,上午好,我今天的说课内容是《窃读记》。下面我将从教材的解读、教学目标的设定、教法和学法的选择、教学过程、板书设计这几个方面来进行说课。

一、说教材的解读

对于教材,我有这样的理解:教师能想多远,学生就能走多远;教师把文本解读到什么程度,才有可能引导学生理解到什么程度。

---

① http://www. pep. com. cn/xiaoyu/jiaoshi/tbjx/sheji/sj5s/11/201210/t20121028_1142016. htm,略有删改。

《窃读记》是台湾女作家林海音的作品。这篇回忆少年时独特读书经历的作品被五个版本的教材收录，我选择的是语文 S 版第十二册第二十五课。

一读课文题目，我们就会不由自主地想起鲁迅笔下孔乙己那"窃书不算偷"的话来。孔乙己"窃"的是书，而本文"窃"的则是读，情趣上大相径庭。品读课文时，我们会随着这个怯怯地藏身于大人中间、匆忙而贪婪地阅读着的小女孩，体会到读书时的腰酸腿麻、饥肠辘辘的劳苦，经历担忧、恐慌和惧怕的痛苦，体验惊喜、快乐与满足的幸福。这种精神上和身体上的复杂感觉，正是"窃读"的百般滋味。作为精读课文，《窃读记》是以"校园生活"为主题的第六单元课文中的第一篇。选编这篇课文的目的：一是通过有感情地朗读把握课文主要内容，体会作者对读书的热爱和对知识的渴求；二是在阅读中体会作者通过动作和心理活动的描写，将"窃读"的复杂滋味具体化的写法；三是受到热爱读书的感染，激发阅读的兴趣。

在与作者、文本、编者进行对话后，我为《窃读记》第一课时的教学制订了以下教学目标。

二、说教学目标

1. 知识与能力目标：掌握字词，理解内容，有感情地朗读课文，并领悟作者通过细致入微的动作和心理描写来表达感情的方法。

2. 过程与方法：通过朗读、圈划和讨论等方法，揣摩人物思想情感的变化，体味窃读的复杂滋味。

3. 情感态度价值观：感悟作者对读书的热爱和对知识的渴求，并受到感染。

三、说教法和学法

1. 朗读法

俗话说："书读百遍，其义自见。"每一篇文章都有自己独特的意韵，只有通过反复的朗读，才能与作者产生情感的共鸣。在整个教学过程中，我采用了火车接龙式接读、快速朗读、默读、齐读等多种朗读方式,让学生在读中品,在品中悟,在悟中读,从而感受文章的语言美、情境美和思想美。

2. 圈划法

3. "引导—思考—讨论—品析"

语文课程标准提出,阅读是学生个性化的行为,不能以教师的分析来代替学生的阅读实践。这节课,我以"学习任务"的形式引导学生读文思考,进行同桌或小组讨论,开展阅读交流学习,各抒己见,充分发挥集体合作的智慧,创建自主探究的学习氛围。

四、说教学过程

接下来,我将重点说说我的教学过程设计。

(一)初读课文,理解词语

因为是第一课时,所以在直接导入后,我就让学生采用火车接龙的方式接读课文,即分段朗读课文,要求读准字音、读通句子。朗读结束后,指名让朗读的学生说说朗读的滋味,让听读的学生说说听读的滋味。这样设计的目的是创设浓烈的读书氛围,扩大学生的课堂参与面,使学生尽早进入文本的氛围。

接着理解、积累这些词语:贪婪、支撑、唾沫、知趣、适宜、急匆匆、白日梦、饥肠辘辘、依依不舍。

(二)圈画品读,学习课文

本课的教学重点是:圈划并有感情地朗读描写窃读时心理、动作的语句,体味窃读的滋味。难点是:领悟作者通过动作、心理活动的描写来表现人物思想感情的方法。为了细化落实教学目标,我设计了下面三个版块式的品读活动:

学习任务一:找三个字,说明"窃"。

首先,从标题入手,设计悬念,激起兴趣:课题中的哪个字最吸引你的眼球?("窃")"窃"在《现代汉语词典》中有四个解释:① 偷;② 比喻用不正当的手段获取、占据;③ 偷偷地;④ 谦辞,用于称自己的行为,表示私自、私下。在这篇课文中,应该选择哪一项解释呢?(③ 偷偷地)

然后,出示任务:请学生快速朗读课文第1—3自然段,找出能够说明"窃"是指"偷偷地"的意思的字眼,最少勾出三个。任务完成后同桌交流意见。

除了前面的"急""忙"之外,学生会很自然地关注到第三自然段细致入微的动作描写:"我跨进店门,暗喜没人注意。我踮着脚尖,从大人的腋下钻过去。哟,把短头发弄乱了,没关系,我总算挤到里边来了。在一排排花花绿绿的书里,我的眼睛急切地寻找,却找不到那本书。从头来,再找一遍。啊!它在这里,原来不在昨天的地方了。"

在反馈书写的同时,教师顺势引导学生绘声绘色地朗读。你看,一个"踮"、一个"钻",让我们看到了作者"窃"读时的那份小心翼翼,读着读着,学生也"踮"起脚来了;而那被弄乱又不顾得整理的短发和似无礼貌的"挤"入,更是让我们看到了"窃"读的迫不及待。轻轻地,悄悄地,又偷偷地,只为"窃"得心爱的书。"从头来,再找一遍。"从学生的朗读中,仿佛能看到那双清澈的大眼睛里写满了焦急,甚至可以听到她内心深处的祈祷——"千万不要被人买走那本书。""啊!在这里呢!"似乎能听到作者怦怦的心跳,那是何等的惊喜!

学习任务二:圈两个词,体会"读"。

"偷偷地读"会是怎样一种滋味呀?自然过渡到第二个学习任务:圈两个词,体会"读"。接下来请认真默读课文第4—6自然段,圈出你认为最能代表窃读滋味的两个词语,然后小组讨论。

学生交流完后集中赏析时,教师出示相关的句子,让学生以"这是一种_____的滋味,因为……"的句式来品读,谈自己的情感体验。

这一环节直指文章的中心句:"我很快乐,也很惧怕——这种窃读的滋味!""快乐"是因为我在阅读中感受书籍带来的智慧;"惧怕"是因为害怕老板发现受到训斥、驱赶。这种快乐和惧怕交织在一起,是多么难以言表的复杂感受,这就是"窃读的滋味"。

"快乐"和"惧怕"哪个占的比重大呢?接着看"开心"的滋味,

这段文字是全文中最能动人心肠的。带着学生入情入境地体会,读着这小小的"阴谋诡计",我好像可以看到那张可爱的小脸上那几丝调皮、几分得意,以及忍俊不禁的微笑来。真是一个智慧的窃读者!

教学的重难点就在这样的"思考—讨论—品析"中得到突破。

学习任务三:划一句话,感受"记"。

深刻品味了"窃读"的滋味后,开始第三个学习任务:请学生用自己喜欢的方式阅读全文,划下《窃读记》中最喜欢的或感受最深的句子,批注感受。

设计此环节教学的意图,一是让学生重点体会课文最后一句话的含义,"记住,你们是吃饭长大的,也是读书长大的!"在前面的细读和感悟课文后,学生很容易知道"一个知识与智慧不断增长的人,才是真正健康成长的人"。

除此之外,还希望让学生感悟到文本语言的动人之处:① 巧用比喻:"我像一匹饿狼,贪婪地读着。"② 自语式的独白"如果口袋里有钱该多好! ……坐上去舒舒服服地接着看"体现求知欲望。③"我的腿真酸哪,不得不交替着用一条腿支撑着,有时靠在书柜旁,以求暂时的休息。"细腻的动作描写,突出了作者读书要忍受的劳累。④"我合上书,咽了一口唾沫,好像把所有的智慧都吞下去了,然后才依依不舍地把书放回书架。"……

(三) 课堂总结,留下悬念

在学生顺利完成三个学习任务之后,他们发现,课文中的每一个字、每一个词都值得品味,每一句话都是"经典"。课堂最后,我想告诉他们:其实,每篇文章都是由最简单的字、词、句组成的,我们可以用今天的学习方法去阅读,也可以从一个字、一个词、一句话入手,去写作自己的文章。

结课时,我会说:"第一课时的阅读,有没有给同学们留下疑问呢? 林海音为什么要'窃读'? 这样独特的'窃读'经历给她的成长带来了什么影响? 同学们可以自己去查阅相关资料解答疑问,下一课时再一起来讨论学习。"

五、说板书设计

关于我的板书设计,我想告诉大家的是,除课题外的这些内容,课堂上都是请"勾""圈""划"的学生上来书写的。写错了可以改,写得不端正可以下次努力,也可能这里会有更多精彩的内容。这是孩子们非常珍贵的阅读收获,他们才是课堂的主人。

[评析:这篇说课稿紧紧围绕教学目标,特别是教学重、难点,设计主要教学活动。第二个教学环节"圈画品读,学习课文",共设置了三个由浅入深的学习任务,很好地突破了"透过词句体验人物窃读时的感受和滋味,以及对读书的情感和认识"的重、难点。对这一主要内容,说课者解说得既条理清楚,又详尽直观,非常值得借鉴。

还需要注意的是,说课者很好地协调了"介绍教学活动的设计"与"介绍教学活动的设计意图"这两方面的关系,并很好地协调了预设与生成的关系。比如,在介绍学习任务三时,说课者先介绍教学活动安排,"请学生用自己喜欢的方式阅读全文,划下《窃读记》中最喜欢的或感受最深的句子,批注感受",然后说明设计意图在于引导学生体会课文含义深刻的句子,以及感悟文本语言动人之处。说课者给出了学生可能批注的几个句子,又不局限于此,充分体现了教学预设的智慧和弹性。]

【案例 5-2】

《荷花》第一课时①

三亚市崖城镇南山小学　黄泽波

一、教材分析

1. 苏教版小学语文第六册第十二课的《荷花》是一篇写景记叙文,本文写了"我"在公园的荷花池边观赏荷花并展开想象的事。作

---

① http://www. diyifanwen. com/jiaoan/xiaoxueyuwenshuokegao/1921090882519210950
398552. htm.

者寥寥 400 个字,把满池荷花的美表现得淋漓尽致,同时也表达了作者热爱大自然的思想感情。作者因景美而入情,以情深而观景,由景入情,情景交融,不仅写出了荷花的丰姿,而且突出了荷花的神韵,使读者既赏心悦目,又有身临其境的感觉。

2. 教学目标:

知识与能力:正确、流利、有感情地朗读课文和背诵课文;锻炼和提高想象能力及语言表达能力。

过程与方法:感受文章准确、生动的表达,养成积累语言的良好习惯。

情感、态度、价值观:欣赏荷花的美丽,体会大自然的神奇美妙,产生对大自然的热爱之情。

3. 重点、难点:(1)理解荷花开放时的种种姿态,体会荷花的美。(2)锻炼和提高想象能力及语言表达能力。

二、说教法和学法

依据本课的性质及小学三年级学生的生理和心理特点,结合新课标的教学理念,特设计如下教法、学法:本堂课以情感为纽带,通过创设情景、朗读品味、想象体验等方法,让学生自主体验、感受作者所描绘的美景。同时,随着教学过程的推进入情、动情、移情、抒情,让学生得到美的享受和情感的熏陶。

三、学情分析

三年级学生思维活跃、求知欲强、乐于表达,但他们的生活经验毕竟有限,对文中描绘的荷塘美景,仅凭想象难以深刻感受,需要教师提供直观的图像帮助理解。

四、教学程序设计

根据教材的特点及学生的实际情况,在教学中,我设计了以下四个环节:

第一环节:在初读课文和激发动机中入情

如果把儿童的情感比作"小河",要它漾起涟漪、泛起微波,需要外力的推动。或是像一只蜻蜓在水上轻轻一点;或是像一阵微风悄悄掠过水面。上课伊始,教师要放飞一群"蜻蜓",要送上一阵"微风",让学生情感的河水荡漾起来,使他们对新课的学习形成一种期盼的欲望和关注的心理。为此,我是这样导入新课的:"老师这儿有个谜语,小朋友能猜出来吗?""小朋友见过荷花吗? 今天老师要带大家欣赏一篇题为《荷花》的课文,大家准备好了吗?"以谜语导入新课,学生的情绪一下子被调动起来,形成了"未成曲调先有情"的良好课堂基调,教学也因为学生的入情而进入了积极的状态。

第二环节:在感受课文描写的形象中动情

在学习语文的过程中,儿童的情感总是与他们对教材的认识相连,而作者的情感是寓于他们所描绘的对象之中的。因此,重要的一环是要让学生去认识、去感受教材寓寄情感的形象。因而,教师在引导学生从初读进入细读的过程中,应该饱蘸着情感,用富有感染力的语言去描绘,用图画的、音乐的、表演的艺术直观,让学生仿佛看到、听到,整个心灵都感受到,在学生眼前再现课文中描写的一个个栩栩如生的形象。

教材中有一幅精美的插图,形象地描绘了几种不同姿态的白荷花和碧绿的荷叶,色彩清丽,充分展示了荷花素洁、高雅的本色。我依据这个材料制成鲜活的课件进行展示,并配上富有感染力的语言去描绘:"瞧,这就是作者看到的荷花开放时的样子,放眼望去,微波粼粼的水面上,漂浮着碧玉盘似的荷叶,透过荷叶的缝隙,一枝枝荷花从水里探出头来,就像穿着洁白衣裙的少女,在微风中亭亭玉立。它们中有的花瓣儿全都展开了,露出了嫩黄色的小莲蓬;有的则微露笑脸,含苞欲放;有的还未绽开,看起来饱胀得马上就要破裂似的。""那么我们课文哪一自然段具体写了荷花的美?"从而引入第二自然段的学习。

第三环节:在领悟课文的神韵中移情

儿童在感受课文形象为之动情时,情感趋向高涨,教师应牢牢把握这一点,并顺势将教学过程加以推进,从细读进入精读。所谓精读,即读课文精彩片段词句,读出其神韵。课文语言不仅承载着人、事、景、物的形象,而且通过形象寄托着作者的情感。因此精读时要将学生的情感移入课文描写的对象上,从而使已激起的情感深化。我通过三条途径将学生的情感引向深层,产生移情。(1)借助比较区别;(2)借助想象展开;(3)借助语言媒介。课文第三自然段中没有对荷花的"姿势"进行具体描写,因此我设计了以下环节:(1)课件展示:看图想象说话,"这么多的白荷花,一朵有一朵的姿势,有的_____,有的_____,还有的_____"。小组讨论,指名说,集体评议。(2)指图引读这一自然段最后一句话。讨论:作者为什么把这一大幅画看作"活的画"呢?用这么美的词句来描写荷花,表达了作者怎样的感情?这样的设计,既锻炼了学生的想象力,又训练了学生的表达能力,而且加深了学生对荷花美的认识,使学生更深切地体会到作者对荷花强烈的喜爱之情,可谓一举三得。

第四环节:在表情朗读和语言训练中抒情

表情朗读是抒发学生内心感受的一种常用形式。表情朗读虽然读的是作者的语言,但包含了学生自己的主观感受。他们往往用恰当的语气、语调、语速来表达和抒发他们对作品中人物、角色、场景的情感。因此,在课文第二、三自然段中,我都设计了表情朗读。特别是第二自然段,还安排了背诵训练。在反复品读欣赏后,荷花之美跃然纸上、呼之欲出。此时,学生的情感达到了高潮。这一背诵环节,不仅加深了学生对课文语言文字美的品味,而且促进了学生对优美语汇的积累内化,从而更好地抒发了学生的情感。学生有情,教材有情,学生与教材之间的情感桥梁就是教师。由教师来传递情感,让学生随着教学过程的推进入情、动情、移情、抒情。学生在充满情感的课堂教学中学会热爱生活、追求美好。

五、板书设计

好的板书不仅起着举纲张目的作用,还有画龙点睛的作用。为了更好地体现教学内容和教学重点,我设计了如下板书:

12. 荷　花

闻:　清香

看： 荷叶(挨挨挤挤　像大圆盘)

　　荷花(含苞　半开　全开)

[评析:这一说课稿的优点在于设计思路及设计意图解释得特别清晰、充分。先总说:"本堂课以情感为纽带,通过创设情景、朗读品味、想象体验等方法,让学生自主体验、感受作者所描绘的美景。同时,随着教学过程的推进入情、动情、移情、抒情,让学生得到美的享受和情感的熏陶。"然后,分别从如何让学生入情、动情、移情、抒情等方面,具体阐释教学各环节——介绍各环节的主要教学活动,解释设计的主要思想和意图。这样的说课方式,能够聚焦于某一教学问题,集中反映鲜明的教学设计思想,给听者留下深刻的印象。

当然,可能说课者过于专注于"学生情感的引导",对于如何引导学生透过文本的语言想象荷花形象解说得不够,这是美中不足之处。]

第二节　小学语文授课

授课是教师主要的实践工作,是教师教育教学能力的集中体现。基于先进的教育教学理念,授课不应再是照本宣科的过程——照着教材、教参或教案宣讲的过程,而应是与学生即时互动,基于教材、教学方案的动态生成过程。同时,授课不仅是知识教学、能力训练的过程,也是课堂组织、管理的过程。

一、授课中的互动、创生

语文教学应尽量给学生提供自主性、创造性的语文实践机会。教学方案中相应地有大量的开放性学习活动,如学生的自主质疑或自主品读,再如围绕开放性问题的探究学习。在这些开放性学习活动中,学生的反应具有不可预测性和不可标准化等特点。因此,教师与学生的即时互动也就是不可预先设定的。于是,教学便是一个动态生成的过程——教学方案的创造性展开,甚至适时调整的过程。

授课中教师与学生的即时互动主要有两类:点拨、引导;反馈、评价。这两类教学行为恰当与否往往极大地影响着学生的学习效果和学习情绪,影响着整节课、整个班的教学氛围。而它们恰当与否的关键在于,是否及时、准确地把握住学生学习表现的心理实质,是否因势利导地将之引向更高水平。

下面的教学片段中,教师恰当地使用了点拨、引导及反馈、评价这两类教学行为,既充分尊重了学生的自主反应,又巧妙地引导学生,使之达到更高水平。

【案例 5-3】

《桥》(人教版五年级下册)教学片段①

山东省泰安师范附属学校　党照虎

师:请大家默读课文的第七自然段到课文的最后,用不同的符号画出表现老支书语言、神态、动作的词语,认真读,仔细想:你觉得老支书是怎样的人?

[这是一个开放性的学习任务,允许学生开展自主性、创造性的阅读活动]

(生默读)

师:我们来交流一下。你画的哪里?

生:"老汉清瘦的脸上淌着雨水。他不说话,盯着乱哄哄的人们。他像一座山。"从这儿我看出老汉非常镇定。

---

① 节选自党照虎、刘旭:《〈桥〉课堂实录与评析》,《语文建设》,2011 年第 4 期。点评部分为笔者插入。

师:真会读书,你抓住了老汉的神态来理解这个人物,好样的!

[不但给予学生及时、恰当、鼓励性的评价,而且点出了学生解决问题的方法——抓住神态来理解人物,为其他学生提供了启示]

生:请大家看第15小节。这里有个"揪",我们知道小伙子是老支书的儿子,他爱儿子,更爱乡亲们。

师:抓住了一个"揪"字,很好。

[简要的正面评价]

生:我从第20小节中找到一个动词——"推",说明他很爱自己的儿子,不想让儿子被洪水吞没。

师:一个是"揪",一个是"推",两个动作之间你感受到了什么?

[根据学生的回答,将两个动词放在一起让学生比较,引导学生深入思考、感受,把握主人公舍己为人的品质]

生:我感受到了他对乡亲的爱与对儿子的爱。

师:是啊,当危险来临时,在乡亲们和党员之间,他选择把危险留给谁?

生:党员。

师:在最后的生死关头,在自己和儿子之间,他选择把危险留给谁?

生:自己。

师:你觉得老支书是怎样的人?

生:他是个舍己为人的人!

[学生的反应表明教师的引导很成功]

师:这两位同学找到了动作。有没有描写语言的?

[对交流的走向加以引导]

(生读)

(出示句子:"桥窄!排成一队,不要挤!党员排在后边!")

[直接出示句子,引导交流聚焦于此]

师:仔细看看这三句话。它们和课文中的其他句子相比,有什么不同?

[关于这三句话的第一次发问,引导学生发现其形式上的不同]

生:有三个感叹号!

师:我知道感叹号表示说话者内心强烈的思想感情,那你觉得从这三句话中,可以看出老支书当时怎样的心情?

[以标点符号的知识引导学生深入思考,体验人物内心世界]

生:关心群众。

师:请你读出对群众的关切之情!

(生读)

生:我觉得应该是非常着急的心情。

师:请你读出着急来!

(生读)

师:有点急,再急点。

(生再读)

师:真的急啦!

[尊重学生多样化、个性化的情感体验,进而指导学生通过朗读表现自己体验到的心情]

师:再看看这句话,还有什么发现?

[关于这三句话的第二次发问,引导学生继续挖掘其特殊之处]

生:文字特别地少。

师:为什么少?

[通过追问,引导学生深入思考]

生:为了让群众更快地脱离洪水,只能简短地说,让乡亲们很快脱离洪水。

师:你读懂了别人没读懂的。(板书:语言凝练、句子简短是这篇文章最突出的特色。请你简短凝练地读这三句话。)

[通过评价鼓励学生独立思考、发表创见]

(生读)

师:镇定自若! 好!

师:大家一起读!

　　师：再看这三句话，三句话的顺序能颠倒吗？

　　[关于这三句话的第三次发问，直接引导学生探究其语序安排的用意]

　　生：可以。

　　生：不可以。第一句告诉大家原因，第二句告诉大家怎么过桥，第三句提出一个特殊的要求。它们之间是因果关系，所以不能颠倒。

　　师：有理有据，句句在理。我完全赞同。大家想一下，在那个万分危急的时刻，思维如此清晰，语言如此严密，这才是个真正的有大智慧的老共产党员啊！让我们一起再来读这三句话！

　　（生读）

　　[评析：在这个教学片段中，教师布置了一项开放性的学习任务——让学生画出表现老支书语言、神态、动作的词语，并据此思考"老支书是怎样的人"。这个学习任务给予学生很大的自主学习和创造表现的空间，也对教师课堂上即时性的引导、点拨及反馈、评价提出了很高要求。在学生交流汇报过程中，教师对学生的回答给予了恰当的反馈和评价——不但给出正确或合理与否的明确反馈，而且给予适当的概括、提炼、补充。教师更对学生的思考和阅读给予了巧妙和有效的引导和点拨——比如关于人物语言的品读，教师先后用三个问句加以引导，使学生发现其标点符号、句式、语序等方面的特殊之处；进而通过点拨，使学生体会到这些特殊之处在表现人物心理及品质方面的作用。这样，通过教师即时、恰当、创造性的教学应对，学生对文本的探究、对人物形象的理解在原有基础上有了很大提升，从而顺利、有效地实现了预设的教学目标。]

　　上述案例属于教学方案的创造性展开——学生交流的内容基本在教学预设范围之内，教学互动与创生主要是为了引导学生深入思考，顺利达成教学目标；下面的案例则属于教学方案的适时调整——学生的学习或表现出乎意料，偏离教学预案甚至教学目标，教师不但没有置之不理，相反给予巧妙利用，生成了教学别样的精彩。

【案例5-4】

"去打开大自然绿色的课本"教学片段①
执教者　周益民

师：想想，诗人为什么说大自然是绿色的呢？

生：因为大自然里有绿树、翠竹、碧草、青山，它们都是绿色的。

生：不对，大自然里也有红花、彩霞呀，并不完全是绿色的。

师：说得有道理！那么诗人为什么偏要说它是绿色的呢？想想，绿色是不是有着某种……

生：我明白了，绿色是生命的颜色，象征着活力。

师：好啊，正是人们常说的"生命之树常青"。

生：确实，在沙漠里，只要看到了绿洲，就等于获得了生命的希望。

生：因为绿色充满活力，像一个少年，朝气蓬勃，活力四射。

生：王安石"春风又绿江南岸"中，"绿"的运用被历代称颂呢！

生：绿色还是环保的同义词，现在人们要吃绿色食品，要住绿色住宅。

师：是的，有人甚至把充满温馨的课堂叫作绿色——（生：课堂），总不会说是到了植物研究室吧。（生笑）

生：我就不同意，难道其他颜色就不能代表大自然的色彩了？

师：好啊，那你说说看，你认为大自然是什么颜色的？

生：我认为大自然是红色的，红枫、红花、红云，万紫千红。红色代表着喜气洋洋，象征着红红火火。

师：红色的大自然，好！蕴藏着热烈，昭示着兴旺，传递着幸福。古诗中对"红"的吟咏也很多，像……

---

① 杨九俊，姚烺强：《小学语文新课程教学概论》，南京大学出版社，2005年，第351 - 353页。

生:霜叶红于二月花。

生:人面桃花相映红。

生:日出江花红胜火。

生:映日荷花别样红。

生:我认为大自然是白色的,白色象征着圣洁、高雅,雪花就是那美的精灵。

师:不错,民间有谚语:瑞雪兆丰年。

生:我觉得大自然是彩色的,人们不是常说"绿树红花""五颜六色""五彩缤纷""橙黄橘绿"吗? 你们想,如果只是一种颜色那多单调啊!

师:大家说得可真好,不过我发现了一个有意思的现象,同一个大自然,怎么各人的体会就不一样呢?

生:肯定不是红绿色盲呗。(笑声)

生:是因为每个人的喜好不一样吧。

生:我想,是每个人对大自然体会的角度不同。

师:精辟! 你的发言让我想起了苏东坡的名句——横看成岭侧成峰。刚才我们的讨论是否就是现实的自然和心中的自然的关系? (生点头)那么,现在,让我们一起走进诗人的内心,来体会他心中绿色的大自然吧!

[评析:这一教学片段中,教师引导学生认识到,之所以作者说大自然是绿色的,不仅因为大自然到处都是绿色,更因为绿色象征着生命、象征着活力,教学目标可以说已经实现。然而,有学生偏不顺向接受,而是提出"难道其他颜色就不能代表大自然的色彩了"的质疑。对此,教师并没有置之不理或虚与委蛇,而是非常认真地让学生各抒己见,说说各自心中大自然的颜色。在肯定学生见解的基础上,教师顺势问学生:"同一个大自然,怎么各人的体会就不一样呢?"在学生认识到"每个人对大自然体会的角度不同"之后,教师自然而然地过渡到阅读课文,体会作者心中绿色的大自然的教学环节。表面上看,教师为了应对几个学生的质疑,影响了教学进度。而实际上,

这段教学意外的插曲,不但保护了学生批判性、创造性思维的积极性,锻炼了学生的表达能力,扩展了学生的视野,而且有利于学生深切地理解"文章总是作者独特体验的表达,阅读是走进作者内心、感受作者体验的过程"。其语文教育意义何其重大!]

尊重、理解、利用学生课堂上真实的学习表现是一切课堂互动和生成的基础。教师的教学机智也正源自于此。下面的教学片段中,教师由学生朗读时的一处小错误发现学生课文理解上的不到位,因而善加利用,产生了这样一段教学"插曲":

【案例5-5】

教师教学《美丽的大兴安岭》时,一位学生把"大不一样"读成"不大一样"——

师:他刚才哪里读错了?

生:他把"大不一样"读成"不大一样"了。

师:这两个词意思相同吗?

生:意思不同。"大不一样"是说差别很大,"不大一样"是说差别不大。

师:阅读课文,想想秦岭和兴安岭差别大不大?

生:它们差别很大。秦岭"险峻",而兴安岭是"那么温柔"。

师:谁能根据作者有关的描写到黑板上来画画,看看是什么样子的?(生作画)

师:(指图)一个险峻,一个温柔,看来二者的确是……

生:大不一样。

[评析:学生一个语序颠倒的朗读错误是极容易被忽略的,教师却将之作为难得的品味语言、感受形象的语文课程资源,创造了教学方案没有预设到的一段精彩。这源自真正的互动态度——尊重学生的学习表现,理解其背后的心理实质,进而通过教学对话加以引导、提升。]

⇨ **拓展与思考**

课堂上,如果学生的提问不在教学预案之中,教师该怎么办呢?做法无非以下四种:一是搁置不理,敷衍了事;二是课后解决;三是直接告诉学生答案;四是引导学生自己找到答案。你觉得哪种做法更合理呢? 在什么情况下更适合采用哪种做法呢?

以下两个教学片段都有学生出乎意料的提问。教师采用的是哪一种做法呢? 如果是引导学生找到答案,两位教师引导的方法有什么不同吗?

教学片段一

"做一片美的叶子"教学片段
执教者 孙建锋

师:孩子们,你们念书的时候精神很饱满,声音很洪亮,念得很投入。最值得表扬的就是那一位同学,他有一个词不理解,就写在了黑板上。这个词还有不理解的吗? 只有他一个人吗? 不理解的同学请站起来。(很多学生站了起来)

师:将近一半的同学都不理解这个词,也就是说坐着的同学都理解了? 坐着的同学你能不能帮助他? 说说"飘零"是什么意思?

生:飘零就是飘落的意思。

师:请你把飘落写在飘零的下面。

师:请你把这两个词读一读。

生:飘零、飘落。

师:还有没有别的解释?

生:飘零就是在风中飘荡的意思。

师:飘零就是在风中飘荡,好,也请你上来。

师:(递给学生一个小纸片)"假设这是一片叶子,你能不能给同学们演示一下什么是飘零。

（生开始不会）

师：假如这是一片小树的叶子，冬天来了，北风吹了（对着纸片吹了一口气），这片叶子怎样了？

生：飘落了。

师：飘落了，为什么书上说它是飘零了，不是飘落了？飘零和飘落里面都有一个共同的词是飘。不同的是什么？

生：一个是"零"，一个是"落"。

师：对呀！这两个词有相同的地方也有不同的地方，你认为这两个词有什么不同？

生：飘零是说有很多的树叶先后往下落，飘落是说树叶一起往下落。

师：要强调最终的结果……

生：是相同。

师：相同的是什么？

生：都一样落到地上去了。

师：你还有什么话说？

生：我现在觉得飘零应该是在空中飞舞。

师：着重强调落的状态。飘落着重强调落的一个结果。

生：我觉得飘零是树叶慢悠悠地从空中飘落下来，像蝴蝶飞一样。飘落却是直直地垂下来。

师：将来你会当诗人的，树叶就像蝴蝶一样慢悠悠地从空中飘落下来。只有诗人才有如此美妙的想象力。不简单啊！

生：我认为飘零的意思是树上的叶子零零散散地飘落下来。

师：不仅是速度慢，而且过程不统一，零零散散地落下来。

师：原来不会，经过同学和老师一起齐心合力、共同合作，我们现在知道了什么叫飘零。我找一个原来不会的同学，你能不能说一说什么是飘零？

生：听了他们的解释，我现在知道了飘零就是树叶零零散散地从树上飘落下来。

　　师：如果能把慢悠悠用进去更好。

　　生：树叶从树上慢悠悠、零零散散地飘落下来。

教学片段二

　　一位教师教《马背上的小红军》时，在读第一段"陈赓同志回顾自己革命经历的时候，曾经深情地谈起这样一件往事"后，一个女学生站起来问："'深情'是什么意思？"这显然不能按字面解释为"满怀深厚的感情"。这个"情"是很复杂的，在学生没有读懂之前，即使教师把自己的体会讲出来，学生也很难理解。教师便说："等学完课文，咱们再讨论这个问题，我想，提问题的同学也一定会自己找到答案。"课文学完了，教师请她说说对"深情"的理解。

　　生：陈赓感到不该轻信小红军的话。他看到小鬼的干粮袋里装的是一块烧得发黑的牛膝骨时，他后悔极了，感到对不起这位小红军。

　　师：不错，这个"情"里有后悔之情。

　　生：小红军宁肯牺牲自己也不愿拖累别人。他这种精神，陈赓每次谈到时都很钦佩。

　　生（补充说）：这里还有赞美的意思。

　　师：这个"深情"有后悔之情，有责己之情，有敬佩之情，有赞美之情，当然，还有怀念之情。陈赓每次谈到这件事情时，总是怀着这样复杂的感情。这都是大家通过读课文体会出来的。

二、授课中的组织、管理

　　课堂教学的组织管理是指在课堂教学中，为保证课堂教学的秩序和效益，协调课堂中人与事、时间与空间等各种因素及其关系的过程。没有有效的组织管理，就没有有效的课堂教学。课堂教学组织管理的好坏是影响课堂教学效率的重要因素。组织管理得好，效率就高；反之，效率就低。课堂教学的组织管理能力是教师教学能力的重要组成部分，优秀的教师往往是掌握课堂组织管理艺术的大师。

课堂组织管理可以着眼于学生行为的组织和控制,也可以着眼于学生注意力的组织和调节。笔者认为,后者更为根本,也与解放儿童、倡导儿童自主学习的现代教育理念更加契合。下面,笔者拟从注意力组织和调节的角度阐述若干小学语文课堂组织管理的策略。

第一,充分利用无意注意,激发学生的学习兴趣。上课时,要多使用直观、动态、鲜亮的形象呈现教学内容,使用有趣、新颖、活泼的形式开展教学活动,让学生在不知不觉中聚精会神,将注意力集中到教学内容和教学活动中。如采用图画、音乐等创设情境,导入新课。再如,采用识字游戏增加识字的趣味性等。

第二,启发有意注意,培养学生学语文的自觉性。有意注意是一种有自觉目的、需要做一定的意志努力的注意,相比之下,它没有无意注意那么轻松。但如果一味地依赖无意注意来进行教学,把系统的学习活动完全呈现于暗示的背景下,将会使学生获得的知识零碎而不成系统。所以,注意学生意志品质的锻炼,使学生能自觉运用有意注意来学习,是教师必须坚持的工作。

第三,利用有意注意的规律,合理安排教学流程。学生有意注意的分配是有规律可循的。比如儿童一次性有意注意的时间往往是10~15分钟,因而,教学中一个相对独立的、有一定挑战性的、需要意志努力的教学环节,如探究一个重要问题、品读一段课文、进行一次写字练习,最好安排为10~15分钟。经过紧张的学习之后,教师可安排一段轻松有趣的表演朗读或师生评议活动,以使学生神经放松、心情愉悦。这样,整节课在一张一弛的节奏中推进,学生始终精神饱满、思维活跃,而又不觉得疲劳、紧张。

第四,巧妙利用音量、声调、动作、手势、表情等的暗示,组织和调节学生的注意力。比如,在讲到重要内容时,教师有意识地提高或降低音量,通常能有效地吸引学生的注意力。而在提出问题时,教师有意识地用期待的眼神扫视全班,往往会引起全体学生的注意,使学生进行积极、紧张的思考。再如,当发现个别学生注意力分散,做小动作时,教师不动声色地走到他跟前,或者轻轻拍一下他的后背,或者向他使一个眼神,一般都可以起到化解问题而不影响教学进程的效果。

第五,适时调节学生的精神。当发现全班同学精神不振作、学习疲劳时,可暂停讲课,引导孩子表演一段诗歌朗诵或是做一些律动:"拍拍你的手,摇摇你的头,大家伸伸手,注意听讲精神好。"对于一些儿歌教学还可及时调整教学方法,让学生拍着手、和着节奏来朗诵,或是配上自己喜欢的动作来朗诵,以起到使学生振奋精神的作用。

⇨ 拓展阅读

下面是一位小学语文教师总结的课堂组织管理的经验。你认为其中哪些经验是至今还值得借鉴的?教学实践中还有哪些行之有效的组织、调节学生注意力的做法?

我们都知道上课时学生注意力集中是有效地进行教学的主要条件之一。即使我们备课很下功夫,教案也写得很有条理,但是如果上课时学生的注意力很不集中,也不会收到预期的效果。因此,按照注意的规律组织教学是搞好教学、提高教学质量的主要手段。下面是我的几点做法和体会。

一、在教学中要充分利用无意注意

（一）适当地利用实物和直观教具进行教学

《乌鸦喝水》这一课,孩子们很喜欢,但也有难懂的东西。如:在这一课中有一个动词"衔"。我问学生:把小石子一个一个地衔来的"衔"字当什么讲?孩子们都没有勇气回答我的问题。原来,在孩子们的日常口语中没有这个词。如何让他们理解呢?如果以词解词效果肯定不好。为了让学生准确地理解词义,我就利用乌鸦标本,把乌鸦的嘴轻轻地打开,把小石子放到乌鸦的嘴上,让它叼着。这个叼着的动作让学生看清楚,并告诉学生这就是"衔",学生点了点头。这时我再问他们,他们异口同声地说:"衔就是用嘴叼着。"至于乌鸦把小石子一个个地衔起来放到瓶子里,瓶子里的水是不是升高了,我也让学生自己观察。我让学生把石子放到乌鸦的嘴上,乌鸦的嘴碰到瓶口,石子掉进瓶子里,瓶子里石子越来越多,水就慢慢升高了。这时大家的注意力都非常集中,当乌鸦的嘴能喝到水之后,孩子们都高兴得不得了。通过这些实物和教具以及演示的动作,学生的兴趣很浓,积极性很高,注意力很集中,也比较容易地理解了课文和词义。

我还尽量用刺激物之间的对比关系,引起学生注意,提高学习效果。如在有些字的字形需要突出的地方,就用彩色粉笔标出来。"兔"字,学生写起来往往容易忘了点,我就在用白色粉笔写"兔"字时,把那一点用红笔标出。这样一来,学生对于白字中的一点红,印象很深,终生难忘。有些字形较复杂,难记,我就用大字样的方法突出这个字形。在平常字中出现了一个"大样"的字,又会由于印象深刻而无意之中牢牢记住。

(二)预防和排除分散儿童注意力的各种因素

(1)教室要布置恰当,要整齐清洁,以免分散注意力。教室是学生度过一天学习生活最主要的地方,在这里要求儿童注意力集中,遵守纪律,努力完成学习任务。我们对教室里的秩序和教室布置都要十分注意。我认为教室里的布置要符合它的用途,应该是整齐清洁、朴素大方的,绝不应花花绿绿使人眼花缭乱。除去教室的布置之外,还应该把教室打扫得清洁,安排得整齐。这也是保证学生注意力集中的条件。如果走进教室一看,很脏,也不通风,地板上到处是碎纸和踩碎的粉笔痕迹,课桌里散乱地放着书包、水杯和学习用品,讲桌上盖着一层粉笔末或凌乱地摆放着教学用具,黑板没有擦干净,桌椅歪摆着,那么在这样的一个教室里,不管教师怎样精通教材,上课时也不会有很好的教学效果。

(2)师生做好上课前的准备,以免课上忙乱,分散注意力。做好上课前的准备工作,养成课前准备好学习用具的习惯,对学生而言是很重要的,尤其是对刚刚入学的儿童来说更为重要。这样才不会在教学中因为找本、找书、找铅笔、橡皮之类的东西而分散了学生的注意力。因此,从学生入学的第一天起,我就使他们知道做好课前准备与上好课之间的关系。对一些平时不大注意的学生,课前或前一天我都做特别的嘱咐,偶尔有学生没带学习用具,课前我也要为他解决好,以免他因上课时去借用学习用具而影响他和其他学生的听课,分散他们的注意力。我自己在上课前一定把这一节课该用的教具都准备齐全,如白粉笔、彩色粉笔、发给学生的练习本、听写用的空白纸、字词卡片、给学生批阅作业的红笔等,以避免上课时因没有而抓瞎,或把学生放下自己到办公室去取或派学生到办公室去取而严重分散学生的注意力。教师使用教具不能杂乱无章,如小黑板拿倒了,小黑板没挂住掉下来了,字词卡片拿反了,教科书里夹着的纸片掉出来了等,这些都会分散学生的注意力。甚至老师的衣着也是分散学生注意力的因素。如果星期天老师理了发或换了一件新衣服,就早一点到学校去,让班里每个学生都看到、都习惯,然后再上课,就不会让学生觉得新鲜了。

（3）恰当地处理课堂上的偶发事件,以免分散注意力。处理好课堂上的偶发事件也是避免分散学生注意力的一个重要问题。有一次上课写作业,一个学生眼睛不时地往下看,两腿还直动,一会儿整个身体往下溜。我走过去一看,原来他是想把掉在地上的橡皮捡起来。我走过去帮他把橡皮捡起来,放到他手里,他用眼睛看了看我,没作声,埋下头又写作业去了。这件事没有引起任何人的注意,也就没有分散其他学生的注意力。我觉得如果对捡橡皮的孩子不经调查就斥责一顿,不但这个孩子当时不能很好地学习,还必然会使全班同学的注意力集中到这个孩子身上。这样注意力的转移和教学的中断,对一堂课的影响是很大的。

二、在教学中发展学生的有意注意

（1）加强组织教学,使上课有一个良好的开端。我认为一节课的开始是很重要的。多年来,我一直遵循着这样一个原则,即不在没有安静下来的情况下上课。为了保证这一原则的落实,我除了要求学生养成课前准备好一切学习用具的习惯外,还要求他们听到上课铃响后,立刻进教室,安静地坐在位子上。对于迟到的学生,要妥善处理,而不要使他们影响集体。课间我尽量在操场上照顾学生游戏,以免他们发生矛盾或狂奔乱跑而影响了上课情绪的安定。我要求学生上课铃响立刻进教室,我自己在铃响前就在教室门口等候,照顾学生进教室。如果教室里还没有完全安静下来,或者还有个别学生没有坐好,我就在门口或门外停一下,引起学生的注意,从而使学生利用这些检查自己的行为,达到老师的要求,使课堂一开始就有个良好的秩序和安定的气氛。在这种情况下上课,一节课有了好的开始,老师很快就能把学生的注意力吸引到教学内容上来,效果也就会很好。

（2）提问时面向全班,使每个学生都有一定的任务。人的精神状态在很大程度上影响注意力,所以老师讲课一定要调动学生的积极性。课堂提问一定要面向全班,使每个学生的注意力都集中到老师提的问题上,积极争取回答老师的问题以保持旺盛的精力,即使是消极的学生也要调动起来,使每个学生都有事可做。在指定一人回答问题时,也要引起其他学生的注意,要求大家都来辨别、纠正、补充等等。要抓一点带一片。在叫几名学生到黑板前来写字时,也要要求其他学生在自己的座位上有相应的活动。这样,老师就将全班学生的注意力集中到教学上了。

三、在教学过程中,重视有意注意和无意注意的交替和轮换

要引导学生完成一节课的学习任务,无意注意和有意注意都需要运用,同时,二者需要不断交替轮换。学习是一种艰苦的脑力劳动,单凭无意注意不能很好地完成任务,因为在这个活动中不可能都是有趣的东西,一定会有很多困难,这就需要有意注意的参加。但是单凭有意注意又不可能持久,尤其是低年级儿童,用过多的意志努力来维持注意,会使儿童很快疲倦。在授课中这两种注意可以交替轮换使用。例如:在识字教学中,可以让学生利用 5 分钟学习生字字音。这时学生就要在这 5 分钟之内克服困难,集中注意力完成任务。这段时间不要太长,接着就要组织他们转移注意,让他们利用 6～7 分钟用学过的熟字和部首去分析字形,他们又一次地组织注意力。在这一段时间内,学生的目的明确,老师教给了方法,学生利用了有

意注意。这段时间以 10 分钟左右为宜。在巩固练习阶段,有时是有意注意,如在老师的指导下学生自己在练习本上写字,这就需要独立完成;有时也要引起学生的学习兴趣,如分角色朗读、化装朗读、给独体字找朋友,这样能吸引学生的注意力,顺利完成教学任务。

总之,我们在教学过程中要正确地运用注意的规律,只有这样才能保证教学任务的顺利完成,也才能保证教学质量的提高。①

⇨ **研究与应用**

1. 将以前写的一份教学方案改写为说课稿,同时配上 PPT,在小组中试说;然后根据说课的实际效果及同学的反馈,对说课稿及 PPT 进行进一步修改。

2. 分别听讲与试讲一节课,注意其中教学互动及教学组织管理的方式及效果,提出改进办法。

---

① 韩春荣:《按照注意规律组织教学》,《心理发展与教育》,1986 年第 10 期。

研究性学习任务

1. 探究如何全面评价小学生的语文素养。

2. 研究应针对哪些方面、依照什么标准评价一节小学语文课的优劣。

研究性学习资源

教育部师范教育司:《小学语文教学评价》,东北师范大学出版社,1999 年

倪文锦:《语文考试论》,广西教育出版社,1999 年

董蓓菲:《小学语文测验原理及方法》,山东教育出版社,1997 年

汪叔阳:《小学语文考试改革研究与实践》,上海教育出版社,2001 年

丁朝蓬:《新课程评价的理念与方法》,人民教育出版社,2003 年

教学评价是一种在收集必要信息的基础上依据一定标准对教学系统进行价值判断的活动。它既是教学工作的一个环节,也贯穿在教学活动之中。它主要包括学习质量评价和课堂授课质量评价。

第一节　小学语文学习质量评价

一、小学语文学习质量评价的内容

小学语文学习质量评价的根本依据是现行的义务教育语文课程标准,是其中的"总目标"和具体的"学段目标和内容"。因而,课标在"评价建议"中强调评价必须"体现语文课程目标的整体性和综合性,全面考察学生的语文素养。应注意识字与写字、阅读、写作、口语交际、综合性学习五个方面的有机联系,注意知识与能力、过程与方法、情感态度与价值观的交融、整合,避免只从知识、技能方面进行评价"。以下是课标"评价建议"对各领域评价内容的具体规定(见表6-1 至表6-5)。

表6-1　识字、写字的评价内容

评价项目	评价内容	学段评价重点
总体	评价要有利于激发学生识字、写字的兴趣,帮助学生养成写规范字的习惯,减少错别字。	
汉语拼音	重在考查学生认读和拼读的能力,以及借助汉语拼音认读汉字、讲普通话、纠正地方音的情况。	

续表

评价项目	评价内容	学段评价重点
识字	要考查学生认清字形、读准字音、掌握汉字基本意义的情况,在具体语言环境中运用汉字的能力,以及借助字典、词典等工具书查检字词的能力。	第一、第二学段应多关注学生主动识字的兴趣,第三学段要重视考查学生独立识字的能力。
写字	要考查学生对于要求"会写"的字的掌握情况,重视书写的正确、端正、整洁,在此基础上,逐步要求书写流利。 关注学生写字的姿势与习惯,引导学生提高书写质量。	第一学段要关注学生写好基本笔画、基本结构和基本字的能力;第二、第三学段还要关注学生的毛笔书写。 第三学段要求学生会写 2500个字。

表6-2　阅读的评价内容

评价项目	评价内容	学段评价重点
总体	要综合考查学生阅读过程中的感受、体验和理解,要关注其阅读兴趣与价值取向、阅读方法与习惯,也要关注其阅读面和阅读量,以及选择阅读材料的能力。重视对学生多角度、有创意阅读的评价。语文知识的学习重在运用,其概念不作为考试内容。	
朗读	能用普通话正确、流利、有感情地朗读课文,是朗读评价的总要求。 可从语音、语调和语气等方面进行综合考察,评价"有感情地朗读",要以对内容的理解与把握为基础,要防止矫情做作。	
诵读	重在提高学生的诵读兴趣,增加积累,发展语感,加深体验和领悟。	在不同学段,可在诵读材料的内容、范围、数量、篇幅、类型等方面逐渐增加难度。
默读	应从学生默读的方法、速度、效果和习惯等方面进行综合考察。	

续表

评价项目	评价内容	学段评价重点
精读	重点评价学生对阅读材料的综合理解能力,要重视评价学生的情感体验和创造性的理解。	第一学段可侧重考查对文章内容的初步感知和文中重要词句的理解、积累;第二学段侧重考查通过重要词句帮助理解文章,体会其表情达意的作用,以及对文章大意的把握;第三学段侧重考查对文章表达顺序和基本表达方法的了解领悟。
略读和浏览	略读的评价,重在考查学生能否把握阅读材料的大意。 浏览的评价,重在考查学生能否从阅读材料中捕捉有用信息。	
文学作品阅读	着重考查学生感受形象、体验情感和品味语言的水平,对学生独特的感受和体验应加以鼓励。	第一学段侧重考查学生能通过朗读和想象等手段,大体感受作品的情境、节奏和韵味;第二学段侧重考查在阅读全文基础上对重要段落和语句的细致阅读,具体感受作品的形象和语言;第三学段可通过考查学生对形象、情感、语言的领悟程度,以及自己的体验,来评价学生初步鉴赏文学作品的水平。
古代诗词和文言文阅读	重点考查学生的记诵积累,考查他们能否凭借注释和工具书理解诗文大意。词法、句法等方面的概念不作为考试内容。	
课外阅读	通过小组和班级交流、学习成果展示等方式,了解学生的阅读量和阅读面,进而考查其阅读的兴趣、习惯、品位、方法和能力。	

表6-3 习作的评价内容

评价项目	评价内容	学段评价重点
总体	重视学生的写作兴趣和习惯,鼓励表达真情实感,鼓励有创意的表达,引导学生热爱生活、亲近自然、关注社会。	第一学段主要评价学生的写话兴趣;第二学段是习作的起始阶段,要鼓励学生大胆习作;第三学段要通过多种评价,促进学生具体明确、文从字顺地表达自己的见闻、体验和想法。对于作文的评价还须关注学生汉字书写的情况。

续表

评价项目	评价内容	学段评价重点
写作材料准备过程	既要具体考查学生占有材料的丰富性、真实性,也要考查他们获取材料的方法。	
作文修改	要考查学生对作文内容、文字表达的修改,也要关注学生修改作文的态度、过程和方法。	

表6-4　口语交际的评价内容

总体评价内容	学段评价内容
考查口语交际水平的基本项目可以有讲述、应对、复述、转述、即席讲话、主题演讲、问题讨论等。 综合考查学生的参与意识、情意态度和表达能力。	第一学段主要评价学生口语交际的态度与习惯,重在鼓励学生自信地表达;第二、第三学段主要评价学生日常口语交际的基本能力,学会倾听、表达与交流。

表6-5　综合性学习评价内容

总体评价内容	学段评价内容
应着重考查学生的语文综合运用能力、探究精神与合作态度。主要着眼于学生在综合性学习过程中的表现,如是否能积极参与活动,是否能主动提出问题,还有搜集整理材料、综合运用语文知识探究问题、展示与交流学习成果等方面的情况。 要充分注意学生解决问题的思路和方法。对有新意的思路和表达以及有特点的展示方式,尤其要给予足够的重视。	第一、第二学段要较多地关注学生参与语文学习活动的兴趣与态度;第三学段要多关注学生在语文活动中提出问题、探究问题以及展示学习活动成果的能力。

二、小学语文学习质量评价的方式

为了全面评价学生综合性的语文素养,语文课程标准强调要"恰当运用多种评价方式","评价方法除了纸笔测试以外,还有平时的行为观察与记录、问卷调查、面谈讨论等各种方法"。笔者认为,针对长期以来小学语文学习质量评价中的实际问题,我们一方面需要加强纸笔测验改革,提高测验的信度和效度;另一方面需要大力推广口头测试、调查法、观察法和成长档案袋在语文学习评价中的应用。

（一）纸笔测验及其改革

纸笔测验是最常用的小学语文学习质量评价方式。一次规范的纸笔测验一般包括确定测验目的、明确测验的内容、编制双向细目表、编拟试题并确定标准答案及评分标准、组合成卷、施测及评分、分析测试结果、组织讲评等步骤。

⇨ **相关知识点链接**

双向细目表

"双向"中的纵向坐标反映认知的内容领域，横向坐标反映认知的能力水平。就小学语文测验而言，纵向坐标可以是字、词语、句子、阅读、习作、写字等内容领域；横向坐标则是识记、理解、应用、分析、综合等层级。每道试题都有其对应的内容领域和能力层级，因而获得双向细目表中的确定位置。编制双向细目表，实质上是合理分配各内容领域和能力层级的题目数量和分值。以下是一份小学四年级的语文测验双向细目表（见表6-6）：

表6-6　小学四年级语文测验双向细目表

知识得分 能力	识记	理解	应用	分析	综合	合计
识字	46个生字(6)	字义理解(3)	形近字组词(6)			15
词语	48个词语(2)	词语归类(8)	近义词反义词选填(4)			14
句子		理解文中重点句意(3)	扩句(6)改病句(9)			18
阅读	根据课文内容填空(5)	听写(8)		阅读回答问题(6)判断段意正误(4)		23
作文					写段(25)	25
合计	13	22	25	10	25	95

注：5分为书写分。

（1）小学语文纸笔测验的主要问题

① 考课文内容记忆的题目还占相当大比重。如："《参观刘家峡水电站》一课按＿＿顺序分别记叙了＿＿，＿＿，＿＿，＿＿四个部分的建筑及它们的作用。""《草船借箭》故事的起因是＿＿，经过是＿＿，结果是＿＿。""《十六年前的回忆》记叙了李大钊＿＿的事迹，表现了他的＿＿精神和＿＿的高贵品质。"这些题目主要考查学生对课文分析要点的记忆，并不能反映学生的阅读理解能力。

② 解释词语的题目仍然存在。如解释"灰溜溜"是什么意思，解释"闻名"是什么意思，等等。这种脱离运用的语境，直接考查字词解释的题目，也是有悖于语文实践能力培养的宗旨的。

③ 脱离真实语境的字词句训练题，如根据拼音写汉字、组词、造句、句式转换等题目比重过大。下面是三年级语文测验中的几道题目：

1. 读拼音，写词句。（7分）

càn làn   yǔ zhòu   zēng tiān   shùn xī

（   ） （   ） （   ） （   ）

2. 比一比，再组成词语。（8分）

峰（   ） 珍（   ） 响（   ） 旅（   ）

锋（   ） 诊（   ） 晌（   ） 派（   ）

3. 读句子，用带点的词语造句。（6分）

（1）山谷里响起了悠扬的笛声。

（2）情况确实很严重，大家不约而同地望着刘邓首长。

（3）那个铃铛只要用手一碰，就会丁零丁零地响起来。

4. 给第（1）句加上"把"字，第（2）句加上"被"字。（4分）

（1）小明愉快地写好了一页小字。

（2）红军打退了敌人一次又一次进攻。

这些题目虽然有效地考查了学生的语文知识和语文技能掌握情况，但由于不注重创设语境，因而不能有效考查学生的语文运用能力。这类试题的大量使用，不但导致语文考试单调乏味，而且对语文教学有一定的误导作用。

④ 阅读题过于偏重理性分析，偏离课标要求。课标要求精读要"重点评价学生对阅读材料的综合理解能力"，"重视评价学生的情感体验和创造性的理解"。但实际上，当前阅读题还存在偏重琐碎的文意分析的问题，如要求学生分段、分层，概括段意或层意。以下面的三年级阅读题为例：共两大题，竟然全是考查文意分析与概括，显然与课标精神不符，也不符合第二学段把握文章大意的课程目标。

仔细阅读下面一段课文，认真完成作业。（14分）

飞机飞得又快又稳，透过云层，可以看到积雪的山峰层层叠叠，好像波涛汹涌的大海。突然，飞机遇到一股强烈的寒流，机翼和螺旋桨上都结了冰，而且越结越厚。不大一会儿，机身也蒙上了厚厚的冰甲。飞机像冻僵了似的，沉甸甸地往下坠，还失去了平衡。机翼掠过一座座山峰，眼看就要撞着山尖了，情况十分严重。机长命令机械师打开舱门，把行李一件一件往下扔，好减轻飞机的重量，还要大家背上降落伞包，做好跳伞准备。

（1）根据层意分层。（6分）

这段课文可分三层：第一层讲飞行正常，是第_____句；第二层讲飞机遇到寒流，情况十分严重，是第_____句；第三层讲机长采取应急措施，是第_____句。

（2）联系上下文，写出句子的意思，并填空。（8分）

这段话第三句讲飞机遇到寒流，很快结了冰。第四句讲_____。第五句讲_____。第六句讲_____。这四句话联系紧密，反映的情况一步比一步_____，给人一种紧迫的感觉。朗读这句话的速度应该_____（缓慢、不快不慢、逐渐加快）。

⑤ 开放性试题缺乏明确的质量标准。新课程尊重学生的阅读体验,鼓励有创意的阅读,鼓励自由表达和有创意的表达,小学语文纸笔测验命题上出现开放题数量大增的趋势。然而,这其中也存在问题——题面表述含糊,要求不明。同时,评分标准不清甚至缺乏。比如,下面的题目确实尊重了学生的独特感受和体验,具有相当程度的开放性,但一方面学生不清楚什么样的回答是好的,另一方面教师也不清楚从哪几个方面衡量学生回答的优劣。这样的题目在信度上就会出问题。

1. 在本学期学过的课文中,你最喜欢的是哪一篇? 为什么?

2. 学习了《趵突泉》《镜泊湖奇观》《西湖的“绿”》等课文,那优美的景色一定还深深地留在你的记忆里。请再细细回味一下,选其中你最喜欢的一处景点,为它写一则宣传广告词或一段导游词。

3. 把自己最喜欢的一句话或一段话认真地抄写在方格中,并写出喜欢的理由。

4. 根据短文谈谈自己的体会和启发。

5. 真情习作。同学们,你的生活中一定有让你感动的人和事,那么,就请你写出来吧,让我们和你一起重温那份感动,在那浓浓的感动中,感受有滋有味的生活吧!

(2)小学语文纸笔测验改革的措施

第一,减少单纯考查语言积累的题目,将语言积累与语言运用结合起来,考查具体、真实语境下的语言运用能力。

下面的语用题都创设了具体、真实的语境,可以有效考查学生的遣词造句能力,当然,其语言积累情况也能得到考查。

学语文讲究用词准确,请你在下列句子中写出表示看的词语,但不能出现“看”字。

1. 奶奶上下(　　　)着眼前的这个小姑娘。

2. 要想在短时间内获取大量的信息,(　　　)是一种很好的阅读方法。

3. 老师病了,我和几位同学放学后去医院(　　　)老师。

[点评:这道题很好地考查了学生根据语境选择恰当词语的能力。与一般的选填同义词相比,它对学生词汇积累的考查也更加有效。]

语言是丰富多彩的,构成语言的句子也应是丰富多彩的,下面就请大家到"句林"漫步,根据要求做题,感受语言的魅力吧!

1. 你有过"心旷神怡"的感觉吗? 请用上"心旷神怡"具体写写你的感受。

2. 冬天来了,冬姑娘把一片片雪花撒向大地,望着漫天飞雪,请你用一组排比的句子来抒发你此时的心情吧。

3. 在横线上填出能具体说明加点词语的内容。

她的身体很单薄,＿＿＿＿＿＿＿＿＿＿＿＿。

4. 挑选你满意的句子,把它抄写在文中的括号里。

(节选)一个秋雨连绵的日子,安东尼想观察一下晶莹透明的雨水里有些什么。他看了一眼显微镜下的水滴后,不禁惊叫起来"(　　　　　　　　　　)"……

① 别看小水滴那么清澈,原来里边也有小虫子呀!

② 小虫子那么多,而且都在动。

③ 小虫子! 那么多的小虫子都在动!

④ 我真没想到,小水滴里是有虫子的。

[点评: 这几道关于句子的试题,都提供了真实、具体的语境,因而能够有效考查学生实际的造句能力。第一道题与单纯的造句题不同,它要求用"心旷神怡"具体写自己的感受,这是真实的语言表达任务。第二道题要求写排比句抒发漫天飞雪时的心情,同样是一个具体、真实的语言表达任务。与一般的仿写或续写题不同,它形式上的束缚更少,也更接近真实的语言实践。第三道题既考查了根据上下文推断词义的能力,又有效考查了根据语境和上下文完成句子的能力。第四道题不是孤立地考查有关句式的知识或技能,而是考查特定上下文中句式知识的运用,或者说考查关于句式的语感。后者才是真正的语言实践能力。]

　　第二,增加关于语文学习方法引导或考查的题目。新课程注重语文学习的过程和方法,这一理念同样可以渗透进命题中。下面的题目就旨在引导和考查学生在生活中学习语文的意识和成果,值得我们在小学语文命题工作中借鉴。

　　课堂小舞台,生活大舞台。学习语文不光是在语文课上,生活中处处有语文。下面,就让我们一起走进生活,感受生活中的语文吧!

　　1. 学校正在创建"书香校园",校园的走廊里、教室里挂了许多和读书有关的条幅,如"读好书,点亮我们的人生","书是打开知识宝库的钥匙,书是了解世界的窗口"。请你也想一条条幅,写在下面。

　　＿＿＿＿＿＿＿＿＿＿＿＿,＿＿＿＿＿＿＿＿＿＿＿＿＿。

　　2. 电视中有很多广告,记下你印象最深的一则,并写出它留给你的思考。

　　(1) 广告介绍:＿＿＿＿＿＿＿＿＿＿＿＿＿＿＿＿＿。

　　(2) 你的思考:＿＿＿＿＿＿＿＿＿＿＿＿＿＿＿＿＿。

　　3. 请写出你最近从报纸、电视、互联网、家里等地方看到的或听到的、给你留下深刻印象的一条新闻,并用简洁的语言写出你看完或听完这条新闻后的感想。

　　再如南安市 2009 年六年级上册期末试卷的"阅读理解"先出示了一篇短文,并在第一个画线句子的右边加了旁注,然后要求学生按要求作答:"'不动笔墨不读书。'旁注是一种很好的读书方法,它能把我们读文章时的思考、感悟及时地表达出来。请照样子(短文中第一个画线句子右边的旁注①)在短文的右边给另外两处画横线的句子加上旁注。"这道试题不但考查了学生"联系上下文和自己的理解,推想课文中有关词句的意思"的阅读能力,而且有助于培养学生"不动笔墨不读书"的阅读习惯。

　　第三,开放性试题要明确答题要求,并制定合理的评分标准,从而保证试题应有的信度。以下面的阅读题为例,两道题目都有一定的开放性。第一道题开放度较大,题面给出了明确的答题要求——

"拟一份广播稿,简要报道和评论这件事",并提供了包含三个维度的评分标准。第二道题开放度较小,但可能的答案也不是唯一的,因而除给出几种可能的合理答案以外,还提供了判断正误的依据。

一套课外读物让李森成了学校的明星,可是他并不高兴,这是怎么回事呢?读读下面的短文,相信你从李森的故事中也能得到一些启发。

意外出名

李森是四(3)班的一名男生,他认为自己和班上的其他同学不一样,因为他喜欢英雄,总想干惊天动地的大事。可是从小到现在,他连一次做大事的机会都没有遇到。放寒假的前一天,班里每人发了一套课外读物。王老师在发书前告诉大家,有一套书是破损的,他不知该把那套书分给谁。

一时间,班内沸沸扬扬。有的建议抓阄;有的建议每人拿出1角钱给受损失的人;有的女生则大喊:"上帝保佑。"李森听烦了,霍地一下站了起来,说:"分给我吧。"

其实,那套书只是书脊上擦破了一点,属于轻伤,用张纸一包就解决了——这值得大惊小怪地出谋划策吗?

李森没想到区区小事却引起了大轰动,先是学校广播站立刻广播了这则小消息;紧接着,全校师生联谊会上他被大家选为"今日明星"。李森弄不懂,为什么平时他认为可歌可泣的故事不被人重视,而一些不值得一提的小事却被当成了了不起的大事。

"看来,我是个普通的人,只配做些鸡毛蒜皮的小事。"李森对爸爸说。

爸爸哈哈一笑:"不做小事的人,怎么干得成大事!"

听完爸爸的话,李森点了点头,好像明白了什么。

1. "李森没想到区区小事却引起了大轰动,先是学校广播站立刻广播了这则小消息。"想象一下,学校广播站是怎样广播这件事的。试拟一份广播稿,简要报道和评论这件事。

评分标准：

（1）简要而完整地介绍整个事件，包括班级、人物，以及事情的起因、过程和结果；（2分）

（2）简要评论这件事，特别是赞扬李森牺牲自身小利益的行为；（2分）

（3）语言流畅，符合广播稿的语体要求。（2分）

2. "听完爸爸的话，李森点了点头，好像明白了什么。"请猜想一下，李森可能明白了什么。

合理的答案如：（1）干大事需要从小事做起。（2）这虽然是小事，但也是舍己为人，因而是值得做的。（3）做事不看大小，而看是否为他人着想、为他人解决问题。（4）我现在做的虽然是小事，但却是有利于别人的事，所以得到大家赞扬。

评分标准：答案只要立足于爸爸说的话"不做小事的人，怎么干得成大事"，同时扣住李森原先的困惑，就是可以接受的。

再以此前的一道作文题为例。原题是：

真情习作。同学们，你的生活中一定有让你感动的人和事，那么，就请你写出来吧，让我们和你一起重温那份感动，在那浓浓的感动中，感受有滋有味的生活吧！

可以在原题基础上附加以下"温馨提示"：

感动你的人和事要尽量写得具体、生动，让我们如同亲身经历一样；同时，不要忘了告诉我们你对此真实的感受和想法哦！另外，恰当的、吸引人的题目也会给你的习作加分不少！

同时，附上详细的评分标准：

（1）叙事具体、生动，人物形象鲜明；（15分）

（2）恰当地抒发感动之情或表达感动之意；（5分）

（3）语言规范、流畅；（5分）

（4）题目恰切；（2分）

（5）书写整洁、规范、美观。（3分）

（二）口头测试及其应用

口头测试可以检测一些纸笔测验无法有效检测的素质,如倾听别人发言捕捉信息的能力、朗读技能、会话技能、公共场合发言的能力、临场应变的能力等。因而,对小学语文而言,朗读和口语交际的评价应以口头测试的方式为主。

应用口头测试时,要使测试内容与程序标准化,以保证测试的信度和效度。就朗读测试而言,可使用与相应学段课文难易程度相近的文本作为朗读材料。测试时,先给学生一定的阅读准备时间,要求学生读懂文本,在理解内容的基础上有感情地朗读;在学生朗读的过程中,教师对其朗读的正确情况(如有没有读错字,有没有添字少字,有没有颠倒语序,有没有读破句子)、流利情况(如有没有不必要的停顿,有没有结巴,有没有自我纠正)、感情表现情况(语音、语调、语气的处理是否适合文本的情感基调)加以记录;最后,根据评分标准给出成绩评定。

就口语交际测试而言,可先根据测试目的,确定口语交际的项目,如讲述、应对、复述、转述、即席讲话、主题演讲、问题讨论等;然后设计几个同等难度的口语交际任务,如准备同等难度的故事供复述之用,或设计几个同等难度的主题供演讲之用;施测时,学生抽签决定自己的口语交际任务。测试过程中,教师一方面要尽量使测试的情境接近真实的口语交际任务,另一方面要即时做好学生表现的记录。比如,要考查学生参与问题讨论的情况,就要组织几个学生围绕某问题展开讨论,同时,记录下每个学生参与讨论的态度、倾听的态度、应对的情况(包括数量、质量)、发表观点的情况(包括数量、质量)等。

口头测试的缺点有两方面:一是效率比较低,一位或两位教师只能同时对一到数名学生施测;二是测试的题量小,在一定程度上会影响测试的效度和信度。

（三）调查评价法及其应用

调查评价法是指通过调查收集评价对象的信息,在此基础上做出价值判断的方法。对于小学语文教学,调查评价法特别适宜于语文学习态度、兴趣、习惯、方法及过程等的评价。比如通过调查,了解和评价学生课外阅读量和阅读面,课外阅读的兴趣、习惯、品位、方法;再如,通过调查,了解和评价学生获取写作材料的方法、修改习作的态度和方法等。

调查主要有问卷调查和访谈调查两种形式。比较而言,问卷调查多使用封闭性问题,能够快速、高效地了解调查对象的一般情况;访谈调查则多使用开放性问题,能够深入了解调查对象的特殊情况。从下面关于阅读兴趣的问卷和访谈提纲样例中,我们可以清楚地看到上述区别。

关于语文阅读兴趣的问卷

学生姓名_____　　　　所在班级_____

亲爱的同学,这是一份关于阅读兴趣的调查问卷。所有题目的答案没有对错之分,请根据你的实际情况作答。回答的结果可以让老师全面了解你的语文学习情况,更好地指导你的课外阅读,以及改进课堂教学。老师感谢你认真作答哦!

1. 你是否喜欢阅读我们小学语文课本上的课文?(　　)

A. 是　　　　　　　　　B. 说不清

C. 否　　　　　　　　　D. 有些喜欢,有些不喜欢

2. 你觉得阅读给你带来的最大好处是什么?(　　)

A. 获得知识和信息　　　B. 感到放松和愉快

C. 受到思想上的启发和教育　D. 积累词汇,学习语言

E. 说不清

3. 你觉得老师布置的课外阅读任务能完成吗?(　　)

A. 完成起来很轻松愉快　B. 能完成,但不轻松

C. 能完成,但不愉快　　D. 很难完成

4. 除了老师的课外阅读任务,你还会读课外读物吗?(　　)

A. 经常会　　　　　　　B. 偶尔会

C. 不会,除了家长要求　　　　D. 不会

5. 你喜欢阅读儿童文学作品吗?(　　)

A. 很喜欢　　　　　　　　　B. 比较喜欢

C. 不太喜欢　　　　　　　　D. 不喜欢

E. 说不清

6. 你喜欢阅读动漫作品吗?(　　)

A. 很喜欢　　　　　　　　　B. 比较喜欢

C. 不太喜欢　　　　　　　　D. 不喜欢

E. 说不清

7. 你喜欢阅读科普作品吗?(　　)

A. 很喜欢　　　　　　　　　B. 比较喜欢

C. 不太喜欢　　　　　　　　D. 不喜欢

E. 说不清

8. 你喜欢阅读报纸杂志吗?(　　)

A. 很喜欢　　　　　　　　　B. 比较喜欢

C. 不太喜欢　　　　　　　　D. 不喜欢

E. 说不清

9. 你喜欢与他人分享、交流你的阅读感受吗?(　　)

A. 很喜欢　　　　　　　　　B. 比较喜欢

C. 不太喜欢　　　　　　　　D. 不喜欢

E. 说不清

10. 你喜欢做读书笔记或摘录吗?(　　)

A. 很喜欢　　　　　　　　　B. 比较喜欢

C. 不太喜欢　　　　　　　　D. 不喜欢

E. 说不清

11. 你感到阅读有利于写作、交谈或其他学科学习吗?(　　)

A. 是　　　　B. 说不清　　　C. 否

12. 你愿意别人向你推荐阅读书目吗?(　　)

A. 非常愿意　B. 愿意　　　　C. 不愿意　　D. 无所谓

关于语文阅读兴趣的访谈提纲

学生姓名＿＿＿＿＿ 日期＿＿＿＿＿ 地点＿＿＿＿＿

1. 请用三个词形容你对待语文阅读的态度。
2. 在语文阅读课上，你成功的一次经历是什么？
3. 在语文阅读课上，你不喜欢的一件事是什么？
4. 在语文阅读上，你更愿意做什么？
5. 你对语文阅读的一个疑虑是什么？
6. 你最喜欢阅读的文章类型是什么？
7. 你最讨厌阅读的文章类型是什么？
8. 你最喜欢阅读谁的文学作品？
9. 你每天用在课外阅读上的时间有多长？

（四）观察评价法及其应用

观察评价法是指通过观察收集评价对象的信息，在此基础上做出价值判断的方法。它一般运用于日常教学过程中，即教师在日常教学活动中观察并记录学生的学习态度、学习兴趣、学习习惯及学习表现，基于这些信息做出价值判断，并及时反馈给学生，促进学生学习进步。

教学过程中教师都会利用观察收集信息，进行即时评价。不过，这种观察评价行为通常比较随意、零散。而要发挥观察评价最大的效应，就需要进行系统的观察和记录。比如，一段时间确定一个观察的重点内容或重点群体；待这个重点内容或群体观察完毕后，再转移到下一个内容或群体。这样，一到两个学期就可以完成全面的评价任务。再如，观察前可以设计一份覆盖面广的学习行为评价表，以助于全面观察和记录。下面是一份学习行为评价表样例（表6-7）①：

---

① 周卫勇：《走向发展性课程评价：谈新课程的评价改革》，北京大学出版社，2002年，第45页。

表 6-7　学习行为评价表样例

项目	1	2	3	说明
观察学生是否认真(听讲、作业、讨论)				1 = 认真,2 = 一般, 3 = 不认真
观察学生是否积极(举手发言、提出问题并询问、讨论与交流、阅读课外读物)				1 = 积极,2 = 一般, 3 = 不积极
观察学生是否自信(提出与别人不同的问题,大胆尝试表达自己的想法)				1 = 经常,2 = 一般, 3 = 很少
观察学生是否善于与人合作(听别人意见,积极表达自己的意见)				1 = 能,2 = 一般, 3 = 很少
观察学生思维的条理性(能有条理地表达自己的意见,解决问题的过程清楚,做事有计划)				1 = 强,2 = 一般, 3 = 不足
观察学生思维的创造性(用不同的方法解决问题,独立思考)				1 = 能,2 = 一般, 3 = 很少

(五)成长档案袋评价法及其应用

成长档案袋评价也称成长记录袋评价,主要收集和记录学生自己、教师或同伴做出评价的有关材料,学生的作品和反思,以及其他相关的证据与材料等,以此来评价学习和进步的状况。成长档案袋记录了学生在某一时期或某一方面的一系列成长足迹,是评价学生进步情况、努力程度、反省能力及其发展水平的理想方式。

对于小学语文而言,成长档案袋评价主要用于全面评价学生的综合性学习、习作、课外阅读等方面的学习情况。以习作为例,要全面反映一个学生真实的写作成果和水平,就可以借鉴美国 Vermont 州的写作档案袋评价的做法。

美国 Vermont 州的写作档案袋所包含的材料:

(1)内容清单;

(2)一件最好的作品(由学生自己选择);

(3)对最好作品的说明及选择该作品的理由;

(4)一首诗、一个短故事或个人自述;

(5)对一本书、一个事件或社会问题、科学现象等的评论;

（6）来自英语之外任何领域的文章。

而要全面反映和评价学生的课外阅读情况，除了在档案袋中放进学生自由写作的读书笔记、读后感等以外，还可以附上诸如"课外阅读记录卡""自我评价和反省表"等格式化的卡片和图表。

课外阅读记录卡样例：

学生姓名：　　　　班级：　　　阅读时间：　　　记录时间：
1. 读物名称：　　　　　　　字数：　　　　　作者：
　 读物出处：　　　　　　　是否为注音读物：是　否
2. 读物的类别：
　 童话寓言　世界名著　历史地理　科幻小说
　 卡通故事　自然科学　学习辅助材料　其他
3. 这份读物的主要内容是：＿＿＿＿＿＿＿＿＿＿＿＿
4. 阅读完这份读物，我最大的收获和体会是：＿＿＿＿＿＿
5. 在阅读过程中，我认识了几个生字，分别是：＿＿＿＿＿
6. 这份读物中给我印象最深刻的优美句段是：＿＿＿＿＿

自我评价和反省表样例：

学生姓名：　　　　　填表日期：
　　我认真地回顾了从＿＿月＿＿日到＿＿月＿＿日阅读过的课外读物和记录卡，发现我总共阅读了(　)份读物，合计(　　)字左右，我的收获还真不少。
1. 在阅读习惯和阅读能力方面，我的成就和进步主要体现在：＿＿＿＿＿＿
2. 之所以会有上述的成就和进步，我认为是因为：＿＿＿＿＿
3. 在阅读过程中，我还有一些需要改进或克服的问题，它们是：＿＿＿＿
4. 我对老师、家长或同学的希望和建议还有：＿＿＿＿＿＿
5. 最后，我想告诉大家：＿＿＿＿＿＿

当然，成长档案袋也可用于学生语文学习整体情况的记录和评价。如下面的某一年级学生的成长档案袋目录，就收集了语文学习各方面的情况——口语交际讲稿、自己创作的儿歌、写字的代表作品、收集的各种图文资料、语文复习的资料、语文测验的试卷，家长和老师的评价等。这样既反映了该生语文学习的过程，也反映了他语文学习的结果；既有量化的评价，也包含了代表作品和质性的评价；既有他人评价，也包含了自我反思和自我评价。这一成长档案袋堪称该生语文学习的全方位记录和多元化评价。

目　　录

第二节　小学语文授课质量评价

　　授课质量评价即通常所说的评课,是直接针对教师课堂教学情况的评价。它对促进教师教学水平提升、促进教学质量提高具有重要作用,同时它也是总结教学经验、概括教学理论的重要手段。

一、小学语文评课方法论

(一)以学评教,教学互参

现代教学论认为,教与学是一种辩证统一的关系,"学"是以"教"为条件的"学","教"是为了"学"、针对"学"的"教"。因而,评教必须以学为依据。首先,要根据学的情况与效果来评价教的优劣与得失。判断一节课好坏的根本依据是学生学习的有效程度。脱离这个基础去评教,是没有说服力的。比如,不看学生的接受状况,单纯评价教师讲课是否深刻、精彩,教学手段运用是否先进、恰当,就是不符合教学规律的。其次,以学评教还要求由学看到教,由学深入地分析教,由学的果看到教的因,即透过学的情况与效果来分析教在其中所起到的作用。譬如由学生学习积极性高、活动参加度高,分析到教师教学任务设计恰当或者安排合理。总之,教的分析、评价必须建立在学的情况和效果上,这是评课第一大方法论。

就小学语文评课而言,评课首先看学生在经过这节课的学习后语文素养的提升情况。如果说,经过一节课的学习学生仅仅读懂了课文——掌握了其中重要词句的含义,体验了人物的内心活动,理解了文章表现的主题,而没有自主地体验"通过上下文推断词句含义,通过品味语言、探究人物内心来领悟文章主题思想"的学习过程,没有体会到上述阅读方法的重要性,那么其语文素养的提升作用就是非常有限的。基于这样的学习效果,我们对这节课的评价就仅限于"传统课"的层次。在对学习效果和课堂教学质量做出基本判断和评定之后,我们再深入细致地分析学生的学习情况和相应的教学原因。比如上述案例中,学生之所以仅仅是掌握了其中重要词句的含义,而没有体验"通过上下文推断词句含义"的过程,原因就在于教师教学时"就词句讲词句",没有涉及推断词句含义的方法,也没有留给学生充分的自主探究的时间。总之,扣住是否实现了"学生语文素养提升的最大化"来分析和评价教学活动,是小学语文评课的关键。

（二）由表及里，追本溯源

评课的主要目的在于帮助教师找到教学得失的原因，认识自己教学方面的长处和不足，进而有针对性地更新自己的教学理念、提高自己的教学能力。因而评课时往往需要由表及里，由表面的教学活动和教学行为挖掘其背后教师的教学理念、教材理解和课堂驾驭能力等方面的原因。比如，有教师执教《卧薪尝胆》一课时，在学生直接根据文本把握住"卧薪尝胆"的表层含义后，直接问学生"'卧薪尝胆'的深层含义是什么"。三年级的学生显然无法自行提炼出"忍辱负重、奋发图强、一雪前耻"这一深层含义，教师只能反复地讲解，而学生对讲解又显得似懂非懂。分析教师的教学行为，并非教学目标确定不当，教学内容或难点把握不准，而主要是没有找到化解教学难点、引导学生理解成语背后深层含义的有效教学方法——直接提问—讲解显然不是适合的方法。

一般来说，我们可以从教学现象或教学行为中找到教学目标确立、教材内容把握、教学方法或教学手段选用、课堂组织管理等方面的原因，又由这些找到教师的教学观念、学科专业素养、教学基本功、教学设计能力、教学组织管理能力和教学机智等更为深层次的原因。如教师的板书不合理，可能是由于对教材内容把握得不准，因而与其学科专业素养不足有关。再如课堂节奏拖沓，可能是由课堂组织管理不力导致的，因而与教师的教学组织管理能力不足有关。需要澄清的是，虽然上面举的例子都是反面的，但实际上正面的评价也是可以运用这种由果溯因的方法的。

二、小学语文评课标准

不同的评价标准就会产生不同的评价结果。同一节课，用不同的标准衡量，评价的结果可能截然不同。随着本次基础教育课程改革的推行，教学目标观、教学过程观和教学质量观都发生了重大改变。相应地，评课的标准也发生了很大改变。下面是一些课改以来得到普遍认可的一般性评课标准。

在教学目标上,好课的标准是不仅有知识、能力目标,还包含了学生情感意志、合作能力、行为习惯、交往意识与能力,特别是创新意识和创新思维发展等目标。相反,只达到认知目标的课不一定是好课。

在教学过程上,好课的标准是师生共同参与,充分尊重学生主体性和创造性;教师充当学生学习和发展的促进者、指导者。相反,"教师唱主角"的课不是好课。

在教学效果上,好课的标准是学生切实掌握了知识,展开了积极的思维过程,获得了积极的情感体验。相反,"表面热热闹闹,中评不中用"的课不是好课。

就小学语文教学而言,笔者认为可以分为基础标准和优质标准两个层次的评课标准。前者主要适用于师范毕业生、初任教师或新手教师,用以衡量其课堂教学是否符合语文教学常规,达到语文教学的基本要求,属于判断合格/不合格的标准;后者适用于有一定教学经验、专业素养合格的教师,用于衡量其课堂教学是否趋向最优化,属于判断优秀/不优秀的标准。

基础标准:

教学目标上:(1) 是否达成教材包含的主要语文知识和语文能力的掌握和锻炼目标;(2) 是否挖掘了教材的人文教育因素,在语言文字训练中进行思想情感的熏陶感染。

教学过程上:(1) 是否教学活动的内容和形式(这里的教学活动形式包括了教学方式、方法、手段等)设计恰当,有效实现了相应的教学目标,并使大多数学生积极参与其中;(2) 是否关注全体学生的学习状况,适时而恰当地指导和评价学生的学习;(3) 是否教学各环节安排紧凑、开展有序;(4) 是否教学氛围和谐而民主、紧张而热烈。

优质标准:

教学目标上:(1) 是否不但达成了教材包含的主要语文知识和语文能力的掌握和锻炼目标,而且使学生获得语文学习方法和过程方面的收益,使学生的语文学习兴趣、思维能力、创新意识、科学精神或审美趣味等得到发展;(2) 是否充分挖掘了教材的人文教育因素,在语言文字训练中进行思想情感的熏陶感染,使学生的人文素养得以切实提升。

教学过程上:(1) 是否教学活动的内容和形式(这里的教学活动形式包括了教学方式、方法、手段等)设计恰当、巧妙,高效实现了各方面教学目标,充分发挥了学生学习的主动性和创造性;(2) 是否密切关注和有效调控全体学生的学习状况,适时而恰当地指导和评价学生的学习,使全体学生受益;(3) 是否教学各环节安排紧凑、开展有序,实现教学过程最优化;(4) 是否教学氛围和谐而民主、紧张而热烈,学生感受到学习的快乐和成功。①

三、小学语文评课方法

(一) 量表评价法

量表评价法就是设计课堂教学评价指标体系,构成评价量表,根据量表上的指标逐项打分或评定等级的评价方法。下面的北京市小学语文学科课堂教学评价量表及评分标准,具有一定代表性(见表6-8)。

表6-8　小学语文学科课堂教学评价量表及评分标准

评价项目	评价要点	权数
1. 教学目标	(1) 教学目标的确定 (2) 教学目标的体现	0.10
2. 教学内容	(3) 知识的传授 (4) 能力的培养 (5) 思想教育	0.22
3. 教学过程	(6) 课堂结构安排 (7) 教学密度 (8) 反馈与调节	0.20

---

① 《北京市小学语文学科课堂教学评价方案(试行)》,《中小学管理》,1996 年第7 - 8 期。

续表

评价项目	评价要点	权数
4. 教学方法	(9) 教法的选择与使用 (10) 教学手段的选用	0.20
5. 教学能力	(11) 教态 (12) 语言 (13) 板书 (14) 应变能力	0.16
6. 教学效果	(15) 教学任务的完成 (16) 学生学习的积极性 (17) 学生的学习负担	0.12

评价标准分为 A、B、C、D 四个等级,其中 A 级标准如下:

1. 教学目标

(1) 教学目标的确定:教案中确定的教学目标体现教学大纲的要求,突出语文学科特点,符合教材和学生实际。教学目标要明确、具体、恰当。一般包括知识、能力、思想教育和学习习惯等方面。

(2) 教学目标的体现:教学过程中的各个环节都要围绕教学目标安排,并能在教学中逐步得到落实。

2. 教学内容

(3) 知识的传授:能正确理解和掌握教材,把握知识的内在联系,抓住教材特点,突出教学重点,解决难点;所教知识准确,无科学性错误。

(4) 能力的培养:重视独立识字、听话、说话、阅读、写作等能力和良好习惯的培养,能从教材内容和学生实际出发,恰当地安排各种训练,方式得当、有效。注重对学生学法的指导。

(5) 思想教育正确:把握教材中的思想教育因素,准确理解文章的思想感情,思想教育要适时、适度。要依据语文学科的特点,在语言文字训练中进行思想教育,熏陶感染、潜移默化。

3. 教学过程

(6) 课堂结构安排:针对班级实际情况组织教学,课堂教学结构合理,各个环节之间联系紧密,时间分配有利于突出重点、解决难点;教学组织严密,过程完整。

(7) 教学密度:能充分利用课堂教学时间,教学密度适当,为学生所接受,课堂效率较高。

(8) 反馈与调节:根据课堂实际及学生的反馈信息,因势利导,及时调整教学。

4. 教学方法

(9) 教法的选择和运用:根据教材内容和学生的实际,选择适当的教学方法。教法要有利于激发学生的学习兴趣和求知欲望,调动学生的学习积极性;有利于意志、品质等非智力因素的培养;有利于启发学生动脑、动口、动手,主动地去获取知识;有利于引导学生掌握学习方法。教法要便于寓思想教育于语言文字的训练之中;便于学生积极参加听、说、读、写的语言实践活动,在反复训练中不断提高能力。在整个教学过程中,要注意各种方法的综合运用。课堂提问要精当,具有启发性。练习的设计要有针对性,重实效。课风朴实。

(10) 教学手段的选用:重视课本中插图的使用,根据教学需要,从教材实际出发,恰当地使用教学挂图、实物等直观教具和投影、录音、录像等现代化教学手段,辅助教学。

5. 教学能力

(11) 教态:教态自然、亲切,精神饱满。

(12) 语言:用普通话进行教学。语言规范、清楚、简洁、流畅,有感染力。

(13) 板书:板书设计合理,能突出重点,字迹工整,使用恰当,有利于加深记忆和归纳总结。

(14) 应变能力:能灵活处理教学中出现的问题。

6. 教学效果

(15) 教学任务的完成:在规定的时间里,较好地完成教学任务,大多数学生达到了教学要求。

(16) 学生学习的积极性:在整个教学过程中,学生学习积极性和主动性得到充分发挥。学生思维活跃,积极思考和回答问题,不同程度的学生都能得到训练,并有所收获。

(17) 学生的学习负担:学生课业负担合理,低年级不留课外作业,中、高年级能在规定的时间内完成。

教师在教学过程中,全部达到了以上各项要求,即应评为 A 级;基本达到这些要求,还有某些不足,可评为 B 级;从总体上看,是按这些要求去做的,但有明显的失误或缺点,可评为 C 级;没能达到这些要求,缺点和错误严重,应评为 D 级。

量表评价法具有标准化、量化、评价便捷、评价结果易于比较的优点,但也存在割裂完整的教学活动、只见树木不见森林,以及忽视教学个性和独特风格的缺点。而这些缺点恰恰可以被综合分析法所弥补。

(二) 综合分析法

综合分析法是对教师的课堂教学活动既进行综合判断和评定,又进行因素分析、因果分析及教学个性和风格鉴赏的评价的方法。它既能够较好地揭示所评课堂教学得失之原因,也能够较好地彰显教师课堂教学的独特风格和创新之处。

下面对游彩云老师执教《荷花》一课的评析文章,就采用了综合分析法:抓住这节课"网络环境下的语文教学"的最大特色,细致分析了其作为网络课的参与性、自主性、互动性、拓展性,以及作为语文课的重视语文素养和信息素养的整合、强化语言的感悟和情感的熏陶、读写结合等特征。既观点凝练,又分析透辟。在评析过程中,文章既对网络课和网络语文教学的一般性要求做了简明扼要的理论阐释,又以之为纲,概括了该课的主要特征,阐述了该课设计和实施的精彩之处,真正做到了理论与实践彼此融通,观点与论证相互配合。

成功的网络课,必须充分体现网络环境的优势,达到新课标提出的"逐步实现教学内容的呈现方式、学生学习方式、教师的教学方式和互动方式的变革,充分发挥信息技术的优势,为学生的学习和发展提供丰富多彩的教育环境和有力的学习工具"。《荷花》一课正是朝

着这个方向的探索,体现了网络教学如下几个特色:

1. 参与性。网络教学是学生自己运用计算机"操作型"的课,有别于只由教师运用计算机配置课件"展示型"的课。网络学习只有通过学生自身的操作活动,通过学生的主动积极参与,才能真正有助于培养学生利用信息技术的意识和能力。《荷花》一课,学生分别有五次上机操作的机会,每次都有明确的目的。例如一开始运用网络导入,让学生快速浏览"荷花文学"中的诗歌、文章片段,就是为了培养学生快速阅读和网上浏览、选择信息的能力。"荷花论坛"为学生提供了一个抒发己见、和同学互动交流的平台。网上留言,实际上也是读写结合的另一种形式,对提高学生的打字能力和写作能力都有所促进。

2. 自主性。网络环境为学生自主学习提供了更广阔的空间。许多学习资源不完全由教师提供,而是由教师领着去学。"荷花小站"共设计六个部分,每个部分都可由学生自主查找、筛选、获取、积累和整理信息。例如新课开始的"设境激情",并不是由教师展示课件,把学生引入情境,而是学生自主浏览网页,欣赏荷花的图片,诵读写荷花的优美诗文,自我进入荷花世界。又如学习第二自然段,学生进入了网络的"课文学习"部分,借助动画、影视、图片等视频资料,可以自由选择最喜欢或自认为写得最好的句子重点欣赏。由于网络课件为课文的优美词句配有相关的图片资料,学生自选点击时,图文并茂,动画、音乐融为一体,为学生的自主探究学习提供了有力的支持。

3. 互动性。网络环境学习的互动性比一般课堂教学,展示课件的计算机辅助教学更突显其优越性。《荷花》一课的"荷花论坛"就提供了一个人机互动、生生互动的交互平台。学生通过课文学习,欣赏"荷花图展",用自己的语言把荷花的美描绘出来,并在网上留言。学生还在网上浏览、欣赏别的同学写得好的句子、片段,互相交流。这种自主性、互动性不是一般课堂教学可以达到的。这就为提高学生运用信息技术的能力(上网留言、网上交流)打下了基础。

4. 拓展性。网络教学，其优越性在于充分利用网络拓展、丰富原有学习资源，使学生获得更多信息。网络教学的拓展性学习已大大超越了原有教材或教师"一篇带多篇"的局限，不仅拓展了学习的资源，还拓展了学习的时间、空间，拓展了学习的方式，拓展了学习的参与状态。"荷花小站"精心设计的"荷花文化""荷花图展""荷花知识""网上资源"等版块都为学生提供了更多可选择的、更有趣、更新颖的信息。特别是教学的最后一个环节"布置作业，拓展学习"，也体现了网络资源的优势。学生可以选择阅读更多的有关荷花的图画，看图写话。写出的短文可以以发邮件的形式和老师、同学互动交流，有条件的还可以打印出来积累、保存。

从语文课的角度看，语文课的网络教学如何体现语文学科的特点？

游老师一贯的教学风格是情感亲切、丰富，语言清晰、生动，坚持以读为本，重视语言品味。这些特色并没有因为网络教学而失去。游老师力求把网络环境和语文教学有机地整合在一起，把《荷花》上成了一堂具有语文味的网络课。

《荷花》教学目标的设定重视学生语文素养和信息素养的整合。一是语文课字、词、句、篇的学习及听、说、读、写能力的训练，二是运用计算机选择、浏览、获取、储存、交流信息能力的培养，二者相辅相成、相互渗透。语文课网络教学在提高学生信息能力的同时，更重要的是促进了语文能力的整体提高。《荷花》一课的教学中，游老师让学生充分运用课文，品词品句，反复诵读，提高了学生的语言感悟能力和审美情操，同时也促进了自主、合作、探究能力和运用网络学习能力的提高。

语文课的重要特征还体现在语言的感悟和情感的熏陶。语文课营造的网络环境必须强化而不是淡化这些特征。网络功能不可以取代语文学科特有的功能。电脑屏幕不能取代黑板，打字不能取代写字，网络资源不能取代课本资源，人机互动不能取代师生情感交流。游老师正是遵循着这些原则组织、引导学生的学习。在《荷花》的网络课堂中,依然满是朗朗的读书声,依然把理解、品味、积累、运用语言作为教学的主线,让学生在感受画面美、语言美、情感美的氛围中学习。例如"品味语句、感悟语言"这一环节,学生运用网络资源自主欣赏好词好句,学生分别举出"荷叶挨挨挤挤的,像一个个碧绿的大圆盘""白荷花在这些大圆盘之间冒出来"等句子,并讨论交流"挨挨挤挤""冒"这些词语好在哪里。学生还把自己对这些好词好句的感悟用朗读表达出来。

语文课的另一特征还体现在读写结合上。学生通过学习课本及网络资源,丰富了对荷花的认识,提高了对荷花的审美情趣。他们还把自己的感受——"赞荷花"输入电脑,可以即写即改,可以留言、跟帖,可以储存、积累。网络环境为"以读促写""以读带写"发挥了积极的作用。①

附:游彩云老师执教《荷花》实录
教学资源设计

课前教师将师生合作搜集到的有关荷花的资料做成专题网站——"荷花小站",发布到校园网上(网址:http://202. 96. 148. 7/hehua/)。"荷花小站"设有六个部分,分别为"荷花文化""课文学习""荷花图展""荷花知识""网上资源""荷花论坛"。这当中既包括课堂教学所用的资源,也包括供学生课后拓展学习的资源。

教学过程
一、网络导入,设境激情

师:荷花因为它的冰清玉洁、高雅清香受到不少人的赞美,在"荷花文化"里有不少人们描写荷花的诗词、文章,下面请大家自由浏览一下,看到喜欢的句子和片段,就大声地读一读。

(学生浏览"荷花文化"中的诗歌、文章,选择自己喜欢的诗歌、

---

① 吴忠豪主编:《语文教育研究大系·小学教学卷》,上海教育出版社,2007年,第232-234页。

文章片段自由朗读,并与身边的同学分享)

二、通读全文,整体感知

师:同样写荷花,我们来看看课文是怎样写的。自由朗读课文,注意读准字音,喜欢的或读得不通顺的地方可以多读几遍,看谁读得最投入。

(学生自由、反复地朗读课文)

师:这节课,我们学习第一到第三自然段,听老师读课文第一到第三自然段。看看文中的荷花给你留下了怎样的印象?(教师配乐朗读)

生:我觉得荷花真美,有的盛开了,有的还是花骨朵儿,有的才展开两三片花瓣。

师:荷花有那么多的姿态,确实很美,谁能用一个四字词语来概括荷花姿态的多样?

生1:各式各样。

生2:婀娜多姿。

生3:千姿百态。

生4:形态万千。

师:课文除了写荷花的姿态很美,还写了荷花的什么特点?

生:是荷花的清香。

师:你能把荷花的清香读出来吗?

生:一进门就闻到一阵清香。

师:确实花香扑鼻。

三、品味词句,感悟语言

师:下面我们重点来学习第二自然段,请大家进入"课文学习"部分,你可以借助动画、影视、图片等自主学习,看看叶圣陶爷爷是怎样用生动的语言来细致描绘荷花形态万千的美的,找出你认为写得好的句子、好的词。想一想,它们好在哪里?有了自己的想法后可跟旁边的同学交流一下。

(学生自主读书、交流。教师巡视、点拨。)

师:现在我们来汇报交流,说说你们认为好的词句。

生:我认为"荷叶挨挨挤挤的,像一个个碧绿的大圆盘"这句话写得好,因为这里把荷叶比作了碧绿的大圆盘。

师:(出示一片用卡片做成的荷叶)看,这就是荷叶,就像——

生:一个碧绿的大圆盘。

师:(把荷叶贴在黑板上,然后在它旁边留有缝隙地摆上两片荷叶)荷叶这样摆对吗?

生:(纷纷插话)不对,应该贴在一起……应该没有缝隙。

师:(奇怪地)为什么?

生:(插话)因为课文说"挨挨挤挤"。

师:(板书:挨挨挤挤。边写边让学生注意生字"挨"字右面的写法。)没有缝隙说明荷叶是怎么样的呢?

生:说明了荷叶的多、密。

师:再看这两个字都是什么旁?

生:提手旁。

师:(走到一个学生身旁)是不是就像我们这样挨一挨,挤一挤,好像很顽皮,可又是很可爱的呀? 谁能把这种可爱读出来?

生1:荷叶挨挨挤挤的,像一个个碧绿的大圆盘。

生2:荷叶挨挨挤挤的,像一个个碧绿的大圆盘。

生:(齐读)荷叶挨挨挤挤的,像一个个碧绿的大圆盘。

师:继续谈你认为好的地方。

生:我认为"白荷花在这些大圆盘之间冒出来"中的"冒"字用得好,用得准,因为我们一般会用"长"字。

师:要是你来写,你会用哪个字呢?

生1:钻。

师:请放在句子中完整地说。

生1:白荷花在这些大圆盘之间钻出来。

生2:白荷花在这些大圆盘之间伸出来。

生3:白荷花在这些大圆盘之间露出来。

生4：白荷花在这些大圆盘之间探出来。

生5：白荷花在这些大圆盘之间跳出来。

师：看来你是一朵心急的白荷花。还有吗？

生6：白荷花在这些大圆盘之间走出来。

师：这白荷花还有脚呢。

生7：白荷花在这些大圆盘之间冲出来。

师：我想，刚才说"跳出来""走出来""冲出来"的，不是不可以，但是，你要是放在这篇文章中会不会与文章的风格不协调呢？当然，要是你写的是童话，这样写融入了你的情感，这是很好的。还有别的吗？

生7：白荷花在这些大圆盘之间挺出来。

师：你让我仿佛看到了一朵亭亭玉立的白荷花。看来，我们祖国的语言确实很丰富。同学们，这教室就是一个大荷塘，我们就是一朵一朵的荷花，伙伴们，我们就要冒出去，会有什么感受？你的心情如何呢？（走到一位学生跟前）你是我最好的朋友，你先说来听听。

生：我很高兴。

师：为什么？

生4：因为，我很想看看外面的世界。

生2：我很紧张，又很兴奋，因为我想向人们展示自己的美丽。

生3：我也很高兴，因为这里太闷了，我想呼吸一下外面新鲜的空气。

师：想一想，怎么把这句读好？

生1：白荷花在这些大圆盘之间冒出来。

师：这是一朵羞答答的荷花。

生2：白荷花在这些大圆盘之间冒出来。

师：这是一朵心情欢快的荷花。

生3：白荷花在这些大圆盘之间冒出来。

师：这是一朵文质彬彬的荷花。

生4：白荷花在这些大圆盘之间冒出来。

师:这是一朵恬静高雅的荷花。

师:大家一起读。

(学生齐读)

师:同学们,读书就是这样,加上自己的想象,融入自己的情感,书就读活了。这里写了荷花的哪三种姿态呢,一起来告诉我好吗?有的——

生:才展开两三片花瓣儿。有的花瓣全都展开了,露出嫩黄色的小莲蓬。有的还是花骨朵儿,看起来饱胀得马上要破裂似的。(教师随着学生的朗读贴出相应的荷花)

师:下面我想让男女同学来个比赛,内容就是这三句话,看谁背得快,背得好。先练习一下。

(生练习背)

师:开始。

男生:(背,教师指图)

女生:(背,教师指图)

师:看来是难分难解、旗鼓相当。这次全班来。要求再高一点,感情再深一点,表情再丰富一点,最好加上适当的动作,行吗?

四、配乐朗读,升华情感

师:看着这一池美丽的荷花,作者发出了由衷的赞美,他发出怎样的赞美呢?谁能用由衷的赞美之情读读第三自然段?

生:(读第三自然段)

师:在这里,作者把大自然赐予我们的这一池生机勃勃的荷花比作了一幅——

生:活的画。

师:画,本身就很美了,但这不是一幅普通的画,而是会发出——

生:清香的画。

师:是荷花的长得——

生:姿态万千的画。

师:是荷叶——

生：挨挨挤挤的画。

师：是只有大自然这位神奇的画家才能创造出来的画啊！让我们一起来读一读第三自然段，好好赞美赞美荷花，赞美神奇的大自然。（配乐）

（生齐读第三自然段）

五、图片欣赏，论坛发言

师：请同学们进入"荷花图展"，一边欣赏荷花图片，一边展开想象，选择自己喜欢的荷花图，尽可能用丰富生动的语言把荷花的美描绘出来。

（生进入"荷花论坛"描写荷花。论坛提供了一些参考词语扩大学生的词汇量，如翩翩起舞、婀娜多姿、花香四溢、洁白无瑕、含苞待放等。）

（下面截取个别学生在论坛上写的句子）

生1：荷花展开粉红色的花瓣，真好看。

生2：荷花姐姐挺直了身子，雪白的衬衫，碧绿的裙子，那么清雅，那么纯洁。

生3：你瞧，小鸟、蜻蜓正立在花瓣上，它们要仔细地把美丽的荷花姑娘好好打量一番。

生4：一片碧绿的荷叶上，晶莹的水珠滚来滚去，像闪闪发光的钻石。

生5：花香四溢，招来了蜜蜂和蝴蝶。

……

师：写好的同学请在"论坛"里分享阅读同学们的句子，看看喜欢谁写的句子？也可以给同学写的句子提提修改意见。

生1：我认为23号写的"荷花姐姐挺直了身子，雪白的衬衫，碧绿的裙子，那么清雅，那么纯洁"这句写得好。这句话运用了拟人手法，把荷花当作人来写，白色的花瓣是衬衫，绿色的叶子是裙子。

生2：我想给7号写的"荷花展开粉红色的花瓣，真好看"补充一下，在"荷花展开粉红色的花瓣"后面加上"露出迷人的笑容"。

师：加上后，更生动形象了。

生3：我认为32号写的"一片碧绿的荷叶上，晶莹的水珠滚来滚去，像闪闪发光的钻石"这句用了比喻手法，把晶莹剔透的水珠比作闪闪发光的钻石。

师：写的同学有水平，评价的同学很有眼光，都很了不起！

六、布置作业，拓展学习

1. 从网上下载一幅或多幅荷花图，可以用一句、几句、一段或一篇来描述，体裁可以是诗歌、散文，也可以是记叙文等，形式不限。可以用发邮件的方式交作业，也可以打印出来交。

2. 上"荷花小站"浏览"荷花文化""荷花图展""荷花知识"等网上资源，进一步了解荷花。[1]

⇨ 研究与应用

1. 编制一份小学语文某年级的期终试卷，同时为之设计两套口试试题（供学生抽签选用）。

2. 为一堂小学语文教学课或一份小学语文教学实录写一篇评析文章，要求尽量扣住一两个主要特点，进行全面细致的分析。

---

[1] 吴忠豪主编：《语文教育研究大系·小学语文卷》，上海教育出版社，2007年，第225–231页。

研究性学习任务

1. 探究新中国成立以来小学语文重要的教学改革实验,掌握小学语文教学改革实验的一般特点。

2. 探究新课程改革以来小学语文教学研究的热点问题及常用方法。

研究性学习资源

刘华:《小学语文课程 60 年(1949—2009)》,吉林出版集团,2011 年

黄全明:《小学语文教育科研》,浙江教育出版社,2001 年

陈向明:《质的研究方法与社会科学研究》,教育科学出版社,2000 年

郑金洲:《行动研究指导》,教育科学出版社,2004 年

　　小学语文教学研究是指运用科学的理论和方法,有目的、有意识地对小学语文教育教学中的现象与问题进行研究,以探索和认识小学语文教育与语文学习的内在规律及本质特点,推动小学语文教育教学的改革和发展。一名合格的小学语文教师不仅要掌握教什么,怎么教,还要懂得为什么要这样教,怎么教才可以提高教学质量,这就需要认真研究、探索语文教育教学规律。

第一节　小学语文教学研究的主要环节

一、确定研究课题或问题

　　一线教师确定研究课题或问题最好源自自身的教育教学实践,源自自己对这些教育教学实践的困惑和反思。比如,一位语文教师在接触学生的过程中,发现学生有许多属于自己的小秘密。课堂上无精打采的学生一到下课时间,立刻就兴奋起来,聚在一起兴致勃勃地谈论姚明、刘翔,互相交换卡通图片,积极翻阅动画书⋯⋯怎么才能让学生喜欢的这些课余生活成为他们学习语文的跳板呢? 经过思考,他确定了"七彩小爱好,语文大世界"的课题,试图研究如何通过学生的课余生活激发学生的语文学习兴趣,提升学生的语文素养。①这就是一个对教育实践善加思考和利用从而生成研究课题的典型案例。从自身的教育教学实践中生成课题或问题,至少有两个方面的好处。一则这样的课题或问题的研究和解决,能够切实改进教育教

---

① 杨建亭:《开展微型课题研究提升教研组活力》,《教学与管理》,2008 年第 10 期。

学实践,具有实践意义;二则这样的课题或问题,教师便于研究、方便解决。

研究课题或问题一般可分为"是什么""为什么""怎么办"三类。"是什么"的问题指向教育教学事实的探查,如有的老师做的"小学语文阅读课师生'问答'情况调查""小学低年级学生上课时注意力集中时间和程度的研究""小学高年级学生课外阅读状况调查"等就属于这类研究。"为什么"的问题旨在揭示事实背后的原因,如有的老师做的"高年级学生语文学习兴趣下降探因""小学语文课堂合作学习存在问题及成因调查"就要求深入研究问题产生的原因,从而为教学干预提供依据。"怎么办"的问题是要找到改进教育教学、提高教育教学质量和效益的办法,与教育教学实践关联最为紧密。大量一线教师的教学研究都属于对"怎么办"问题的研究,如"如何在语文课堂中有效创设情境""如何有效提高学生的书写速度""学生自主批改习作的探索""小学生课堂注意力的培养""小学识字教学减负增效的措施研究""激发学生自主阅读的探索",等等。当然,"怎么办"的问题是可以转化为"是什么"的问题的,如通过实验法研究小学语文阅读课导读法的教学效益,看上去是一个"是什么"的问题,实质上其研究结果将帮助教师解决"怎么办"的问题——"阅读课是否使用导读法,以及如何使用导读法"。

二、制订研究计划

制订研究计划是教研工作的关键环节。要制订一份科学可行的研究计划,首先要查阅大量的文献。需要查阅的文献包括与研究课题或问题相关的基础性理论——研读这些文献往往能够帮助教师形成研究的理论假设,还包括与研究课题或问题相关的最近研究成果——查找、梳理这些文献,可以让教师借鉴他人研究的有益成分,同时避免简单重复已有研究。

制订研究计划的核心工作是确定研究方法,因为每种研究方法实质上都在一定程度上规定了研究的进程和规范。小学语文教学研究常用的研究方法有文献研究法和观察法、实验法、调查法、比较研究法、个案研究法、行动研究法、叙事研究法。一般而言,研究方法是由研究问题的性质和研究的客观条件所决定的。例如,"是什么"的问题通常采用调查法、观察法、实验法、个案研究法等,"怎么办"的问题则常常采用实验法、个案研究法、行动研究法等。再如,对如何有效实施导读法的研究,在同类研究对象较少时适合采用行动研究法,而在同类研究对象较多时则可以采用大规模对比实验的方法。

⮑ 相关知识点链接

1. 文献研究法:对文献进行查阅、分析、整理并力图找寻事物本质属性的一种研究方法。

2. 观察法:在自然状态下,研究者凭借自身的感官及有关的辅助工具(观察表、录音及录像设备),有目的、有计划地观察对象的外部表现(言语、表情、行为等),从而获取经验事实的一种研究方法。

实施观察法的要领是事先确定理论假设或理论基础,这样才能选择或开发观察工具,进行有目的、有计划、有效的观察。

3. 实验法:研究者按照目的,合理地控制与创设一定的条件,人为地变革研究对象,从而验证假设,探讨教学现象中因果关系的一种研究方法。

实施实验法的要领是:(1) 给出研究对象的操作性定义,如研究小学语文阅读课导读法的教学效益,就要事先给出"导读法""教学效益"的操作性定义,使想要重复该实验的人能够没有偏差地实施"导读法",并收集关于"教学效益"的数据。(2) 变量操纵及无关变量控制。变量操纵即对实验对象施加实验处理,如对实验组采用"导读法"实施阅读教学,而对对照组则依然采用传统的阅读教学方法。无关变量控制即努力消除因变量以外的因素的影响,使实验组与对照组只在实验处理上有所不同,从而保证自变量只由因变量所导致。

4. 调查法:通过交谈、答卷等形式获得原始资料,并对所得资料进行分析、讨论,从而获得关于研究对象的认识的一种研究方法。调查法能够同时收集到大量的资料,使用方便,并且效率高。常用调查方法有访谈法、电话调查法、问卷调查法等。

实施调查法的要领是事先确定理论假设或理论基础,这样才能选择或开发调查工具(问卷、访谈提纲等),进行有目的、有计划、有效的调查。

5. 比较研究法:根据一定的标准,对两个或两个以上有联系的事物进行考察,寻找其异同,探求普遍规律与特殊规律的方法。

实施比较法的要领是两个事物之间要具有可比性,如我国小学语文阅读课教学目标与美国小学英语阅读课教学目标,同是母语阅读课教学目标,就具有可比性。

6. 个案研究法或案例研究法:对单一对象(或若干单一对象)进行深入细致研究,以发现其中规律性联系的一种研究方法。

实施个案研究法的要领是:(1) 案例选择要具有典型性,从而产生以一知十的研究效应;(2) 要善于从案例中抽象、概括出实质性关联因素及它们之间的规律性联系,这是个案研究法的最终旨趣所在。

7. 行动研究法:在自然、真实的社会情境中,实际工作者以解决实际问题、改进实践行为为首要目标,综合运用多种科学研究方法而进行的一种研究模式。

实施行动研究法的要领是:(1) 确保资料收集的可靠性。在行动研究中,行动者和研究者常常是合一的,受主观因素影响难免大一些。比如倾向于凭主观判断行动改进后的学生兴趣增强等效果,这时如果采用"三角互证"技术,就可以避免偏差。(2) 确保行动改进的合理性。行动研究之所以成为研究,在于行动是基于理论的,是理论的创造性运用;或者是对实践的深刻反思和创造性构想。因而,在确定行动方案时一定要建立在充分的理论基础之上,或者建立在对实践深思熟虑的基础之上,从而保证行动改进的合理性。

8. 叙事研究法:研究者以讲故事的方式表达对教育的理解和解释。它不直接定义教育是什么,也不直接规定教育应该做什么,它只以教育故事的形式,让读者从故事中体验教育是什么或教育应该做什么。

选择研究方法后,再据此确定具体的研究步骤和进程,撰写规范的研究计划。表 7-1 是一份调查研究计划表,简要列出了调查的课题、目的、对象与范围、方法与手段、步骤与时间安排,清晰明了。

表 7-1　调查研究计划表

＿＿＿＿年＿＿＿＿月＿＿＿＿日

调查课题	小学阅读教学低效的调查
调查目的	找出小学阅读教学低效的原因,对症下药,提出对策
调查对象与范围 (单位、人数和抽样方法)	随机抽样 20 节课和三年级五个班 302 人展开问卷调查
调查方法与手段	听课分析、问卷调查、访问
调查步骤与时间安排	听课调查→问卷调查→整理资料→撰写报告
调查人	×××
备注	

三、实施研究计划并收集资料

教师根据研究计划开展研究时,要及时将反映研究进程的各种资料收集起来,精心积累。例如课堂观察时,可以采用预先设计好的观察量表,系统观察和记录课堂上师生的行为;进行问卷调查时,要精心设计有效问卷,以查明想要了解的事实。要注意的是,当进行教育实验研究或行动研究时,收集资料的方法和种类将是非常多样的。每一份教案、课堂观察记录、学生调查问卷、访谈记录、课后反思日记、语文测试试卷、课后作业等,都可能成为收集的对象。

四、整理并分析资料

整理资料就是对不同种类的资料进行分类、归并、提炼,形成文字、数据和图表。在整理过程中,如果发现原有的材料有欠缺之处,还应继续挖掘材料,加以补充。分析资料是在整理的基础上,对资料所反映的情况运用因果的、定性的、定量的、可逆的、系统的方法进行判定与研究,通过概括与抽象、归纳与演绎,进而认识研究问题的本质与规律。分析资料的关键是对研究下结论,即把研究结果归纳成有关原理、原则或做出判断。

以开封市张玉洁老师的"提前读写"实验的资料分析为例:她先对实验班学生的看、读、写的发展情况进行纵向比较:一年级入校新生,仅用两周时间就完成了汉语拼音教学;不到两个月时间,学生借助汉语拼音把汇编语文第一册课文全部记读,一些学生还会使用汉语拼音写日记、写儿歌;到二年级,学生能进行看图说话、写话,基本能写百把字,中等生能写三四百字,优等生能写七八百字,学生看、读、写的能力得到了可喜的提高。然后,她又对实验班和对照班的写作成绩进行横向比较(见表7-2)。

表 7-2　实验班和对照班写作成绩横向比较

班级	参加人数	总分	平均分数	标准差	差异系数
实验班	10	711	71.1	8.71	12.25
对照班	10	422	42.2	12.85	30.44
三(2)班	10	588	58.8	16.04	27.28
四(2)班	10	660	66.0	12.60	19.09

这样,通过纵向和横向比较得出结论:在小学低年级教学,实施"提前读写"的效果比传统教学法更加有效、更加优越。[1]

---

[1]　黄全明主编:《小学语文教育科研》,浙江教育出版社,2001年,第157—158页。

五、表达研究成果

小学语文教师常用的科研表达方式有论文、调查报告、实验报告等。论文要有论点论据，一般由论题、摘要、关键词、引论、本论、结论和参考文献等组成。调查报告一般分为三个部分。第一部分是导言，对调查的问题做背景说明，包括问题的提出，调查的目的、任务、对象，采用的主要方法和步骤等。第二部分是正文。叙述调查的结果，尽量把材料加工成图表，清晰明白，使人一目了然。这部分是反映事物的实际情况，也对矛盾和矛盾产生的原因进行分析解释。第三部分是结论，是根据第二部分分析所做的逻辑推论。有些调查报告还提出改进工作的对策或建议，表达自己的独到见解。实验报告一般由题目、内容提要、问题的提出（包括问题的性质及重要性、以往研究的述评、研究的目的和实验假说、重要概念的诠释）、实验的方法（包括实验对象、实验工具、实验步骤）、实验的结果、讨论与结论及参考文献等部分组成。

第二节　小学语文教学研究案例及评析

一、斯霞"分散识字法实验"及评析

（一）研究概况

1958 年起，南京师范学院附属小学的教师斯霞进行了分散识字法教学改革实验，对从学堂运动兴起的每篇课文只教学三五个汉字的分散识字法进行改革，以提高其效率。

斯霞认为，识字的初期，解决的主要矛盾是字音、字形；经过一段

时间训练后,解决的主要矛盾是字义,所以要坚持"字不离词,词不离句"的教学原则,加强字义教学,使字义与字音、字形建立巩固的联系。

她的主要做法有:

(1)改编教材,增加识字数量。

斯霞在一、二年级以四二学制教材为基础,通过选编、改编和自编,使课文增加到:第一册 31 课(比四二制多 18 课),第二册 43 课(比四二制多 12 课),第三册 50 课(比四二制多 15 课),第四册 50 课(比四二制多 15 课)。这种多读课文多识字的方法,既保证了识字的数量,又由于体现了学用结合的原则,避免了死记硬背,从而提高了识字的质量。此外,多读课文、多识字也有利于培养学生语言学习的兴趣,习得准确、鲜明、生动的语言。

(2)改进教法,提高识字效果。

第一步,教好汉语拼音和独体字,掌握识字工具。斯霞用三周时间教完汉语拼音,以便尽早利用汉语拼音帮助学生识字。教学 69 多个独体字(采用看图识字的方法),为学习合体字做准备。

第二步,结合课文进行识字教学。出示生字的方式有两种:一是把一篇课文的生字提出来集中教学,随后阅读课文;二是随课文讲读的顺序,边讲读课文,边教学生字词。前者适用于生字多的长课文;后者适用于生字少的短课文。对于一年级,斯霞多采用后者。汉字是音、形、义的统一体。斯霞在教学中既注意音、形、义的有机结合,又根据每个字的具体特点和儿童年龄特征、知识水平的不同而有所侧重。有的字重点放在正音,有的字重点放在分析字形,有的字重点放在讲解字义,灵活掌握,没有固定模式。

第三步,加强练习,巩固识字效果。斯霞采用多样化的练习方式,如在教过生字以后,让儿童离开拼音、离开词汇认读,讲解字义,抄写生字;在讲读课文以前,检查儿童生字的掌握情况,有认读、默写、联词、按拼音字母写出汉字、给生字注音等;在教完一课和一个单元以后,用填词、组词、造句等办法进行形近字、音近字、同音字、多音字、近义词和反义词的比较辨析,对偏旁部首相同的字和词性相同的字进行归类练习,等等。

斯霞分散识字法的实验,效果是理想的。实验班的儿童在一年级识了 1008 个字,二年级识了 1006 个字,三年级识了 1378 个字(三年共识字 3392 个,基本上完成了 3500 个常用汉字的教学任务)。检查表明,儿童掌握得比较牢固。从 1960 年起,南京师范学院附属小学推广斯霞的经验,在多个班级进行识字教学改革实验,均取得了良好的教学效果。[①]

(二)研究案例评析

作为实验研究,斯霞分散识字法实验是比较规范和科学的。既有明确的实验假设,也有系统的实验处理;既设置了实验班和对照班,也获取了可靠的量化的实验结果。实验结果验证了实验假设,概括了一套行之有效的分散识字教学方法,因而得到广泛认可和推广。

二、李吉林小学语文"情境教学法"实验及评析

(一)研究概况

李吉林开展情境教学研究缘于两个方面:一是她在教学实践中发现小学语文教学"为考而教""为考而学"的现象比较普遍,压抑了学生的发展;二是她从外语教学运用情境进行语言训练的成功经验中得到启示,从而萌发了探索"情境教学法是否可以用于小学语文教学"的念头。

于是,李吉林开始了第一轮"情境教学法"实验。该实验从局部到整体,认识由感性到理性,历经四个阶段:第一阶段,"创设情境,进行片断语言训练"。即在阅读教学中创设情境,把"言"和"形"结合起来,进行片断语言训练。第二阶段,"带入情境,提供作文题材"。即在作文教学中引导儿童观察情境,获取作文题材。第三阶

[①] 南京师范学院附属小学:《我们进行识字教学的情况和体会》,《人民教育》,1963年 6 月号。

段，"运用情境，进行审美教育"。即通过创设情境，显示鲜明的形象，引导学生在其中体验"感受美"，学会"鉴赏美"，练习"表达美"，从而逐步提高审美能力。第四阶段，"凭借情境，促进整体发展"。即在前三个阶段的基础上，运用形式上的新异性、内容上的实践性、方法上的启发性这三条情境教学的原则，进一步促进儿童整体发展。

实验中，李吉林利用多种途径创设情境，包括生活展现情境、实物演示情境、图画再现情境、音乐渲染情境、扮演体会情境、语言描述情境。这种人为精心创设的情境作用于儿童的感知，引起儿童观察、思维、想象一系列的智力活动，又激起儿童纯真的情感，使之全身心投入学习活动中。五年的教学实验取得了非常好的实验效果。学生的课堂表现、学生习作的发表率、学生语文能力测验成绩均优于其他班级的学生。"在小学语文教学过程中，运用情境教学，儿童身心愉快，美感丰富，有效地发展了儿童的认识能力，语文基本功扎实，没有过重的学习负担，在国家规定的课时内，获得尽可能大的发展效果。"①

不仅如此，李吉林还概括、提炼了整套的情境教学理论，包括情境教学"形真""情深""意远""理念寓于其中"的特点。此外，还包括情境教学促进儿童发展的要素——以培养兴趣为前提，诱发主动性；以指导观察为基础，强化感受性；以发展思维为重点，着眼创造性；以陶冶情感为动因，渗透教育性；以训练语言为手段，贯穿实践性。

（二）研究案例评析

应该说，李吉林的小学语文情境教学研究带有自然实验的特点。它是李吉林在自然的教学情境下施加实验处理，将实验结果与普通班级的教学结果加以对比，从而验证实验假设的过程。但细致推究，我们认为李吉林的研究更符合行动研究的特征。一则，她的研究是针对小学语文教学的实践问题，为改善教学实践而开展的。二则，研

---

①　李吉林：《情境教学实验与研究》，四川教育出版社，1988年，第4页。

究初期,她仅有"将情境教学运用于语文教学"的粗略设想。至于具体的情境教学的改革措施和关于情境教学的理论,都是她在教学实践中一步步探索、一步步总结出来的。第一轮四个阶段的情境教学实验可以说就是李吉林不断行动、不断反思与总结的循环往复过程。这一案例启示我们:行动研究的过程——"实践问题—理论思考与行动构想—行动—反思—再行动构想—再行动—再总结、反思"是非常符合教学改革的需要和规律的,是理论思考与实践改造的有机融合,是将教学行动不断加以理性改进的有效途径。

三、"小学语文教学与评价一体化行动研究"①及评析

(一)研究概况

研究者进入小学语文课堂,发现评价上存在以下问题:(1)教师备课时只对教学内容进行设计,没有考虑到评价方法的运用,更没有精心的设计评价。教学和评价处于相互分离的状态。(2)在一些语文课堂中能够体现评价,但盲目性和随意性较大。教师对学生的评价语言笼统,没有针对性,而且对学生的评价语言缺少赏识性和激励性。(3)课堂中的评价主体比较单一,往往以教师为主,体现不出评价主体的多元化。学生缺少自我评价的意识。针对这些问题,研究者与教师一起确定了"教学、评价一体化"的研究方向,并设计出了单元教学与评价一体化模型。随后,他们一起针对教材中的"金钱"单元,开展了教学与评价一体化的实践探索,包括制订单元的教学与评价目标,设计每篇课文教学与评价一体化教案,在教学实施中突出评价的激励性、赏识性,增强学生的评价意识。

单元结束后的学生调查显示,学生非常喜欢评价与教学融为一体的方式。"在教学与评价一体化的单元设计中,学生做试卷就像是跟一位亲密的朋友聊天,让他轻松地把所学的知识写下来、取得的

① 魏忠凤:《教学与评价一体化在小学语文课堂教学中的行动研究》,东北师范大学硕士学位论文,2006 年。

进步写出来、遇到的困难写下来,让学生最充分、最大限度地展示自我。在课堂教学中,学生们还会随时得到欣赏、赞扬、鼓励和指导。学生的学习始终处在积极、向上的状态中。"不过,研究也发现,教师一旦离开研究者的支持,往往就会失去继续探索和实行教学、评价一体化的动力和能力。研究者因此提出实行教学、评价一体化改革的条件,包括学校的支持、年级组教师的合作和教师自身的努力。

(二)研究案例评析

这是一项典型的通过研究者与教师合作完成的教育行动研究。研究者的介入带来了对日常教学实践的批判视角,也带来了新鲜的教育教学理论和创新性教育教学改革构想。而教师对教育教学实践的熟悉与教学专业素养,又使得上述理论和构想有了落实的可能性和可行性。研究者与教师合作本质上是理论与实践的"联姻",是理论观照下实践其他可能性的涌现。行动的改进带来了教学效益的增值,这是可喜的。然而,行动后的反思,也反映了教育教学实践的某种无奈,更带来了关于教育教学行动何以持续改进的深入思考。

四、"小学语文阅读课堂教学个案研究"及评析

(一)研究概况

该研究拟考察小学阅读课堂教学中教师与学生的教学行为特征,调查课堂教学的效果。为了保证课堂教学的真实性,随机选择一位有十年以上教龄、有一定教学经验的教师,在上课前一天通知其上课内容和时间,要求其独立备课。教师执教课文《比金钱更重要》(两课时),研究者对课堂上的师生行为进行定向观察和记录;课后十分钟,研究者对学生进行小测验和问卷调查。

将收集的资料加以分析、整理,得出如下结果和结论:

关于课堂教学特征:(1)在一篇课文的教学中,在教学程序、提问密度、教学时间分配等方面两课时均有显著性差异。第一课时教学环节简单、清晰,具有程式化的特点;第二课时教学环境较复杂,以高密度提问层层推进为主要特点。(2)教学内容基本上偏重于课文

内容的理解与字词的识记和解释,学生主体言语实践活动明显不足。朗读时间明显偏少,尤其是第二课时,占时仅 9.7%。

关于课堂师生提问和应答行为:(1) 师生应答行为大都集中在内容理解与义理分析上,语言认知性问题偏少,语感探究性问题几乎没有。阅读教学尚未走出内容理解的传统模式。(2) 学生回答以简单判断与机械判断是否为主,探究推理问题大都是几个优秀生所为。(3) 提问后停顿时间明显偏少,学生缺少思考时间,这可能与学生应答行为的特征有关。

关于师生语言互动特点:(1) 全班 63 人在两课时中平均仅有 21 人发言,发言比例为 33.3%。其中优秀生发言 47 次,人均 4.7 次;良好生发言 23 次,人均 1.44 次;中等生发言 18 次,人均 0.69 次;后进生发言 4 次,人均 0.06 次。各类学生发言机会呈显著差异。(2) 在大群体教学条件下,教师很难兼顾每个学生,学生课堂发言机会不均等,有碍学生(尤其是中下游学生)主体言语的发展。

关于课后测验与问卷调查:(1) 字词识记总正确率为 82%,两课时教学仍存在 18% 的错误率,如加上延时遗忘系数,错误率还将增大。(2) 三个带点词的理解正确率为 60%,而用关联词造句未做专门练习,正确率仍有 82%。(3) 第四题回答问题,从内容上看正确率 100%,而在表达上则问题较大,无语病者仅占 52%,这与阅读教学重内容理解、轻语言训练有较大的关联。(4) 问卷调查方面,有 52% 的学生表示喜欢语文,表示一般喜欢的占 30%,表示不喜欢的仅占 18%。在两堂课对比中,喜欢第一堂课的占 31%,喜欢第二堂课的占 69%。而课堂教学的效率分析,应以第一课时为高,说明喜欢问答与小学生年龄心理特征有关。提问应仍是阅读教学主要方式之一。

研究结果表明阅读教学改革势在必行。[①]

(二) 研究案例评析

这一研究综合运用多种研究方法,研究小学语文阅读课堂教学

---

① 黄全明主编:《小学语文教育科研》,浙江教育出版社,2001 年,第 118－123 页。

的一般状况。首先,它采用了个案研究法,以随机抽样的方式选取一位教师的两节阅读课作为研究样本,以保证样本对于普通教师日常课堂教学的普遍代表性。接着,研究者又采用了课堂观察、问卷调查、教育测量等方法系统收集研究对象的信息,包括课堂教学的特征、课堂师生提问和应答行为的分布、师生语言互动的特点、学生学习效果和学习兴趣等,以定量的形式反映了这两节阅读课的师生活动状况及教学效果。在此基础上,研究者得出了阅读课堂在教学内容确定、互动方式使用、教学民主等方面存在的一般性问题,结论是比较可靠的。

五、阅读教学的叙事研究案例及评析

(一) 研究文本

下面是教育现象学大师马克斯·范梅南运用教育叙事法写作的关于两节阅读课的观察和反思,它对我们理解叙事研究法在语文教学研究中的运用具有很好的启发意义。

在十一年级的英语课堂上,每个学生都给指定了一个短篇故事来做讨论和解释……故事的讨论常常是非常生动活泼的,同学们的理解既带有个人的看法,又很有见地。就像每一个读者一样,学生们都往往在自己经历的背景下来理解这些故事。斯蒂芬正在脑海里搜寻词汇来解释罗瑞所讲述的故事,他说尽管故事很有趣,却对他"一点用也没有"。这时,老师请求允许她来解释一下斯蒂芬的观点。老师运用斯蒂芬的话,十分巧妙地阐述了用来娱乐的"消遣文学"和增加我们理解力的"阐述性文学"的区别所在。两者都是很有价值的文学形式。而且,当然,有时对于一个人来说是阐述性的文学对于另一个人来说却是消遣性文学,因为这个人只觉得故事很有趣,但并不为故事所打动。

结果,由于老师的巧妙干预,斯蒂芬和罗瑞两人都发现他们各自对这篇故事的看法得到了老师运用的文学概念的确证。老师也很高兴,因为为了帮助斯蒂芬和罗瑞澄清对故事的不同反应,她成功地将他们俩的学习稳定在一种他们俩都不会忘记的方式上。他们将明白阐述性的文学是那种打动某个人的文学,但它可能对另外一个人来说却还不足以动人心弦。我们有时都读过这样的一本书,它就像一首余音缭绕的韵律一样,不让我们摆脱出来。我们必须得去理解它。我们将它推荐给朋友们阅读,以期与他们一道来讨论。阐述性的文学是那种让我来理解语篇而同时又好像语篇在理解我的文学。相反,消遣性的文学,可能仅仅因为它给我提供的经历或兴奋才有价值。但是,阅读消遣文学的体验是瞬间和短暂的、易于忘记的,就像在周日下午喝一杯及时的咖啡一样。

在隔壁的十二年级的课堂上,另外一个老师正在口述"阐述性文学"的定义。所有的学生都在将定义写在他们的笔记本上。他们并没有投入到这个术语当中去。在这个课堂上没有时间来使用"学生讨论法",因为老师感受到了为了期末考试而教学的压力。她希望学生能够就阐述性文学的概念对一个多项选择的问题做出正确的选择。然而,很可能这个概念并不能帮助他们理解他们阅读文学的体验。在十一年级的课堂上学生拥有学习经历的方式与十二年级的学生不一样。事实上,后者并没有真正"拥有"这些他们为了考试而去死记硬背的故事和概念,他们没有将这种学习转变成他们自己的东西。显然,通过学生讨论这种更为间接的教授英语文学的方法时间效率并不高,而那种口述笔记和为了考试死记硬背的更加有效的方法却能节省许多时间,甚至还能涵盖更多的课程计划的内容。但是,尽管如此,这种更加有效的方法却是失败的,因为学生由此得到的仅仅是更加容易忘记的肤浅的知识。

上面这个对比说明了几点问题。一门具体学科的教学方法对内容获得的方式产生影响。这里不仅仅是效率和有效性的问题。学生和教师的关系也在改变着教育质量:十二年级那个班的更加控制取向的教育方法和十一年级那个班的更加具有对话性的方法。在十二年级那个班上,老师受到时间效率的引导。而在十一年级的班上,老师则是考虑到学习要与学生生活相关联。所有的教育都是规范性的,问题是老师是否愿意选择教育的规范而不是非教育的规范。

学习的过程是对最初的或多或少的前反思的经历不断发展的解释和说明的过程。儿童和年轻人学习在这个世界上生活以及在这个世界的主要方面进行交流的活动,比如,阅读和文学。尔后,他们学习对这个世界进行反思,尤其是对他们在这个世界上的具体体验进行反思。比如说,通过区分那种作为娱乐来欣赏的文学和那种因为它所提供的见解而为人们所喜欢的文学,来进行反思。我们需要越过一堂课的表面上的品质来观察老师在孩子面前的方式。我们将看到对课程内容的选择和老师教授这个内容的机智的方法两者几乎都能产生学习和成长的后果,这将影响孩子的性格和反思以及批判性地理解世界的能力。教育机智促使年轻人形成学习研究的个人责任感。[1]

(二)研究案例评析

这几段教育叙事与一般的课堂观察记录最大的不同在于:以现象学的方法,同情共感式地理解课堂上学生的体验及教师的体验。因此,文本呈现的不仅仅是师生外部的行为,更是他们内在的感受和思想。比如在十一年级的课堂上"老师运用斯蒂芬的话,十分巧妙地阐述了用来娱乐的'消遣文学'和增加我们理解力的'阐述性文学'的区别所在",使"斯蒂芬和罗瑞两人都发现他们各自对这篇故事的看法得到了老师运用的文学概念的确证",从而"明白阐述性的文学是那种打动某个人的文学,但它可能对另外一个人来说却还不足以动人心弦"。教师在其间想的是如何"帮助"学生。而在十二年级的课堂上,"所有的学生都在将定义写在他们的笔记本上。他们并没有投入到这个术语当中去"。教师在其间"感受到了为了期末考试而教学的压力","她希望学生能够就阐述性文学的概念对一个多项选择的问题做出正确的选择"。

---

① [加]马克斯·范梅南:《教学机智——教育智慧的意蕴》,李树英译,教育科学出版社,2001年,第223－226页。

正是在细致、深入地叙述师生的行为和内心体验的基础上，作者做出的概括和反思显得非常确切和适当。十二年级那个班采用的是"更加控制取向的教育方法"，而十一年级那个班采用的是"更加具有对话性的方法"，这种不同的师生关系改变着教育质量。十二年级那个班上，老师受到时间效率的引导；而在十一年级的班上，老师则是考虑到学习要与学生生活相关联，而后者将"促使年轻人形成学习研究的个人责任感"。教育叙事正是这样，由具体到概括，富有说服力地由教育现象的"细描"提升到教育一般规律的深刻揭示。

⇨ 研究与应用

1. 选择一则小学语文教学研究案例，对其研究的科学性、创新性或实践意义加以评析。

2. 提出一个具有实践意义的小学语文研究问题，并为之制订科学可行的研究计划。

主要参考文献

［1］中华人民共和国教育部:《基础教育课程改革纲要(试行)》,2001年。

［2］中华人民共和国教育部:《义务教育语文课程标准(2011)》,2011年。

［3］巢宗祺:《语文课程标准解读》,湖北教育出版社,2002年。

［4］杨再隋,等:《全日制义务教育语文课程标准学习与辅导》,语文出版社,2001年。

［5］刘华:《小学语文课程60年(1949—2009)》,吉林出版集团,2011年。

［6］顾黄初,顾振彪:《语文课程与语文教材》,社会科学文献出版社,2001年。

［7］杨九俊:《小学语文教材概说》,南京大学出版社,2000年。

［8］盛力群:《现代教学设计论》,浙江教育出版社,2010年。

［9］周庆元:《语文教学设计论》,广西教育出版社,1996年。

［10］张秋玲:《语文教学设计——优化与重构》,教育科学出版社,2012年。

［11］夏家发:《小学语文教学设计与案例研究》,科学出版社,2012年。

［12］吴忠豪:《语文教育研究大系·小学语文卷》,上海教育出版社,2007年。

[13] 吴忠豪:《小学语文课程与教学论》,北京师范大学出版社,2008 年。

[14] 倪文锦:《小学语文新课程教学法》,高等教育出版社,2003 年。

[15] 杨九俊,姚烺强:《小学语文新课程教学示例与导引》,南京大学出版社,2005 年。

[16] 瞿惕时:《阅读教学研究》,上海教育出版社,1994 年。

[17] 吴立刚:《小学作文教学论》,广西教育出版社,2002 年。

[18] 靳彤:《语文综合性学习理论与实践》,中国社会科学出版社,2007 年。

[19] 冯铁山:《小学语文新课程教学设计与技能训练》,清华大学出版社,2012 年。

[20] 教育部师范教育司:《小学语文教学评价》,东北师范大学出版社,1999 年。

[21] 倪文锦:《语文考试论》,广西教育出版社,1999 年。

[22] 董蓓菲:《小学语文测验原理及方法》,山东教育出版社,1997 年。

[23] 汪叔阳:《小学语文考试改革研究与实践》,上海教育出版社,2001 年。

[24] 丁朝蓬:《新课程评价的理念与方法》,人民教育出版社,2003 年。

[25] 黄全明:《小学语文教育科研》,浙江教育出版社,2001 年。

[26] 陈向明:《质的研究方法与社会科学研究》,教育科学出版社,2000 年。

[27] 郑金洲:《行动研究指导》,教育科学出版社,2004 年。

[28] 杨九俊,姚烺强:《小学语文新课程教学概论》,南京大学出版社,2005 年。